ÉTICA

Revisão técnica:

Wilian Junior Bonete
Graduado em História
Mestre em História Social

Marcia Paul Waquil
Assistente Social
Mestre e Doutora em Educação

C932e   Crisostomo, Alessandro Lombardi
            Ética / Alessandro Lombardi Crisostomo, Gisele Varani,
        Priscila dos Santos Pereira, Sheila Beatriz Ost ; revisão técnica:
        Wilian Junior Bonete e Marcia Paul Waquil. – Porto Alegre :
        SAGAH, 2023.

            ISBN 978-65-5690-360-6

            Serviço social – Ética. I. Varani, Gisele. II. Pereira, Priscila dos
        Santos. III. Ost, Sheila Beatriz. IV. Título.

                                                                    CDU 364:172

Catalogação na publicação: Mônica Ballejo Canto – CRB 10/1023

Alessandro Lombardi Crisostomo
Graduado em Filosofia
Mestre em Educação

Gisele Varani
Graduada em Fisioterapia
Especialista em Gerontologia Social
Mestre em Serviço Social

Priscila dos Santos Pereira
Graduada em Serviço Social
Especialista em Mediação de Conflitos com Ênfase em Família

Sheila Beatriz Ost
Graduada em Pedagogia Empresarial
Graduada em Pedagogia Orientação Educacional
Especialista em Gestão Educacional

Porto Alegre,
2023

© Grupo A Educação S.A., 2023

Gerente editorial: *Arysinha Affonso*

Colaboraram nesta edição:
Editora: *Carolina R. Ourique*
Assistente editorial: *Cecília Jabs Eger*
Preparação de originais: *Luciana H. Balbueno*
Capa: *Paola Manica | Brand&Book*
Editoração: *Ledur Serviços Editoriais Ltda.*

Importante

Os *links* para *sites* da *web* fornecidos neste livro foram todos testados, e seu funcionamento foi comprovado no momento da publicação do material. No entanto, a rede é extremamente dinâmica; suas páginas estão constantemente mudando de local e conteúdo. Assim, os editores declaram não ter qualquer responsabilidade sobre qualidade, precisão ou integralidade das informações referidas em tais *links*.

Reservados todos os direitos de publicação ao GRUPO A EDUCAÇÃO S.A.
(Sagah é um selo editorial do GRUPO A EDUCAÇÃO S.A.)

Rua Ernesto Alves, 150 – Floresta
90220-190 Porto Alegre RS
Fone: (51) 3027-7000

SAC 0800 703-3444 – www.grupoa.com.br

É proibida a duplicação ou reprodução deste volume, no todo ou em parte, sob quaisquer formas ou por quaisquer meios (eletrônico, mecânico, gravação, fotocópia, distribuição na Web e outros), sem permissão expressa da Editora.

IMPRESSO NO BRASIL
PRINTED IN BRAZIL

SUMÁRIO

Ética no mundo digital 9
Gisele Varani

A ética e o mundo das redes sociais 9

A questão ética nas redes sociais 13

O acesso desigual à informação – desafios éticos 17

Introdução à ética 23
Gisele Varani

Conceituando ética 23

Breve histórico dos conceitos de ética 26

Em busca de um *ethos* globalizado 33

História da ética 37
Gisele Varani

As sociedades e a ética ao longo do tempo 37

Ética moderna: ruptura com a Igreja Católica e retomada da
autonomia moral do indivíduo 46

A ética na contemporaneidade: ela existe ou resiste? 49

Ecologia e bioética: desafios para o futuro 53

Razões morais objetivas 59
Alessandro Lombardi Crisostomo

Conceito de razão moral objetiva 59

Distinção entre as razões morais objetivas e as relações concretas 64

Diferenciação entre as razões morais objetivas e subjetivas 66

Razões morais em contexto 71
Alessandro Lombardi Crisostomo

Conceito de utilitarismo 71

Questões morais na prática 75

A finalidade da moral: temas contemporâneos 78

Ética *versus* moral 83
Gisele Varani

Moral e ética: o que tem a ver comigo? 83

O que é moral? 88

Ética *versus* moral 89

Obrigação 95
Alessandro Lombardi Crisostomo

Conceito de obrigação 96

Obrigação e pensamento moral 100

Relações morais e a aplicação do conceito de obrigação 103

Felicidade 109
Alessandro Lombardi Crisostomo

Felicidade e ética 110

Formação ética e felicidade 115

Felicidade e teoria utilitarista 119

Qualidades do caráter moral 125
Alessandro Lombardi Crisostomo

O caráter moral: conceito 125

O caráter moral: natureza 131

O caráter moral: qualidade 138

A responsabilidade moral 145
Priscila dos Santos Pereira

Conceito de moral 145

Moral, ética e suas diferenças 147

Ética e responsabilidade moral 149

Ética e sexualidade 153
Sheila Beatriz Ost

Alguns aspectos que envolvem a sexualidade 153

A relação entre ética e sexualidade 162

Os problemas da ausência de ética na temática da sexualidade 166

Ética e questões étnicas 173
Sheila Beatriz Ost

As questões éticas e as etnias 173

Pluralidade étnica 175

Contexto atual da ética e as questões étnicas 178

Bioética 183
Sheila Beatriz Ost

A ética na dimensão biotecnológica 183

Os problemas da bioética 186

Identificando possibilidades 187

Ética e o meio ambiente 191
Sheila Beatriz Ost

As mudanças climáticas 191

Alterações de comportamento causadas pelas mudanças climáticas 194

Como as mudanças climáticas podem mudar a vida do ser humano 195

A ética da alteridade 201

Sheila Beatriz Ost

Um novo pensamento sobre o ser humano 201

Um raciocínio distinto sobre a ética 203

A relação com outras correntes do pensamento ético 207

Ética nas relações internacionais 211

Sheila Beatriz Ost

A relação com o estrangeiro 211

Conceito de estrangeiro e de hospitalidade 214

Reflexões sobre problemas atuais referentes à hospitalidade 216

Ética no mundo digital

Objetivos de aprendizagem

Ao final deste texto, você deve apresentar os seguintes aprendizados:

- Discutir sobre a ética na sociedade em rede.
- Analisar a questão ética nas redes sociais.
- Identificar o desafio ético relacionado ao acesso desigual à informação.

Introdução

Neste capítulo, você vai estudar a sociedade atual, na qual a famosa Era do Conhecimento é tão explanada e debatida como unânime, mas, como veremos, talvez não seja exatamente assim na realidade. Para isso, você irá refletir sobre o mundo digital, a liberdade de interagir virtualmente com os demais cidadãos do planeta e sobre as consequências dos atos, ou a ausência delas, a partir de uma lógica de causalidade. Também irá repensar seu comportamento ético em espaços de comunicação online, vendo aplicativos de conexão a partir dos quais sua opinião, cultura e seus conceitos ou "pré-conceitos" serão testados – assim, poderá rever a atitude a tomar ou a que, como profissional da área social, deverá ter. Além disso, você se aproximará de alguns conhecimentos sobre as desigualdades ainda existentes no acesso à informação e seus desafios no ambiente real.

A ética e o mundo das redes sociais

"Tudo me é lícito (é permitido)", mas nem tudo convém. "Tudo me é lícito", mas nem tudo edifica (1 Co 10: 23). Esta frase foi tirada da Bíblia, de modo que podemos ter uma noção do quão antiga é a ideia sobre como tratar as pessoas da comunidade, ou seja, a ética nas civilizações. Porém, mesmo que se fale e debata, você acha que já temos um equilibrado convívio com nossos iguais ou parece que cada vez mais nos distanciamos do que chamamos de civilidade? Qual é a sua opinião sobre o assunto? Se você concorda com a segunda alternativa, está pensando como a maioria dos brasileiros, que atestam, em pesquisas de opinião, que estão ocorrendo muitos conflitos entre classes sociais diferentes, espaços de relacionamentos virtuais com excessiva polarização de opiniões e constantes atritos por dificuldade em perceber as diferenças que o outro tem – e até mesmo um despreparo para lidar com as subjetividades ou verdades de cada um. Agora, vamos tentar compreender a sociedade atual e o que significa o conceito de redes, redes sociais e redes sociais digitais, mídias sociais e tudo o que envolve este universo virtual e o que ele tem a ver com ética.

O homem é uma ilha?

Desde os primórdios dos tempos, o homem é um ser de relações. Ele se constrói a partir do outro: inicialmente, seu quadro é familiar e, à medida que cresce, seu círculo vai aumentando. Percebe-se que o outro estabelece nossa identidade na relação de troca; por exemplo, nos reconhecemos mais velhos a partir do olhar que outra pessoa dá e, assim, identificamos a passagem do tempo quando somos chamados pelos apelidos de "Tio/Tia", "Senhor/Senhora", "Vó/Vô", e assim por diante. Embora isso já seja senso comum, a consciência dessa atitude externa vai transformando nosso comportamento ao longo da vida e esses gestos vão formando as interações humanas.

O formato dessas relações tem sofrido transformações em um processo dinâmico e evolutivo. Nota-se que não estávamos preparados para experenciar a velocidade das mudanças: parece que entramos num gigante carrossel e, sem querer, ele disparou, fazendo com que tenhamos que olhar o mundo ao redor muito espaçadamente, de maneira distante e rápida. Há cinquenta anos, havia praticamente apenas o relacionamento presencial, as visitas eram feitas indo na casa da pessoa amiga, os relacionamentos afetivos aconteciam em atividade social ou no ambiente doméstico – tudo era pensado para relacionamentos presenciais (*face to face*). Foi inquestionável o papel da família, na qual preponderavam os valores e princípios passados de pai para filho, o patriarcado não era rebatido e todo o aprendizado vinha de ensinos advindos da escola e religião de origem.

E como é hoje? Muito diferente: a juventude nascida nas décadas de 1990/2000 já teve acesso à internet e nem questiona se o contato virtual ou presencial causa desconforto; para esses jovens, falar via Skype ou pessoalmente tem o mesmo valor de comunicação. Provavelmente, eles questionam a necessidade de atender o telefonema da mãe ou de parentes mais velhos em uma época em que já existem aplicativos de comunicação mais efetivos. Se comportamentos simples como o falar ao telefone ou namorar sofreram tantas modificações, como é transitar pelas redes sociais digitais para pessoas mais velhas e para as mais jovens? Como é conciliar esses pensamentos, valores e atitudes num mesmo instrumento de comunicação virtual mundial?

Vivíamos, nas décadas anteriores, em uma zona de conforto em que as verdades não eram tão questionadas nas famílias, as hierarquias eram seguidas, em sua maioria, por obrigatoriedade parental, e quase não se debatiam conceitos ou pensamentos entre os de seu sangue. Já não é o que acontece na atualidade. Agora, tudo está quase que completamente mudado, vivemos em um mundo em que crianças de quatro/cinco anos já decidem quais produtos comercializados consumir pelo excessivo acesso às diversas mídias sociais, como TV, propagandas e publicações via internet. É uma realidade à que elas têm acesso mesmo sem critérios de compreensão por idade ou outra condição de exclusão, situação pouco explanada ou criticada nos grupos familiares. Todas essas mudanças ocorridas ao longo dos tempos pela humanidade foram sendo estudadas, debatidas e trazidas à luz do conhecimento por filósofos, pensadores e pessoas críticas do cotidiano.

Os gregos foram pioneiros na teorização sobre os costumes e valores da civilização ocidental e, por isso, toda a definição foi pedagogicamente classificada conforme a cultura grega. Constituiu-se a terminologia ética, que faz parte de uma das três grandes áreas da filosofia

Saiba mais

Filosofia: do grego: *philo+sophia*. **Philo** deriva de *philia*, que significa amizade, amor fraterno, respeito entre os iguais. **Sophia** quer dizer sabedoria e dela vem a palavra *sophos*, sábio.

A ética está presente no nosso cotidiano o tempo todo, seja nas decisões familiares, políticas, ou no trabalho, por exemplo – é um valor importante na formação de caráter do ser humano. A ética é o estudo geral do que é bom ou mau, correto ou incorreto, justo ou injusto, adequado ou inadequado (GLOCK; GOLDIM, 2003). É, também, compreendida como um conjunto de valores e princípios que norteiam a reflexão e a tomada de decisão sobre a ação.

Mas como saber o que é bom ou mau nesta sociedade em constante modificação? A que valores, conceitos e princípios estamos sendo expostos todos os dias e como julgá-los procedentes para as nossas vidas? Ferreira (2011) traz o conceito do sociólogo Zygmunt Bauman (LINS, 2016) de "mundo fluido", um mundo atual caracterizado pela complexidade, sem divisões ou fronteiras, mundo líquido, destituído de formas, sem a certeza, solidez, verdade absoluta e concretude dos tempos anteriores. Agora, vivemos o

> [...] dinamismo da relação entre as partes, sistemas abertos, imprevisibilidade, não linearidade, auto-organização, adaptabilidade, criatividade, instabilidade, emergência, incerteza, conectividade e fluxo [...] (FERREIRA, 2011, p. 208).

Essas marcas da contemporaneidade fazem sobressair a era da informação e do conhecimento, na qual as redes emergem como elementos catalisadores da realidade.

Afinal, o que são redes sociais?

A partir desse conceito da não linearidade em que vivemos, parece que a definição de rede é algo novo, construído para esses tempos atuais, mas não é bem assim. Hipócrates, considerado o pai da medicina, já trazia o conceito de rede ao perceber, em seus estudos humanos, como era o circuito das veias e artérias, no qual todas criavam emaranhados semelhantes a uma rede de pesca. Embora fosse um início de pensamento intracorporal, já trazia o princípio da relação da rede. Após isso, matemáticos utilizaram o mesmo processo para decodificar problemas práticos de arquitetura nas vilas, assim como engenheiros também criaram conceitos a partir das redes, entre outros. Na sociologia, o termo também é trazido e é acrescido da palavra "social" para designar o humano da relação. A partir dessa noção de rede, foram elaborados diversos conceitos de redes sociais, um deles como:

> [...] uma estrutura social composta por indivíduos, organizações, associações, empresas ou outras entidades sociais, designadas por atores, que estão conectadas por um ou vários tipos de relações que podem ser de amizade, familiares, comerciais, sexuais etc. (FERREIRA, 2011, p. 213).

Com isso, todos que participariam dessa teia desencadeariam movimentos e fluxos nos quais partilhariam crenças, poder, conhecimentos, informações, etc.

Embora isso se configure como uma malha de relações sociais, ainda não se está falando das redes digitais. Até a concepção da rede mundial de acesso digital, no início da década de 1980 nos Estados Unidos e a partir da década de 1990 no Brasil, as interações aconteciam de forma diferente da atual, mas eram eficazes, ou seja, o objetivo primordial de estabelecer conexões e firmar relacionamentos já era feito independentemente da era digital. O que se modificou foi a ferramenta de acesso e, com isso, foram abertos novos horizontes, o mundo perdeu fronteiras e se tornou fluído, como dizia Bauman (LINS, 2016). O planeta virou uma grande aldeia e as conexões não pararam de acontecer, desde as relacionais até as mercadológicas, científicas, entre outras. O conceito de globalização foi sendo construído e, hoje, é muito praticado no modo de produção capitalista.

A partir do início desse século, a terminologia de redes sociais foi associada ao conceito das interações feitas pelas ferramentas da Tecnologia da Informação (TI). Os chamados aplicativos de relacionamento (*networking social*) eram instrumentos particulares de alguma rede social ou comunidade mediados por computadores (mídia social) e tinham como objetivo criar novas tramas e teias independentemente da tecnologia. É claro que a melhoria nos processos tecnológicos potencializa e evidencia os relacionamentos, sobretudo nos locais em que há certa dificuldade de contato físico ou relação mais próxima, como espaços pouco habitados da terra ou aqueles de difícil acesso. Embora o termo utilizado seja somente na forma "redes sociais", sabe-se que estamos falando de redes sociais digitais, nas quais o computador e a internet são ferramentas de conexão entre comunidades e pessoas.

Link

Para entender melhor sobre rede e as transformações sociais, conheça o sociólogo Manuel Castells. Acesse o link ou o código a seguir.

https://goo.gl/RLaUfU

A questão ética nas redes sociais

Nosso foco, aqui, será na ética nas redes sociais digitais, pois é essa a que está suscitando mais dilemas e questões para debate. As redes sociais presenciais têm sido muito utilizadas, o que fez com que surgissem alguns desvios; por isso, a legislação existente está tentando dar conta de normatizar as relações virtuais.

Esse novo universo, chamado também de ciberespaço, apresenta um mundo de novidades, em que todos somos parte, influenciadores e influenciados.

Como o tema é bastante relevante, comecemos por uma pergunta: você já pensou sobre o quanto é mais informado do que seus familiares mais velhos? Ao mesmo tempo, pode se questionar: a quantidade de informações obtidas tão facilmente fez de você um ser mais inteligente ou moralmente melhor?

Nem todos param para pensar sobre o tema e talvez você nem questione a dependência e total necessidade com as quais vivemos atualmente em relação às Tecnologias da Informação. Deixar um smartphone em casa significa, hoje, não ter agenda, e-mail, câmera fotográfica, rádio, filmes e séries, além, é claro, do telefone. Toda essa dependência é fruto da modernização das ferramentas e, assim, da individualização das informações e dos conhecimentos, pois não dependemos mais de nossa família, comunidade escolar e demais pessoas para obtermos dados sobre qualquer assunto e em qualquer idioma. Talvez para você seja óbvio, mas essa possibilidade é muito recente: pessoas nascidas nas décadas de 1960 e 1970 não tiveram os mesmos recursos que existem atualmente e a lógica do conhecimento era outra.

Você pode estar se perguntando sobre o que isso tem a ver com a ética, sobre como isso impacta a sociedade. Nem sempre temos resposta para tudo, mas vamos fazer um giro por esse assunto, a partir do seu princípio. Quando falamos em internet, rede social digital, gerações de computadores, ciberespaço (MONTEIRO, 2007) devemos lembrar que, antes disso, ocorreu uma revolução das novas tecnologias: milhares de pessoas perderam seus postos de trabalho quando iniciou a chamada "Terceira Revolução Industrial", na qual o modo de produção foi sendo automatizado e, com isso, as técnicas de trabalho foram progredindo. Com esse processo em constante evolução, o advento do computador trouxe ainda mais rapidez e, na década de 1990, a internet chegou aos lares brasileiros, provocando verdadeiro tumulto no *modus operandi* dos lares tradicionais de então. Essa onda gigantesca de sucessivas conexões só aumentou e trouxe ainda mais individualidade, autonomia e facilidade aos usuários da rede digital.

O que parecia uma esperança de um mundo feliz, moralizado e próspero com a informação ao toque de dedos não se confirmou, e não é exatamente isso que tem ocorrido em nossa sociedade. Temos visto exemplos de quebra de privacidade, abuso de autoridade, mercantilismo e exposição dos públicos que acessam as redes de comunicação, o que faz com que uma nova dúvida abra espaço: a comunidade usuária tem se perguntado sobre a legitimidade das leis já existentes e se essas conseguem dar conta das demandas do meio virtual.

Talvez você já tenha ouvido falar de alguém que teve seu cartão de crédito clonado, alguma fraude bancária ou então os seus dados privados expostos na rede sem sua aprovação. Tudo isso não era visto há 30 anos, quando as atividades ilegais dependiam da presença da pessoa para acontecer. A partir do momento em que começam a ocorrer ações que fogem à nossa vontade e as mesmas são praticadas em ambiente virtual, surgem novas formas de reação, e isso tem sido bastante debatido na sociedade do conhecimento.

Chauí (2000) define que duas coisas são indispensáveis na vida ética: consciência e responsabilidade. Para ela, ser um sujeito ético depende da capacidade de refletir e reconhecer o outro como um ser igual, em que seus desejos e impulsos não ultrapassam a sua individualidade, controlando e orientando sentimentos, alternativas de vida, escolhas e, assim, admitindo as consequências de suas atitudes, tomando as rédeas de sua conduta.

Essa assertiva parece não fazer eco no ambiente virtual, pois o usuário da internet tem dificuldade de compreender que, embora se trate de um lugar não presencial, deve sofrer as mesmas regras do presencial. Muitas vezes, esse ambiente é tratado como se fosse uma "terra de ninguém", onde se pode fazer o que der vontade, mesmo que conflite com a privacidade e autonomia do outro. O indiscriminado fornecimento de dados pessoais para as redes de comunicação digital ou para empresas digitais em que o usuário está conectado não tem protegido a privacidade das pessoas, fazendo com que surjam diversas questões de natureza ética, o que foge do conceito de harmonia e equilíbrio na grande rede mundial de computadores conectados (FUGAZZA; SALDANHA, 2017).

Legislação que ampara o usuário conectado na Web

Os inúmeros conflitos éticos que os comportamentos têm gerado na sociedade ocidental provocara debates legislativos e da comunidade virtual. Com isso, estão sendo utilizadas as legislações já existentes e têm surgido novas, específicas para o tema do uso da informática na internet ou do mau uso dos dados privados.

A mais expressiva garantia da proteção da privacidade dos cidadãos foi construída na Declaração Universal dos Direitos das Nações Unidas, especialmente no artigo 19, que informa que:

> [...] toda pessoa tem direito à liberdade de opinião e expressão; este direito inclui a liberdade de, sem interferência, ter opiniões e de procurar, receber e transmitir informações e ideias por quaisquer meios e independentemente de fronteiras [...] (ORGANIZAÇÃO DAS NAÇÕES UNIDAS, 2009).

O brasileiro, nesse sentido, conta com a Constituição de 1988, artigo 5º, inciso X, que determina serem "[...] invioláveis a intimidade, a vida privada, a honra e a imagem das pessoas, assegurado o direito a indenização pelo dano material ou moral decorrente de sua violação [...]" (BRASIL, 1988); e, no inciso XII do mesmo artigo, que:

> [...] é inviolável o sigilo da correspondência e das comunicações telegráficas, de dados e das comunicações telefônicas, salvo, no último caso, por ordem judicial, nas hipóteses e na forma que a lei estabelecer para fins de investigação criminal ou instrução processual penal [...] (BRASIL, 1988).

Em abril de 2013, entrou em vigor a primeira lei brasileira específica para o ambiente virtual, a Lei nº 12.737/2012, com o apelido de "Lei Carolina Dieckmann", que modifica o Código Penal para tipificar como infrações uma série de condutas no ambiente digital, em especial o vazamento dos dados. Outra conquista da legislação demarcatória do ambiente virtual no Brasil foi conquistada em 2014, considerada uma das melhores legislações sobre o tema da Internet e denominada Marco Civil da Internet, Lei nº 12.965/2014, que garante, em seu artigo 3º, incisos II e III, respectivamente, a "proteção à privacidade" e a "proteção aos dados pessoais".

Saiba mais

Assista o vídeo de Leandro Karnal sobre a solidão nas redes sociais no link a seguir.

https://goo.gl/AMh1NN

Além disso, você pode se informar sobre o que são os crimes cibernéticos e como se precaver. A reportagem do site Brasil Econômico, disponível no link a seguir, dá algumas dicas.

https://goo.gl/fBSnxc

O acesso desigual à informação – desafios éticos

A grande conquista humana da contemporaneidade que é o acesso ao conhecimento e às informações via conexão formada pela rede mundial de computadores não é tão democrática nem liberada como alguns representantes mundiais querem fazer crer. O fato de algumas regiões do mundo ainda não proporcionarem aos seus habitantes o acesso traz à tona o fato de que as questões político-econômicas caminham juntas com as sociais, e isso reflete na desigualdade aos mecanismos de informação existentes nas comunidades mais ricas.

Em 2014, a Organização das Nações Unidas (ONU) apresentou um relatório denominado Revolução de Dados para o Desenvolvimento Sustentável, criado por um Grupo Consultivo de Especialistas Independentes, que destacou a invisibilidade de alguns temas e a desigualdade do acesso à informação como os dois grandes desafios globais. O Grupo destacava propostas para tentar erradicar essas lacunas, tais como: incentivo à inovação; a mobilização de recursos para superar as desigualdades entre países desenvolvidos/em desenvolvimento e entre ricos e pobres; a coordenação necessária para que a revolução de dados realize a concretização do desenvolvimento sustentável aos povos vulneráveis.

No final de 2017, a ONU, por meio da UNICEF, seu braço para a infância e juventude, publica o estudo *The State of the World's Children 2017: Children in a digital world*, no qual se demonstra como a tecnologia digital está afetando a vida das crianças e dos jovens no mundo, identificando as oportunidades de vida e os perigos que a rede mundial apresenta. Os benefícios que poderiam oferecer às crianças mais vulneráveis, aquelas que crescem na pobreza ou são afetadas por emergências humanitárias, seria a possibilidade de melhoria do conhecimento, habilidades para o trabalho digital, a sua conexão e a comunicação de seus pontos de vista. Por outro lado, a realidade é muito cruel, pois praticamente um terço da juventude mundial – 346 milhões – não está online, exacerbando as desigualdades e reduzindo a capacidade das crianças de participar em uma economia cada vez mais digital. Além disso, não é somente a impossibilidade de participar que é negativa: percebeu-se a ausência de supervisão dos responsáveis, o que torna mais perigosa a participação online. Também se viu, por meio do relatório, como o uso da internet amplifica a vulnerabilidade de jovens e crianças, que têm perdas em sua privacidade, mau uso das informações, recebem informações advindas de conteúdos prejudiciais a um crescimento saudável e um exacerbado ciberbullying (que são práticas de agressão moral organizadas por grupos, contra uma determinada pessoa, e alimentadas via internet) (TODA MATÉRIA, c2018). Se tudo isso já não fosse muito ruim para a infância já prejudicada, há redes digitais que exploram e abusam, tais como a Dark Web e as criptografias, que possibilitam o tráfico e o abuso sexual infantil "feito sob encomenda" (UNICEF, 2017).

A reprodução digital das desigualdades

Uma pesquisa do Instituto Nacional de Ciências e Tecnologia, Projeto do Observatório das Metrópoles, analisou, por meio da Pesquisa Nacional por Amostras de Domicílio (PNAD) do IBGE (2014), o acesso aos computadores e à internet nos anos de 2000 a 2009 nas regiões metropolitanas do Brasil. Na análise dos dados, verificou-se a influência das questões de desigualdades de renda, de educação dos entrevistados e do espaço de moradia no momento da ascensão, ou não, dos resultados. Os grupos menos abastados ainda têm grande dificuldade na compra de microcomputadores em domicílio: no período estudado, 54% dos domicílios não tinham computadores, ou seja, mais do que a conexão na web em si, muitos brasileiros ainda não têm poder de compra para a máquina.

Além disso, verificou-se que o acesso é estratificado, depende da quantidade de anos de estudo, renda, classe e local de moradia. As desigualdades de acesso e capacidade de usos das Tecnologias de Informação e Comunicação (TICs) reproduzem a problemática socioeconômica em que as desigualdades de oportunidades, as condições de moradia, as dificuldades no acesso ao mercado de trabalho digno se somam aos dados das dificuldades no uso das tecnologias digitais (RIBEIRO, et al., 2011).

De acordo com a 12ª edição da pesquisa TIC Domicílios, divulgada em setembro de 2017 pelo Comitê Gestor da Internet no Brasil (CGI.br), por meio do Centro Regional de Estudos para o Desenvolvimento da Sociedade da Informação (Cetic.br) do Núcleo de Informação e Coordenação do Ponto BR (NIC.br), 36,7 milhões de domicílios, ou seja, 54% do total brasileiro, têm acesso à internet. No entanto, essa parcela é desigual, já que depende da esfera social à qual o indivíduo pertence. A proporcionalidade dos acessos continua estratificada por classe social, área e região em que se vive, isto é, pelas condições de vida. Para as classes mais ricas, é uma realidade o acesso à internet (a classe A tem 98% dos lares com internet e a B, 91%); na classe C, 60% dos domicílios têm internet e na D/E, apenas 23%. A alteração:

[...] atinge também as regiões. No Nordeste, 40% dos domicílios (ou 7,2 milhões) estão conectados, bem abaixo do Sudeste, que segue com a maior proporção (64% ou 18,8 milhões) de lares conectados, seguido do Centro-Oeste (56% ou 2,9 milhões) e do Sul (52% ou 5,4 milhões). No Norte, são 46% (ou 2,4 milhões de domicílios) [...] (PRESCOTT, 2017).

A internet, no Brasil, continua restrita a uma faixa abastada da população ou a espaços públicos mantidos por prefeituras ou microempresas, como os telecentros e as *lan houses*, o que continua gerando uma exclusão digital de determinados cidadãos de menor renda socioeconômica (Figura 1).

Figura 1. A charge explicita a realidade de muitos brasileiros no que diz respeito à exclusão digital.
Fonte: Matiuzzi (2011).

Referências

1 CARTA AOS CORÍNTIOS, cap. 10, vers. 23. In: *BÍBLIA ONLINE*. [S.l.: s.n., 2018]. Disponível em: <https://www.bibliaonline.com.br/acf/1co/10/23>. Acesso em: 25 fev. 2018.

BRASIL. *Lei nº 12.737, de 30 de novembro de 2012*. Dispõe sobre a tipificação criminal de delitos informáticos; altera o Decreto-Lei no 2.848, de 7 de dezembro de 1940 - Código Penal; e dá outras providências. Brasília: Presidência da República, 2012. Disponível em: <http://www.planalto.gov.br/ccivil_03/_ato2011-2014/2012/lei/l12737.htm>. Acesso em: 25 fev. 2018.

BRASIL. *Lei nº 12.965, de 23 de abril de 2014*. Estabelece princípios, garantias, direitos e deveres para o uso da Internet no Brasil. Brasília: Presidência da República, 2014. Disponível em: <http://www.planalto.gov.br/ccivil_03/_ato2011-2014/2014/lei/l12965.htm>. Acesso em: 25 fev. 2018.

BRASIL. *Constituição da República Federativa do Brasil de 1988*. Brasília: Presidência da República, 1988. Disponível em: <http://www.planalto.gov.br/ccivil_03/constituicao/constituicao.htm>. Acesso em: 25 fev. 2018.

BRASIL. Instituto Brasileiro de Geografia e Estatística. *Síntese de indicadores sociais*: uma análise das condições de vida da população brasileira. Rio de Janeiro: IBGE, 2014.

CASTELLS, M. *Redes sociais e transformação da sociedade*. [S.l.]: Centro Ruth Cardoso, 2010. Disponível em: <http://www.centroruthcardoso.org.br/wp-content/uploads/2014/12/01-2010.pdf>. Acesso em: 25 fev. 2018.

CHAUÍ, M. *Convite à filosofia*. São Paulo: Ática, 2000.

FERREIRA, G. C. Redes sociais de informação: uma história e um estudo de caso. *Perspectivas em Ciência da Informação*, Minas Gerais, v. 16, n. 3, p. 208-231, abr. 2011. Disponível em: <http://portaldeperiodicos.eci.ufmg.br/index.php/pci/article/view/1149>. Acesso em: 12 dez. 2017.

FUGAZZA, G. Q.; SALDANHA, G. S. Privacidade, ética e informação: uma reflexão filosófica sobre os dilemas no contexto das redes sociais. *Encontros Bibli*: Revista Eletrônica de Biblioteconomia e Ciência da Informação, Florianópolis, v. 22, n. 50, p. 91-101, set. 2017. Disponível em: <https://periodicos.ufsc.br/index.php/eb/article/view/1518-2924.2017v22n50p91>. Acesso em: 15 dez. 2017.

GLOCK, R. S.; GOLDIN J. R. Ética profissional é compromisso social. *Mundo Jovem*, Porto Alegre, v. 335, p. 2-3, 2003.

LINS, M. *A fluidez do mundo líquido de Zygmunt Bauman*. Programa Milênio, 29 abr. 2016. Entrevista Programa Milênio/GloboNews. Disponível em: <https://www.fronteiras.com/entrevistas/a-fluidez-do-mundo-liquido-de-zygmunt-bauman>. Acesso em: 12 dez. 2017.

MATIUZZI, P. [Mundo - desde 2007]. *Exclusão Digital*. 2011. Disponível em: <http://paulomatiuzzi.blogspot.com.br/2011/04/exclusao-digital.html>. Acesso em: 29 mar. 2018.

MONTEIRO, S. D. O ciberespaço: o termo, a definição e o conceito. *Pesquisa Brasileira em Ciência da Informação e Biblioteconomia*, Brasília, v. 2, n. 2, 2007. Disponível em: <http://periodicos.ufpb.br/ojs2/index.php/pbcib/article/view/6989>. Acesso em: 15 dez. 2017.

ORGANIZAÇÃO DAS NAÇÕES UNIDAS. *Declaração Universal dos Direitos Humanos*. Rio de Janeiro: ONU, 2009. Disponível em: <http://www.onu.org.br/img/2014/09/DUDH.pdf>. Acesso em: 25 fev. 2018.

ORGANIZAÇÃO DAS NAÇÕES UNIDAS. *Desigualdade no acesso à informação continua sendo desafio global, alertam especialistas da ONU*. [S.l.]: ONU, 2014. Disponível em: <https://nacoesunidas.org/desigualdade-no-acesso-a-informacao-continua-sendo-desafio-global-alertam-especialistas-da-onu-2>. Acesso em: 15 dez. 2017.

PRESCOTT, R. Preço ainda barra maior inclusão digital e acesso à internet segue desigual. *ABRANET*, 05 set. 2017. Disponível em: <http://www.abranet.org.br/Noticias/Preco-ainda-barra-maior-inclusao-digital-e- acesso-a-internet-segue-desigual-1593.html? UserActiveTemplate=site#.Wjc4SdKnG1s>. Acesso em: 14 dez. 2017.

RIBEIRO, L. C. Q. et al. A reprodução digital das desigualdades: acesso e uso da internet, posição de classe e território. In: ENCONTRO ANUAL DA ANPOCS, 35., Caxambu, 2011. *Anais...* São Paulo: ANPOCS, 2011. Disponível em: <http://www.anpocs.org/index.php/papers-35-encontro/gt-29/gt06-13/899-a-reproducao-digital-das-desigualdades-acesso-e-uso-da-internet-posicao-de-classe-e-territorio/file>. Acesso em: 14 dez. 2017.

TODA MATÉRIA. *Cyberbullying*. [S.l.]: Toda Matéria, 2017. Disponível em: <https://www.todamateria.com.br/cyberbullying>. Acesso em: 27 dez. 2017.

UNICEF. *The state of the world's children 2017*: children in a digital world. [S.l.]: UNICEF, 2017. Disponível em: <https://www.unicef.org/publications/index_101992.html>. Acesso em: 16 dez. 2017.

Leitura recomendada

RIBEIRO, L. C. Q. et al. Desigualdades digitais: acesso e uso da internet, posição socioeconómica e segmentação espacial nas metrópoles brasileiras. *Análise Social*, Lisboa, n. 207, p. 288-320, abr. 2013. Disponível em: <http://www.scielo.mec.pt/scielo.php?script=sci_arttext&pid=S0003-25732013000200002&lng=pt&nrm=iso>. Acesso em: 16 dez. 2017.

Introdução à ética

Objetivos de aprendizagem

Ao final deste texto, você deve apresentar os seguintes aprendizados:

- Construir um conceito coerente de ética.
- Diferenciar os conceitos de ética existentes.
- Identificar as necessidades de aplicação da ética nas relações interpessoais.

Introdução

Neste capítulo, você será apresentado aos diversos conceitos de ética ao longo dos tempos, conferir as diferenças e refletir sobre o papel dela em sua trajetória de vida, a necessidade da ética em nossa sociedade atual e como a sociedade contemporânea se comporta diante dos acontecimentos deste milênio.

Conceituando ética

Nessas últimas décadas, o vocábulo "ética" tem sido muito utilizado em artigos de jornal, noticiários diversos, rodas de conversa presenciais ou virtuais. Em quase todos os lugares tem sido usada para medir valores, parâmetro de honestidade ou justiça e, até mesmo, é um tema divisor de opiniões entre discussões. Mas você sabe o que significa o conceito? Tem conhecimento acerca da construção teórica e filosófica sobre o que envolve? Já parou para pensar sobre isso?

Ética é aquela expressão que todos sabem o que é mas fica difícil de explicar em palavras, não é mesmo? Mas com essa quantidade de acontecimentos que a sociedade vem atravessando ainda cabe discutir o tema? É possível debater/estudar ética?

Bem, caso sua resposta seja indefinida ou negativa, sinta-se convidado a partilhar dos conhecimentos básicos sobre a temática, suas definições, conhecer alguns autores que se dedicaram ao estudo e a construção social do conceito de ética ao longo dos anos.

Você verá que a sociedade vive uma crise de valores, mas a ética ainda permanece intacta. Ainda queremos o bem comum e quando isso sobressai há uma tomada de decisão. Embora seja difícil, você é parte desse estudo, pois a ética não é ensinada em livros, ela é parte do que você é, de sua cultura, dos valores que sua família carregou.

O que é ética?

Leonardo Boff (2003) em seu livro *Ética e moral: em busca de fundamentos* define a ética como parte da filosofia com a finalidade de elaborar concepções profundas a respeito do ser humano e seu destino, do universo e da vida, institui princípios e valores que orientam pessoas e sociedades. Já o Padre Vaz, em seus *Escritos de filosofia IV*, diz que a ética se origina do saber ético de determinada tradição cultural. Se constituiria em saber normativo, indicativo e prescritivo do agir humano (VAZ, 1999). Em que seria um saber vivido ao longo da experiência humana. O filósofo e professor da USP Sérgio Cardoso traz um sentido mais comum e amplo sobre a palavra ética. Ele diz que:

> [...] remete às ações livres e responsáveis de um agente humano, um sujeito moral, autônomo, que orienta seus atos por valores, hoje, ao usarmos o vocábulo, tendemos prontamente a associar tal gênero de ações a uma vontade racional determinada por leis ou princípios normativos (universais ou gravados em práticas sociais de caráter histórico) (CARDOSO, 2010, p. 2).

Uma das questões mais importantes quando se trata da conceituação da ética é de que ela trata de princípios, um pensamento reflexivo sobre as normas e valores que regem as condutas humanas. Essas regras não estão acabadas ou postas em definitivo. A ética como ciência da moral vive num eterno pensar, refletir e construir para o bem da humanidade. Nada é para sempre, tudo dependerá de como a sociedade se comportará e decidirá sobre suas formas de vida. A escolha está sempre presente.

O que se deve sempre ter em mente é que na organização dessas condutas éticas, valores como respeito pelas diferenças, solidariedade, cooperação, repúdio às injustiças e discriminações fazem eco no que o ser humano tem em seu bojo ético, embora a realidade pareça ser diferente. A equidade entre os seres humanos é ainda um valor ético para a sociedade em que vivemos mesmo vejamos na mídia fatos que podem parecer o contrário. A sociedade ocidental ainda não aceita esses valores dispostos hoje em dia, embora haja quem faça de tudo para que eles sejam aceitos. Urge uma retomada pela justiça social e respeito ao planeta para que não se percam os preceitos humanos de bem coletivo e felicidade terrena construídos há muitos séculos.

A origem da palavra ética – *ethos*

A palavra *ethos* tem duas formas de escrita com diferentes significados e na Grécia antiga eram utilizadas assim: o *ethos* com eta (letra "e" - H η - em minúscula) significa morada, abrigo permanente e isso não somente para humanos pois os estábulos também seriam moradas de animais. Já *Ethos* com épsilon (E ε - letra E em maiúscula) significa costumes, ou seja, o "[...] conjunto de valores e de hábitos consagrados pela tradição cultural de um povo [...]" (FELIPPI FILHO, 2013). Esse segundo termo (*ethos* com épsilon) é associado à moral, pois em latim (*mores*) significa exatamente os valores e costumes de uma cultura, então deixaremos as diferenças etimológicas para depois.

Os primeiros filósofos diziam "Ética é a morada do homem". Essa morada seria um local em que seus habitantes poderiam ter segurança, e que se vivessem segundo as normas e leis existentes nas *pólis* (cidades) a sociedade se tornaria melhor, com os indivíduos protegidos, confiantes. Esse primórdio de aprofundamento sobre a ética remonta ao século VI a.C., período na Grécia em que *ethos* (modo de ser ou caráter) era o lugar que abrigava os indivíduos--cidadãos, os responsáveis pelos destinos da cidade (*pólis*).

Essa morada referida pelos gregos não era necessariamente material (as paredes e o teto), ela trazia a conotação de "sentir-se em casa", mais existencial, como se naquele ambiente criado ele pudesse ter uma sensação de proteção e cuidado e que as pessoas que dele fizessem parte pudessem ter harmonia, paz e um habitat tranquilo. É sabido que os antigos pensadores gregos elaboraram seus estudos a partir de suas realidades de vida e da sociedade ocidental existente na época, mas pode-se transpor essas barreiras iniciais e trazer para os tempos em que vivemos. Afinal, mudaram muitas de nossas concepções de mundo, mas perpetuam-se alguns pontos considerados comuns e necessários à vida em comunidade (VAZ, 1999).

O filósofo Marconi Pequeno confirma que uma pessoa que vive na região urbana teria que seguir um conjunto de regras, além de um código estabelecido internamente como participante de uma sociedade e assim conviver com decisões, limites e condições na busca do justo, humano e manutenção da espécie. Ele traz o seguinte parágrafo:

> A ética aparece, assim, como resultado das leis determinadas pelos costumes e das virtudes e hábitos gerados pelo caráter dos indivíduos. Os costumes representam, então, o conjunto de normas e regras adquiridas por hábito, enquanto a permanência destes define a caráter virtuoso da ação do sujeito. A excelência moral seria não apenas determinada pelas leis da cidade, mas também pelas decisões pessoais que geram as virtudes e os bons hábitos (PEQUENO, 2008, documento on-line).

O que foi trazido conceitualmente sobre ética tem atravessado gerações e mantido em nome da paz mundial, conservação da espécie humana. Porém, hoje a ética assume novas ideias, até poucas décadas os valores eram totalmente voltados ao indivíduo e sua comunidade em torno. À medida que as comunidades foram se globalizando e sendo muitas vezes "engolidas por outras maneiras de agir", o termo passa a ser pensado também para uma tomada de consciência mundial e não só mais voltada ao homem e sim ao planeta e aí sim o conceito de morada seria expandido para toda a esfera terrestre levando os conceitos iniciais do bem e mal a todos os seres vivos.

Essa nova forma de pensar e agir sobre a ética fez com que mais estudos fossem atrelados à filosofia, pois o conceito de ecologia trouxe a amplitude que alguns teóricos da atualidade desejavam para o futuro. A Carta da Terra, por exemplo, foi um documento escrito no Rio de Janeiro durante a Conferência Eco-92 sobre o destino do planeta e nele foram traçados 16 artigos propondo uma nova ética para a Terra. Esse tratado foi sendo construído desde os relatos da ida do homem à lua, quando trazem a visão de um único lugar de morada, uma única casa, a Terra. Ou seja, para compreendermos atualmente onde queremos chegar enquanto humanos precisamos debater quais valores consideramos necessários e como queremos viver nesse espaço de terra cada vez mais unificado. Urge que as sociedades tracem novas "cartas de convivência" e assim possam manter a espécie humana como a conhecemos.

Breve histórico dos conceitos de ética

Conta a história que Mênon, jovem aluno de Sócrates, teria feito o questionamento a seguir e para o mestre responder teve que buscar conhecimento e definição para ter a certeza e transmitir ao seu pupilo.

> Serias capaz de me dizer, ó Sócrates, a respeito da virtude, se é algo que se ensina; ou se, ao invés de ser algo que se ensine, é matéria de um exercício; ou bem se, ao invés de ser matéria de exercício ou de ensino, ela é, entre os homens, um dom natural; ou ainda se há outra maneira de adquiri-la? (VALLE, 2015)

Quantas vezes a gente faz uma pergunta interna, se estamos fazendo a escolha certa para determinada ação, ideia ou atitude? Ao longo da vida provavelmente serão inúmeras as vezes acontecidas e sem nenhum tipo de julgamento acerca de suas tomadas de decisões. Porém, pode acontecer de uma hora para outra que você comece a repensar o porquê dessa escolha ou até mesmo passar momentos analisando se outra pessoa decidir por determinado assunto, que atitude tomará? Como será seu pensamento?

Parece que essas transformações em nossas vidas vão sendo construídas e vamos dando o nome de maturidade, porém nunca paramos para entender baseados em que princípio inicial tomamos partido de uma situação, a partir de que base somos levados a concordar ou discordar de determinado tema.

Antes de nós já passaram por nossa sociedade ocidental muitos filósofos que também fizeram esses questionamentos. Começaram a estudar a base do que hoje conhecemos por ética e moral. Fizeram perguntas, entrevistaram pessoas, pensaram muito sobre esse assunto e então fizeram seus aportes teóricos. Mas, e hoje, no mundo atual tão virtualizado, tecnológico, cabe ainda a discussão sobre a importância da ética em nossa sociedade? Embora não saiba sua opinião, muitos filósofos da atualidade trazem a discussão à tona e dizem ser extremamente relevante discutir o papel do humano nessa onda de megas e terabytes em que vivemos.

Para começar a pensar sobre isso, a sugestão é "viajar no tempo" e tentar compreender o sentido de certo/errado, bem/mal, razão inicial dos primeiros pensadores sobre o tema. Trazer luzes às teorias e embasamentos do real sentido da temática e sua importância. Desde os primórdios da civilização ocidental os gregos foram os primeiros a pensar, debater sobre as relações interpessoais, correlações entre o individual e coletivo e assim repensar posturas e sistematizar ações nas condutas em sociedade.

Ética na Antiguidade

O viver bem em comunidade, a teoria e a sabedoria eram considerados pilares da filosofia para os pensadores gregos na Antiguidade e foram trazidos até hoje na história pelos autores da época. As ideias sobre ética eram sempre atreladas ao conceito da felicidade, pois para esses filósofos o sumo bem era a busca final de existência humana (não um bem individual, mas um bem viver coletivo).

Sócrates é considerado um pioneiro na busca de conhecimento sobre o humano. Ele acreditava que a felicidade era o real objetivo do homem e que a alma humana era o objeto de estudo. Para o problema da impossibilidade humana em encontrar a sua verdade (felicidade ilimitada) individualmente, bem no seu interior da alma, ele acreditava que a coletividade auxiliaria no encontro com o lado virtuoso do mundo, sempre orientado por atos de bondade, prazer e conduta reta. Ele preconizava o "cidadão perfeito" (RAMOS, 2012), homem que suprimia os desejos despertados em benefício da comunidade. Atente-se, porém, às hierarquias sociais existentes na época: mulheres, escravos e estrangeiros não eram "cidadãos", ou seja, não pertenciam ao processo virtuoso de liberdade, virtude e bondade.

Figura 1. Platão e Aristóteles.
Fonte: Sanzio (1509).

Platão, filósofo que sucedeu a Sócrates, indissocializou a ética da política. Para ele, a tarefa da ética seria promover o nivelamento dos indivíduos, a diluição das diferenças em nome do bem comum. Assim sendo, o cidadão grego deveria partilhar o poder, libertar-se dessa busca desenfreada. Ele pensava que o convívio em sociedade com os valores éticos voltados ao bem comum seria fundamental para uma felicidade plena e atribuía à política quatro formas de governo com todas formando cidadãos não éticos. Sócrates então propõe a construção de um Estado ideal, conhecido como República Platônica e nela seriam cultivadas as virtudes da sabedoria, coragem e moderação por meio dos filósofos, soldados e autônomos. Os escravos e mulheres não fariam parte dessa felicidade e nem os poetas, pois sentimentais como eram, tirariam o povo da racionalidade.

Aristóteles foi o primeiro filósofo a nominar o termo ética em suas publicações: *Ética a Nicómaco* (seu filho) e *Ética a Eudemo* (seu aluno). Ele também considerava a ética como uma forma de harmonizar o convívio com o coletivo e eliminar desigualdades, porém discordava de Platão ao não tratar do coletivo e sim da liberdade individual dos cidadãos. Ele trazia conceitos como prudência, sabedoria e justiça para o rol das virtudes essenciais ao cidadão grego. Acreditava que a repetição e racionalização destes comportamentos virtuosos fariam das *pólis* um lugar em ordem e assim atingiriam a felicidade.

Essa forma de convivência seria iniciada a partir dos conceitos do bom, belo e honesto e partiria do indivíduo para o membro da coletividade. Após observações do homem seriam constituídas normativas da conduta individual e coletiva tratadas como ciência normativa.

A chamada ética Aristotélica diferia do modo de pensar de Platão. Para o segundo a ética seria padronizada e segmentada por grupos, tais como ele pensou para os seus grupos de liderança no Estado ideal. Atualmente esse tipo de formação é utilizada na ética profissional em que cada ocupação tem seus princípios de atuação éticos (RAMOS, 2012).

Ética na Idade Média

O historiador e filósofo Fábio Pestana Ramos, no artigo "A evolução conceitual da Ética" (2012), informa que o período medieval foi dominado pelo catolicismo na Europa Ocidental e vinculou a ética à religião e a dogmas cristãos. Os séculos VI a XV foram influenciados quase que completamente por essa nova ordem, trazendo a ideia de que a vida virtuosa só seria alcançada por meio divino, separando a felicidade da racionalização do mundo terreno. Foi introduzido o martírio (jejum e mutilações) como forma de conseguir virtude da bondade e retirada a felicidade hedônica (pelo prazer terreno) da possibilidade de conseguir bem viver. Ou seja, essa conquista seria celeste caso a pessoa conseguisse em vida fazer o que a Igreja considerava correto. As ideias de Santo Agostinho, São Tomás de Aquino e Santo Anselmo foram fortes influenciadoras da época. As concepções filosóficas deles eram leis na época.

Santo Agostinho trazia a ideia de que a Igreja era a autoridade máxima, subordinando o Estado e a política. Tudo era questão de fé, revelada por Deus, e a razão era superada. A moral era mais importante do que a ética, na época, contrariando Aristóteles e Platão.

Já o pensamento do São Tomás de Aquino era uma tentativa de conciliar fé e razão, mas sem sucesso, pois esbarrava na essência divina dos atos humanos. Ele trazia a concepção de uma "grande ética" ordenando a sociedade pelo justo equilíbrio divino. Também trazia uma fragmentação da ética que seria aplicada conforme o grupo social, pois segundo ele os princípios comuns não poderiam ser aplicados a todos os homens indiscriminadamente por serem variadas as raças, costumes e assuntos humanos e, como já trazia na concepção do Santo Agostino, a moral seria referencial de conduta e harmonização da sociedade ao invés de uma ética universal.

Isso também foi o que aconteceu com a tendência filosófica criada por Santo Anselmo, a Escolástica, uma teoria propondo que a educação fosse um meio de doutrinação na fé cristã e assim afirmava os princípios morais como superiores à razão. Mais uma tendência que condicionava à vontade de Deus as ações terrenas como princípio de justiça. Essa visão cristã dos três pensadores mais importantes na Idade Média desviaram o conceito inicialmente elaborado pelos antigos filósofos e adequaram à ética da época, sobrepujando a moral e destituindo a característica universal da mesma para segmentações conforme a necessidade.

A Idade Moderna e a ética

Com o progressivo fortalecimento dos Estados nacionais da Europa a partir do século XV, a separação entre Igreja e Estado também foi sendo consolidada. A ciência avançava e voltava a ideia do homem como centro das ações e decisões, o antropocentrismo. Embora a religião continuasse muito importante, já não tinha o mesmo papel de outrora e a política vinculada à realização do cidadão é retomada, a sociedade começa a pensar o sujeito e se aprimorar por meios legítimos e o Estado a agir como fomentador e garantidor de condições, trazendo os direitos individuais de justiça e subsistência.

Ou seja, a sociedade feudal da Idade Média foi modificando sua constituição política e diversos países tiveram revoluções importantes (Holanda, Inglaterra e França), iniciando um novo sistema político com os Estados modernos, individualizados e centralizados. Alguns países não tiveram o mesmo crescimento político e econômico, tais como a Alemanha e Itália, tendo somente no século XIX a sua unificação nacional e posterior crescimento.

Essas mudanças foram verificadas na ordem social, em especial com o surgimento e ascensão de uma nova classe social, a burguesia; na ordem econômica surgem novas formas de relações de produção e forças produtivas; é revelada uma nova constituição da ciência com Galileu e Newton, um novo modelo de ética se estabelece e a Igreja Católica, antes fundamental na Idade Média, vai perdendo a sua função de guia espiritual, principalmente após a reforma protestante.

A visão absolutista desse novo modo de vida na Europa Ocidental traz alguns pensadores aliados a outras ciências, tais como Descartes, que foi filósofo e matemático e concebeu em sua dúvida cartesiana uma possibilidade do cidadão seguir as leis e costumes do país e manter a religião e fé em Deus, evitando excessos e cultivando o bom senso. Já Baruch Spinoza, em 1677, publica a obra *Ethica* e fixa como parâmetro de definição do que é bom ou mau e a razão como forma de limitar a paixão. No livro, considera manter obediência a Deus como uma razão inteligente, uma forma de conseguir prazer e a felicidade. Thomas Hobbes traz a base de sustentação para o Estado absolutista em que faz uma ligação direta da vontade de Deus com o monarca. Isso é sustentado também por John Locke, que retoma o contrato social como limitador do poder absoluto da autoridade e promove a felicidade por meio da liberdade individual irrestrita. Todas essas bases teóricas serviram de apoio e sustentação para o absolutismo, sendo, porém, iniciado o processo de destituição da moral cristã como a ordem vigente e a valorização de uma ética individualista. Essa ética é pensada como forma de manutenção do poder do Estado perante a vida coletiva e individual (LAISSONE; AUGUSTO; MATIMBIRI, 2017).

O período contemporâneo

No século XVIII o Iluminismo trouxe novas leituras da ética e volta a centralizar o foco na razão, na autonomia humana e na crença otimista do progresso. Exemplos como o da Revolução Francesa mostraram como a sociedade estava iniciando um processo de diálogo e construção da Declaração dos Direitos Humanos. Valores como a liberdade, igualdade e fraternidade foram virtudes trazidas à tona para regular a vida dos cidadãos. Immanuel Kant propõe que imperativos sirvam de referência ao agir e estes seriam regras obrigatórias para nortear a vida racional.

Silva (2011), em seu artigo "O pensamento ético filosófico: da Grécia antiga à idade contemporânea" relata que o processo de modificação ocorrido nos séculos XIX e XX junto à sociedade contemporânea teria três grandes eixos normativos, sendo que a "[...] reflexão ética toma um novo direcionamento: desenvolvido em um *pathos* da economia para Marx; na cultura para Nietzsche; e no psiquismo para Freud. Novas influências marcam a ética do século XX [...]" (SILVA, 2011). Ou seja, a partir dessa concepção a ética seria instaurada por três paradigmas éticos: um voltado para a análise do psiquismo humano, predominantemente individualista representado por Freud; a continuidade do racionalismo iniciado por Descartes com o meio ambiente interagindo com o indivíduo agora continuado por Nietzsche; e por último a visão econômica trazida da Alemanha em que o indivíduo seria força de trabalho e modo de produção coletivo numa apropriação do capitalismo segundo Marx.

Kant foi importantíssimo expoente do pensamento iluminista alemão e constrói a teoria a partir de uma consciência moral existente no homem que, agindo por puro respeito ao dever, não precisaria de outra lei exterior além da sua interna. O homem seria um sujeito livre, autônomo e criador e formaria sua própria legislação, independentemente de sua situação social.

Outro importante expoente, Friedrich Hegel, traça um contraponto à obra de Kant, considerando demasiado abstrata a posição do filósofo. Ele traz a ideia de que o homem precisa levar em conta suas tradições e valores para assim concretizar-se em sociedade política, em que a liberdade se daria concreta e organizada num Estado.

Na metade do século XIX um outro Friedrich, o famoso Nietzsche, desvincula totalmente a ética da religião, tornando-a uma ciência. Para ele, "[...] a ética seria o centro, justificativa e fundamentação das ações humanas; constituindo o elemento que torna possível a convivência, estabelecendo padrões de comportamento que reprime a natureza [...]" (RAMOS, 2012). A partir desse conceito, a ética transformou-se numa ciência normativa baseada na construção interna do indivíduo, mas externalizada na ciência do outro, podendo ser classificada a partir de então, como, por exemplo, a ética profissional.

Figura 2. O animal político.
Fonte: Laerte (2001, p. 25).

Em busca de um *ethos* globalizado

Até a época contemporânea a ética era pensada no sujeito e seu coletivo, mas restrita à sociedade humana. Eis que no final do século XX, a partir da ida do homem à lua, quando os astronautas trazem a imagem de um só planeta e a concepção de unidade da biosfera qual uma grande bola azul, os filósofos se aprofundaram nesse tema. Leonardo Boff é um dos mais famosos expoentes dessa teoria no Brasil. Retomando o sentido de *ethos* como fundamentalmente a morada humana, ele é redimensionado para além de nossa comunidade, passa da nossa cidade ou país para o planeta todo, chamado de Ethos-Casa Comum (BOFF, 2012). A partir desses pensamentos foram surgindo questões até o momento não resolvidas, pois se estamos cada vez mais próximos devido às transformações tecnológicas e já há um movimento para além da globalização, o de transnacionalização, fica a dúvida de como será essa convivência das mais diferentes regiões da terra. As culturas, tradições, religiões e valores éticos poderão ser unidos? Será que a humanidade conseguirá efetuar uma coalisão entre os princípios e valores numa expectativa de favorecimento da convivência em sociedade na busca de um mínimo de justiça e paz? Esse consenso partirá de quem e qual o futuro da humanidade? Estes questionamentos partem de uma sociedade modificada por modelos de produção marcados pela busca desenfreada do capital e isso altera a importância de tratamento ético dado aos seus pares. Com isso surgem novas teorias e a busca de equilíbrio na forma de relação do homem consigo e com seu orbe (mundo). Na busca de um futuro, Boff traz algumas possibilidades de resolução desses problemas, em primeiro lugar ele pensa que a religião pode ser um aglutinador de pessoas com a mesma afinidade e assim criariam normativas mais justas. Ele discorre sobre a justiça social internacional, em que os pobres, excluídos e vulneráveis seriam reconhecidos e assim haveria um equilíbrio entre o bem viver dos homens. Também fala sobre o ser humano ter em sua alma intrínseca o cuidado e isso seria uma ferramenta para a busca de transformar a Terra numa casa melhor cuidada, com mais qualidade de vida para todos no futuro. É claro que há muito a questionar e assim buscar novas possibilidades para equilibrar a busca do lucro e poder com bem comum e felicidade. Urge buscar novas soluções para velhos problemas (BOFF, 2012).

A sociedade ocidental, como a conhecemos, foi inventada pelo próprio homem na tentativa de viver melhor em comunidade e com isso foram criadas normas e regras para não se extinguir. O homem é um ser social e viveu bem no início com esses protocolos e regulamentos gerais. Porém, à medida em que foram sendo criadas novas tecnologias e modos de produção também começaram a existir a injustiça social e a quebra dos preceitos iniciais do bem viver em comunidade, o que levou a uma crise dos valores humanistas. O que vemos hoje é uma sociedade marcada pelo egoísmo nas relações sociais, na valorização do "tirar vantagem", indiferença pela miséria alheia, ausência de solidariedade humana e certa tolerância com a corrupção e impunidade (GONÇALVES; WYSE, 2007).

Mas o que tem sido feito para que a sociedade não definhe, para que ela possa reinventar-se? O que tem sido dito é que a sociedade deveria tomar consciência de que a vida solitária é insuportável visto sermos seres políticos e toda a base dos valores individuais foi construída em sentidos de vida coletivos. Além disso, a finalidade humana no mundo não é para a produção de bens materiais ou imateriais. Há toda uma construção existencial, generosa e coletiva. Resta saber se a humanidade conseguirá abandonar esse projeto egoísta e individualista por um comum, da sociedade que habitará este planeta no futuro.

Referências

BOFF, L. A busca de um ethos planetário. *Cadernos IHU Ideias*, São Leopoldo, ano 10, n. 169, 2012. Disponível em: <http://www.ihu.unisinos.br/images/stories/cadernos/ideias/169cadernosihuideias.pdf>. Acesso em: 14 jan. 2017

BOFF, L. *Ética e moral*: a busca de fundamentos. 2. ed. Petrópolis: Vozes, 2003.

CARDOSO, S. Montaigne: uma ética para além do humanismo. *O que Nos Faz Pensar*, v. 19, n. 27, p. 257-278, maio 2010. Disponível em: <http://www.oquenosfazpensar.fil.puc-rio.br/index.php/oqnfp/article/view/308>. Acesso em: 20 jan. 2018.

FELIPPI FILHO, M. C. A imprescindibilidade da constituição de um ethos mundial para a sustentabilidade da vida humana na proposta de Leonardo Boff. *Revista Jus Navigandi*, Teresina, ano 18, n. 3787, nov. 2013. Disponível em: <https://jus.com.br/artigos/25838>. Acesso em: 11 jan. 2018.

GONÇALVES, M. H. B.; WYSE, N. *Ética e trabalho*. 2. ed. Rio de Janeiro: Senac Nacional, 2007.

LAERTE. *Classificados*. São Paulo: Devir, 2001. p. 25.

LAISSONE, E. J. C.; AUGUSTO, J.; MATIMBIRI, L. A. *Manual de ética geral*. Moçambique: Universidade Católica de Moçambique, 2017. Disponível em: <http://www.ucm.ac.mz/cms/sites/default/files/publicacoes/pdf/MANUAL-DE-ETICA-GERAL.pdf>. Acesso em: 14 jan. 2018.

PEQUENO, M. *Ética, educação e cidadania*. 2008. Disponível em: <http://www.dhnet.org.br/dados/cursos/edh/redh/01/04_marconi_pequeno_etica_educacao_cidadania.pdf>. Acesso em: 05 abr. 2018.

RAMOS, F. P. A evolução conceitual da ética. *Para Entender a História...*, ano 3, vol. mar., série 10/03, p. 1-12, 2012. Disponível em: <http://fabiopestanaramos.blogspot.com.br/2012/03/evolucao-conceitual-da-etica.html>. Acesso em: 14 jan. 2018.

SANZIO, R. *School of Athens*, 1509. Disponível em: <https://commons.wikimedia.org/wiki/File:Sanzio_01_Plato_Aristotle.jpg> Acesso em: 4 abr. 2018.

SILVA, A. W. C. *O pensamento ético filosófico*: da Grécia antiga à idade contemporânea. Brasília: Portal de e-governo, 2011. Disponível em: <http://egov.ufsc.br/portal/conteudo/o-pensamento-%C3%A9tico-filos%C3%B3fico-da-gr%C3%A9cia-antiga--%C3%A0-idade-contempor%C3%A2nea>. Acesso em: 26 jan. 2018.

VALLE, L. É possível ensinar a ética? Reflexões a partir da filosofia de Hannah Arendt. *Revista Polyphonía*, Goiânia, v. 23, n. 2, p. 33-62, fev. 2015. Disponível em: <https://www.revistas.ufg.br/sv/article/view/33909>. Acesso em: 20 jan. 2018.

VAZ, H.C. L. *Escritos de filosofia IV*: introdução à ética filosófica 1. São Paulo: Edições Loyola, 1999. (Coleção Filosofia).

Leituras recomendadas

BARBOSA, C. B.; QUEIROZ, J. J.; ALVEZ, J. F. *Manual técnico Centro Paula Souza*. Núcleo básico: ética profissional e cidadania organizacional. São Paulo: Fundação Padre Anchieta, 2011. (Coleção Técnica Interativa. Série Núcleo Básico, v. 4).

BRASIL. Ministério da Educação. Secretaria de Educação Básica. Programa Ética e Cidadania. *Construindo valores na escola e na sociedade:* relações étnico-raciais e de gênero. Brasília: MEC, 2007.

JACQUES, M. G. C. J. et al. (Org.). *Relações sociais e ética*. Rio de Janeiro: Centro Edelstein de Pesquisas Sociais, 2008. Disponível em: <http://www.bvce.org.br/LivrosBrasileirosDetalhes.asp?IdRegistro=129>. Acesso em: 20 jan. 2018.

RODRIGUES, F. Ética do bem e ética do dever. *O que nos faz pensar*, Rio de Janeiro, v. 19, n. 28, p. 247-265, dez. 2010. Disponível em: <http://www.oquenosfazpensar.fil.puc-rio.br/index.php/oqnfp/article/view/321>. Acesso em: 20 jan. 2018.

VALLE, L. Ética e trabalho na sociedade contemporânea. *Trabalho Necessário,* ano 3, n. 3, 2005, Disponível em: <https://pt.scribd.com/document/273780847/ETICA--E-TRABALHO-NA-SOCIEDADE-CONTEMPORANEA-doc>. Acesso em: 14 jan. 2018.

História da ética

Objetivos de aprendizagem

Ao final deste texto, você deve apresentar os seguintes aprendizados:

- Reconhecer um conceito do que significou a ética no entremeio da história do Ocidente.
- Relacionar o pensamento dos principais pensadores com questões relevantes, no âmbito profissional.
- Diferenciar os principais conceitos de ética construídos dentro do pensamento ocidental.

Introdução

É imprescindível reconhecer o conceito do que significou a ética no entremeio da história do Ocidente, a fim de construir uma linearidade de seus principais pensadores, na tentativa de fazer algumas correlações entre eles e o mercado profissional da atualidade.

Neste capítulo, você conhecerá os principais tópicos sobre a história das sociedades ocidentais e como elas foram adaptando seus costumes e valores, fazendo com que elaborassem um conjunto de regras, sua ética.

As sociedades e a ética ao longo do tempo

Conhecer a história do pensamento humano, deslocada do tempo histórico, não dá a verdadeira extensão de todo o processo acontecido ao longo dos tempos. Na Grécia não foi diferente, pois os acontecimentos históricos burilaram as fases da construção da racionalização e serviram de base para todo o pensamento lógico a respeito da civilização humana ocidental. Atenas foi palco de muitas cenas relativas à introdução da ética e estudo das formas de vida em uma sociedade mais racional, humana e comprometida com o outro.

Sobre o conceito de ética, diversos autores trazem o contexto de uma "[...] ciência normativa do comportamento humano com a tarefa de levar o indivíduo a fazer escolhas, traçar caminhos tendo em vista o bem, seja ele individual ou coletivo" (KARLA, 2011), o tão desejado bem comum, equilíbrio de uma comunidade.

Essa construção de valores em relação à forma de agir e tomar decisões em sociedade, numa tentativa de evitar conflitos morais tendo como consequência a manutenção da ordem social e dignidade do comportamento humano, foi sendo realizada pelos moradores da comunidade ocidental e fez parte de um complexo movimento evolutivo, sendo retratado por pensadores na época e a aquiescência dos moradores ao longo dos tempos.

Esse processo ocorrido com a sociedade ocidental foi uma construção, porém você pode ter a curiosidade de imaginar quando começou, quem originou as teorias, em que momento o homem parou para se preocupar ou debater questões conflitantes na busca de uma boa conduta, seja nas relações familiares ou comunitárias.

> Os diferentes sistemas ou doutrinas morais oferecem uma orientação imediata e concreta para a vida moral das pessoas. As teorias éticas não pretendem responder à pergunta "o que devemos fazer?" ou "de que modo deveria organizar-se a sociedade", mas refletem sobre "por que existe moral?" "Quais motivos justificam o uso de determinada concepção moral para orientar a vida?". As teorias éticas querem dar conta do fenômeno moral. Existem diferentes leituras do fenômeno moral (CORTINA; MARTINEZ, 2005. p. 07).

A ética nasceu quando o homem começou a viver em sociedade, pois o seu comportamento (*modus operandi*), suas atitudes para com os outros, refletem ações baseadas numa ética do coletivo. Quando se compara o homem pré--histórico com o da atualidade, verifica-se todo um percurso de milhares de anos em que foi evoluindo de uma época em que a sobrevivência da espécie era a preocupação mais premente, ou seja, nossos ancestrais pré-históricos se detinham em técnicas como o fabrico de ferramentas, domínio do fogo e os ritos mágicos, tudo para se defender da temível natureza. Nessa época, agir eticamente de forma correta era a manutenção coletiva da vida, não dispunham de regras sobre como viver em comunidade. As ações eram construídas e praticadas conforme os desafios vinham surgindo (FERRÃO, 2015).

A humanidade foi numa crescente busca por uma ética social. A reflexão filosófica sobre a ciência da moral, comportamentos éticos, eram constantes em todas as sociedades e culturas. Os valores morais foram se organizando com bases e princípios com sua própria personalidade (um *ethos* próprio). O Estado, os grupos sociais ou religiosos eram orientados por uma conduta ética, advinda da moral da sociedade vigente, sempre na busca da legitimação de um melhor convívio entre os pares (SILVA, 2009, p. 1). A civilização grega inicia a era clássica do pensamento em todas as esferas: filosófica, matemática, política, dramatúrgica, artística e poética. O teatro surge como palco de interrogações em que as reflexões do cotidiano e o amor pela sabedoria começam e surgem pensamentos mais elaborados, os pensadores iniciam suas teorizações acerca da vida e suas escolhas de felicidade.

Fique atento

Para entender melhor o tema sobre a história da ética, leia a obra *Convite à filosofia*, de Marilena Chauí, que apresenta os pensamentos dos autores da antiguidade até a atualidade, em um texto linguagem coloquial.

A tragédia grega: ética na Idade Antiga e os detentores da sabedoria

Na era pré-socrática (século V a.C.) surge um movimento intelectual de um grupo de pensadores gregos que se consideravam mestres/sábios. Eles detinham o conhecimento, cobravam para ensinar a arte de convencer, expor, argumentar ou discutir velhas tradições/verdades e normas universalmente válidas.

> A tragédia grega foi o primeiro gênero teatral que surgiu na Grécia. [...] na tragédia os personagens não eram pessoas comuns, como apareceriam nas comédias [...]. As tragédias eram textos teatrais que apresentavam histórias trágicas e dramáticas derivadas das paixões humanas as quais envolveriam personagens nobres e heroicas: deuses, semideuses e heróis mitológicos. Todas elas possuíam uma característica comum: tensão permanente e o final infeliz e trágico. Segundo o filósofo grego Aristóteles (384 a.C.-322 a.C.) a tragédia era um gênero maior capaz de transmitir nas pessoas as sensações vividas pelas personagens. Esse processo, definido por ele como "catarse", acontecia com o público que assistia à peça como forma de purificação e/ou purgação dos sentimentos. Em outras palavras, a catarse representava uma descarga de sentimentos e emoções provocados pela tragédia (TODA MATÉRIA, 2018, documento on-line).

Para compreender melhor a construção das teorias a respeito da ética no período da Antiguidade na Grécia, cabe trazer a contextualização histórica, pois nessa época a população grega tinha uma ligação muito próxima com a arte literária. O teatro, principalmente após o surgimento do gênero tragédia, serviu a interesses políticos dos governantes para doutrinar, educar, entreter e até mesmo formar o homem grego. Os setores dominantes se aproveitaram dessa forma de teatro, que originalmente foi dedicada ao deus Dionísio, e assim foi sendo formado um novo povo grego, menos religioso e mais politizado. A nova Atenas começando a democracia precisava de um novo grego, esse preparado para administrar a estrutura social vigente, e assim a tragédia servia ao seu expediente pedagógico (SOUZA; MELO, 2011).

O trio de ouro da filosofia: a ética da era do ser

Surge na Idade Antiga a fundamentação teórica com o objetivo de melhorar a convivência das pessoas e melhorar seu modo de vida. Essas teorias foram influenciadas pelos fatos históricos acontecidos e com o passar dos anos precisaram ser reformuladas. Nesse tempo acontece o questionamento por parte de pensadores gregos sobre as relações do homem com o mundo e a concretude da linguagem e pensamento ocidental (PENASSO, 2016). Vários filósofos fizeram parte desse estudo, dentre eles, destacaram-se:

- **Sócrates:** "Uma vida sem busca não merece ser vivida" (REALE; ANTISERI, 2003). É considerado por muitos autores como o pioneiro na reflexão sistematizada, crítica sobre a ação humana e suas atitudes perante a si e ao próximo. Embora não tenha escrito nenhum livro, sua obra foi perpetuada por questionamentos acerca do que seria a virtude (*areté*), e a definia como a ação correta, meritória. Era o filósofo grego que se baseava no conhecimento, que concebia a virtude como modo de atingir a felicidade da alma. Para ele "a excelência humana se revela pela atitude de busca da verdade", ou seja, as virtudes podem ser transmitidas e os vícios eram vistos como formas de ignorância. O diálogo e a introspecção – o conhecimento – seriam bases para a busca da verdade e quem agisse mal seria um ignorante. A busca da perfeição do bem seria o propósito de vida do homem. O filósofo acreditava numa perfeição nata no humano, não necessitando de nenhum aprimoramento, somente deixando-a florescer.

- **Platão:** "Quem é capaz de ver o todo é filosofo; quem não, não" (REALE; ANTISERI, 2003). Discípulo de Sócrates, reelabora as teorias do mestre por meio do método da dialética, que consiste num diálogo e pautado pela busca da verdade, com a visão política do que entende por felicidade e convívio harmônico da sociedade. Iniciador do formato de uma nova educação para a Grécia, monta a Academia, local de estudos de matemática, filosofia, botânica, medicina e filosofia, e aceita mulheres também, o que era raro para a época. Para descrever o que acreditava, o pensador escreve o livro *A República*. Para ele o Estado perfeito é constituído por três funções determinadas, sendo os governantes os responsáveis pela administração, controle e organização da cidade; os militares seriam os defensores, os guardiões da cidade e por último os responsáveis pela produção, desenvolvimento das atividades econômicas seriam os camponeses e artesãos. Ao categorizar cada um dos responsáveis por cada etapa da pólis (cidade grega), todos teriam uma ou mais virtudes acompanhando o trabalho, ou seja, a prudência e a sabedoria seriam virtudes dos governantes; os guardiões seriam regidos pela fortaleza ou coragem e os produtores pela moderação ou temperança. Era associado a cada um dos responsáveis dimensionar a capacidade de raciocinar com decisão e coragem mesmo quando em conflito entre os instintos e razão por meio da justiça. Platão acreditava na teoria de que o homem bom é um cidadão, ou seja, a vida moral está inserida na coletividade e a ética está ligada à organização política.

- **Aristóteles:** foi discípulo de Platão, porém rompe com esses ensinamentos e desenvolve o seu próprio sistema, rejeitando a teoria das ideias de Platão e o dualismo mais racional. Ele valorizava o saber empírico e a ciência natural, acreditava que exercitar a virtude seria uma forma de alcançar a felicidade, pois ela representava a razão e a verdade interligadas. Foi o primeiro filósofo que elaborou tratados falando basicamente em ética no livro *A ética a Nicômaco*, uma carta ao seu filho em que ele questiona o viver, sendo a felicidade uma autorrealização. Com isso, ele o significado de felicidade como um bem perfeito, sempre atrelada à compreensão dos conhecimentos, pois Aristóteles acreditava que a ética não poderia ser desvinculada da vida social, política e para isso as paixões seriam dominadas em detrimento dessa relação amável e satisfatória com o mundo natural. O filósofo acreditava que a virtude precisava ser desenvolvida, cultivada e com isso ele teria o poder da escolha de praticar boas ações. O hábito da escolha racional pelo bem traria a autonomia das atitudes positivas para a sociedade toda. Marcondes (2001, p. 40) relata que a visão do processo de conhecimento é mais linear do que a de Platão, pois ele entendeu o mesmo como uma progressão em que a análise fazia parte e, assim, a cada etapa vencida se chegaria à teoria, à ciência propriamente dita. Ele traçou uma sequência em que primeiramente teria uma sensação (*aisthesis*), memória (*mnemósine*), depois a experiência (*empeiria*), arte (técnica - *téchne*), resultando em teoria/ciência (*episteme*).

Atenas em decadência política: a ética no período helenista

Todo o construto de abundância econômica, regime político e evolução da sociedade durante os séculos de grande império fez do homem grego um amante da liberdade, quando perguntava o conceito de felicidade a resposta era ser livre. A noção de autarcia (*autárkheia* = capacidade de bastar-se a si mesmo, de não depender dos outros) do cidadão grego, em que ele desfruta de liberdades de escolha no âmbito político, religioso e pode deslocar-se a qualquer parte do mundo conhecido, um cosmopolita. Surge então o conceito de helenismo (os gregos se autodenominavam helenos), em que a cultura é disseminada pelo mundo ocidental e se torna modelo para os romanos e demais povos. Porém, com as guerras entre Atenas e Esparta foi enfraquecendo o império e a Macedônia foi fortalecida. A cultura clássica grega foi sofrendo considerável modificação a partir do século IV a. C. até o século V d. C. e com isso o grego precisou se reinventar. Observe a seguir a trajetória histórica do helenismo e seus representantes mais expressivos, além de algumas particularidades. Nesse período, quatro visões diferentes sobre a forma de viver o mundo grego foram criadas: o **cinismo**, o **ceticismo**, o **hedonismo** e o **estoicismo** (MARCONDES, 2001). Surgiram diversas teorias helenísticas e todas chegaram a um consenso de que felicidade dependia da tranquilidade interior (AQUINO, 2012).

- **O cinismo:** linha de pensamento liderada pelo filósofo Diógenes, demonstra que a natureza coloca à disposição tudo o que realmente seria necessário para a felicidade humana. Eles defendiam a abolição de todas as normas, como a liberdade sexual, e acreditavam que o Estado, as leis, o dinheiro, propriedade, o casamento, afastariam o homem da felicidade.
- **O ceticismo:** Marcondes (2001, p.108) descreve como uma doutrina com vistas à busca da tranquilidade da alma, pois a principal tese é a de que para alcançar a tranquilidade é preciso controlar o desejo de ter certezas absolutas. Há a ideia de que o homem não possui a capacidade

de alcançar certezas. Eles acreditavam em três princípios fundamentais para a tranquilidade, ou seja, havia uma busca do meio termo para a obtenção da imperturbabilidade (*ataraxia*) e posterior felicidade (*eudaimonia*): a apraxia (inação), a *aphasia* (ausência de discurso) e a *apathia* (insensibilidade frente ao prazer e à dor).

- **Epicurismo:** escola fundada em Atenas por Epicuro (306 a.C.), valorizava a inteligência prática, considerava não existir conflito entre razão e paixão. O prazer (hedoné) era valorizado como natural, porém com moderação e austeridade. A ética epicurista é baseada na ideia de que o prazer é um bem a ser buscado pela ação virtuosa. Epicurismo é uma ética hedonista, isto é, uma explicação da moral como busca de felicidade entendida como prazer, como satisfação de caráter sensível. Para Epicuro, o sábio é aquele capaz de calcular corretamente quais atividades proporcionam maior prazer e menor sofrimento. Trata-se de calcular a intensidade e a duração dos prazeres. Portanto, as duas condições para saber ser sábio e feliz são o prazer e o entendimento reflexivo para ponderar os prazeres (CORTINA; MARTINEZ, 2005).

- **Estoicismo:** considerada a mais universalista das escolas helenísticas e, ao contrário dos epicuristas, não concorda com a tese de que não se deve sentir dor, pois consideram essencial a compreensão de que há situações em que sentir dor é inevitável e nada controlável, pois não dependeria do sujeito e sim de algo maior, uma lei universal previdente. A filosofia estoica está embasada em duas hipóteses, uma em que tudo no universo seria dotado de razão e e outra em que não há nada no universo que não seja de matéria. O universo seria um grande organismo, com alma racional, ou seja, teria um sopro vital, uma razão cósmica, cuja ordem serviria de orientação para o comportamento humano. Foi baseada no Determinismo, que promove a aceitação de que todos os acontecimentos seriam guiados por um plano e uma razão superior. Esses estudos não ficaram só no plano filosófico, na área das ciências eles também influenciaram ao dizer que a matéria viva seria comandada por algo além de seu conjunto de células. A ética estoica considera sábio aquele que possui liberdade interior e tranquilidade em sociedade, pois acreditam que há uma razão universal para que tudo aconteça e deve se manter imperturbável. Para eles "[...] o bem supremo é viver de acordo com a natureza, sem se deixar levar por paixões ou afetos" (LAISSONE; AUGUSTO; MATIMBIRI, 2017, p. 15).

A Idade Média: Deus, Igreja e Bíblia no comando

A partir do século IV, a expansão do Império Romano, que anteriormente havia acolhido o modelo grego de governança, vai se modificando pelo surgimento do cristianismo e sua institucionalização como religião oficial do Estado. O ceticismo foi se exaurindo tomando lugar a religiosidade cristã na Idade Média. A civilização grega estava vivendo uma ruína econômica e política, resultando na hegemonia dos romanos e então a religião cristã se cristaliza como sustentáculo da sociedade da época. Os valores morais do cristianismo serão a base e parâmetro para a regulação da sociedade. Diferentemente do período grego, em que a referência de moral era a pólis (Aristóteles) ou o universo (estoicos e epicuristas), agora Deus assume a primazia e tudo é orientado para ele. Os processos da ética filosófica de Platão e Aristóteles sofrem um processo de cristianização pelos teólogos Agostinho e Tomás de Aquino. A partir de então, a plena realização assume outra forma de ser da vida cotidiana e assume outra ordem. Uma nova conceituação surge então por meio de três expoentes: estrutura do agir ético, estrutura da vida ética e a realização da vida ética (SILVA, 2009, p. 03).

"Ninguém pode atravessar o mar deste século se não for carregado pela cruz de Cristo." Agostinho (REALE; ANTISERI, 2003, p, 84). A filosofia medieval levou aproximadamente dez séculos, pois iniciou no final do período helênico (entre os séculos IV e V) até o Renascimento e o início do pensamento moderno (final do século XV). Nesse período, as relações do homem são relacionadas às coisas de Deus, a salvação da humanidade é para o outro mundo, o Divino, e o todo poderoso é agora um ser mais próximo, onisciente e bom. Os mandamentos são retomados com mais rigor, necessitando obediência e sujeição, tornando-se imperativos na ordem humana das sociedades. A essência da felicidade se torna a contemplação a Deus, o amor humano se subordina ao divino e o sobrenatural alcança a primazia sobre a ordem natural humana.

> A diferença e separação entre infinito (Deus) e finito (homem, mundo), a diferença entre razão e fé (a primeira deve subordinar-se à segunda), a diferença e separação entre corpo (matéria) e alma (espírito), O Universo como uma hierarquia de seres, onde os superiores dominam e governam os inferiores (Deus, arcanjos, anjos, alma, corpo, animais, vegetais, minerais), a subordinação do poder temporal dos reis e barões ao poder espiritual de papas e bispos: eis os grandes temas da Filosofia medieval (CHAUÍ, 2010, p. 54).

Laissone, Augusto e Matimbiri (2017) relata que nesses conflitos históricos acontecidos, com a religião se entremeando na política, o cristianismo se faz filosofia na Idade Média, a fé e o dogma são utilizados para esclarecer e justificar as questões que derivam do conhecimento humano e suas relações com o outro. A teologia assume um papel preponderante na época e a ética fica limitada à religião e seus dogmas cristãos. Os principais representantes desse período são Santo Agostinho (354-430) e São Tomás de Aquino (1226-1274). Chauí (2010) infere que um dos temas mais constantes na ética da idade Média é prova da existência de Deus e da alma, ou seja, demonstrações racionais da existência do divino, do sobrenatural.

- **Agostinho de Hipona:** bispo africano e filho de um soldado romano, acredita que a elevação até Deus que culminaria no êxtase místico que ele chama felicidade não pode ser adquirido neste mundo. Ele traz a o processo de contemplação como o mais adequado para uma vida plena e valoriza a experiência pessoal da interioridade, do subjetivo. Filósofo que revisita e se apropria dos conceitos neoplatônicos (uma releitura de Platão feita por Plotino e Porfírio, século VI) para ratificar a ideia do Deus único, sua fé e a subordinação do Estado e política pela autoridade da Igreja. Na verdade, Agostinho escreve sobre a supremacia da fé, revelada por Deus e que considera o ideal ético o da vida espiritual, uma vida de amor e fraternidade. Ele defendia que a filosofia antiga era uma preparação para esta que seria perfeita, pois a antiga preparava para a alma, mas de forma limitada pois não englobava a vida sobrenatural, do divino. Ele também reafirma que a moral deve ajudar uma pessoa a conseguir vida feliz, mas faltava aos filósofos anteriores o "encontro amoroso com o pai" (CORTINA; MARTINEZ, 2005). O catolicismo alterou profundamente o que se entendia por ética até então, há a divisão da felicidade conhecida anteriormente pela racionalização do mundo trazendo para a que só pode ser alcançada pela vontade de Deus. A máxima grega anterior ao cristianismo que era fazer ao outro o que queres para ti foi modificada e mesmo assim utilizada pelos cristãos, tendo o cuidado de escrever algumas novas práticas, tais como renunciar ao prazer e satisfação de qualquer espécie. O que antes fazia parte do comportamento moral e trazia o bem-estar tanto pessoal como coletivo na busca da perfeição, agora é tido como pecado da vaidade e o martírio (valorização da dor em nome da fé) era uma ferramenta utilizada para terminar com essa vida mundana (RAMOS, 2012).

- **Tomás de Aquino:** assim como Agostinho, ele também fez uma releitura do pensamento grego (Aristotélico) e reafirmou a subordinação da razão pela fé, em que haveria um justo equilíbrio divino. Porém, diferentemente de Agostinho, ele acreditava que "[...] os princípios comuns da lei natural não podem ser aplicados do mesmo modo indiscriminadamente a todos os homens, devido à grande variedade de raças, costumes e assuntos humanos; por isto, existe a diversidade das leis positivas nos diversos povos" (RAMOS, 2012, p. 7). Tomás de Aquino foi considerado um gênio metafísico e um dos maiores pensadores de todas as épocas e acreditava que o "[...] homem é formado por uma natureza racional, uma natureza que tem a capacidade de conhecer e de escolher livremente e é nessa capacidade de escolha que está a raiz do mal, que é a ausência do bem" (MARCONATTO, 2018a, documento on-line).

Ética moderna: ruptura com a Igreja Católica e retomada da autonomia moral do indivíduo

Nos séculos XVI a XVIII a sociedade europeia ocidental sofre uma série de transformações, os feudos foram se organizando em Estados Nacionais (Holanda, França, Inglaterra), ocorre a Revolução Francesa, Industrial, além do início do processo de ruptura entre Estado e Igreja Católica, enfraquecimento esse surgido pelo movimento protestante e a Reforma com Lutero. Com todas essas mudanças, o mundo ocidental já não tem as mesmas características, pois surgem novas relações capitalistas de produção e forças produtivas na ordem econômica, a ciência vai se constituindo com mais efetividade por meio de descobertas por cientistas como Copérnico, Galileu e Isaac Newton, por exemplo, e uma nova classe social, a burguesia, surge entre a realeza e a plebe.

Todas essas alterações socioeconômicas vão produzindo uma nova ética para essa comunidade emergente. A busca da felicidade coletiva retoma o sentido grego de realização plena do cidadão vinculando-o à política, o Estado entra como um fomentador e garantidor de condições providenciando educação, direitos individuais, justiça e subsistência. A ética é novamente pensada para que o sujeito se aprimore por meios legítimos e os preceitos religiosos que na Idade Média pautavam toda a consciência moral perdem força no retorno da teoria da ética "universalizando e discutindo princípios de convivência em sociedade" (LAISSONE; AUGUSTO; MATIMBIRI, 2017, p. 17).

Góes (2014) relata que as teorias sobre a sociedade laica em que ser moral e ser religioso não são excludentes foram estudadas pelo jurista Marcílio de

Pádua. Essa tese corroborou com o movimento Iluminista, que tinha em sua base a exaltação da natureza humana, o conhecer e o agir à luz da razão e, por isso, traz três justificativas para as normas morais da época que se baseariam em leis naturais, de interesse (teses empiristas que explicam a ação humana) e na própria razão (Kantiniana).

Já Borges Filho (2011, p. 12), em sua resenha em *Filosofia moderna,* de Marilena Chauí, infere que

> Os modernos, especialmente após Descartes, admitem que há apenas três substâncias: a extensão (que é a matéria dos corpos, regida pelo movimento e pelo repouso), o pensamento (que é a essência das ideias e constitui as almas) e o infinito (isto é, a substância divina). Essa alteração significa apenas o seguinte: uma substância se define pelo seu atributo principal que constitui sua essência (a extensão, isto é, a matéria como figura, grandeza, movimento e repouso; o pensamento, isto é, a ideia como inteligência e vontade; o infinito, isto é, Deus como causa infinita e incriada).

Mesmo que novas ideias tenham sido agregadas na sociedade moderna (nesse caso eurocentrista), o fato de aceitar que uma pessoa mesmo sem crer em Deus possa ter ética foi um avanço muito grande para os valores da Idade Média. O racionalismo cartesiano de Descartes e criticismo de Hume foram representações do reconhecimento dos princípios e valores da capacidade humana (FRITZEN, 2013). Para conhecer alguns pontos do pensamento desses autores, vamos aos que, de alguma forma (mesmo não sendo da ética/filosofia), pensaram sobre o comportamento humano da época. Foi um momento de retomada das atividades culturais, artísticas e sociais voltadas para o humano, principalmente na Europa pós Idade Média (Iluminismo) e com isso, as mudanças nos padrões de comportamento foram sentidas e trazidas à luz da filosofia. As ciências foram descortinando novos rumos ao homem e o individualismo foi se exacerbando.

- **Descartes:** embora ele não tenha concebido seus estudos para a ética, remete ao conceito de uma ética racionalista, uma dúvida sobre a natureza humana, Deus e o universo. Ele entendia que o cidadão estava vinculado ao direito e às necessidades do Estado numa perspectiva de refletir e tomar decisões sob pena de entregar-se ao azar (RAMOS, 2012). O chamado racionalismo cartesiano caracteriza-se pela razão como caminho para a verdade com método para distinguir e comparar com discernimento, é o início do método do saber científico.

- **David Hume:** esse filósofo escocês é conhecido por rejeitar todo sistema ético que não se baseie em fatos ou observações, um cético. Foi considerado o fiel da balança entre as ideias dos pensadores da Antiguidade/Idade Média e dos contemporâneos, porque dava ênfase da ética e a justiça serem úteis socialmente para adequação comportamental do homem. Ele introduziu a crítica nas discussões sobre o determinismo nas decisões humanas e a aplicação do bem à coletividade, pois para ele a única base para as ideias gerais seria a crença. Ele não acreditava em verdades absolutas, para ele "[...] recorrer à razão significa recusar a imposição religiosa" (FRITZEN, 2013). Já Cortina e Martínez (2005, p. 10), relatam que Hume delegava as funções morais a faculdades menos importantes do que a razão, pois para ele juízos morais não eram tão importantes como a razão. As ações morais eram orientadas pelos sentimentos, pelas paixões orientadas para atingir finalidades propostas pela racionalidade.
- **Baruch (Benedito) Espinosa:** "Tudo aquilo que existe, existe em Deus, e nada pode existir ou ser concebido sem Deus" (GIOVANNI; ANTISERI, 2005, p. 20). Foi um filósofo holandês que discordou de algumas afirmações de Descartes e escreveu o livro *Ética: demonstrada pelo método geométrico*. Mesmo sendo comportamental a teoria, já no subtítulo traz à tona a preocupação com a racionalidade e o rigor, a necessidade da clareza com o poder argumentativo para o conhecimento humano. Marcondes (2012) infere que ele traz o conceito de Deus como um representante máximo da natureza em si, ou seja, só Deus pode satisfazer o humano perfeitamente, mas não numa ótica religiosa e sim metafísica, de maneira transcendental. Ele inicia uma reflexão que mais tarde virá a ser concebida como teísmo, ou seja, concepção filosófica e não religiosa de Deus. A razão continua como base para a concepção do modus operandi do homem, mas ela é demonstrada de maneira rigorosa, geométrica em que o bom e o mau seriam analisados conforme juízos racionais.
- **Thomas Hobbes:** inglês, morreu em 1679, foi matemático, filósofo e teórico político (MENDES, 2018). Autor do livro *Leviatã*, em que expõe seus pensamentos sobre a necessidade de governos e sociedades e a natureza humana. Ele explana que embora os homens sejam diferentes, uns mais fortes e/ou inteligentes, nenhum se aventura a ficar muito acima dos outros por medo da exposição, de que lhe façam mal.
- **Immanuel Kant:** foi um filósofo muito contundente na questão do tratamento dos seres humanos, pois ele acreditava que o homem era o fim

de tudo e nunca meio para satisfação de interesses. O dever era premissa básica para o homem chegar ao bem comum, pois ele dizia que:

> não existe bondade natural. Por natureza somos egoístas, ambiciosos, destrutivos, agressivos, cruéis, ávidos de prazeres que nunca nos saciam e pelos quais matamos, mentimos, roubamos. É justamente por isso que precisamos do dever para nos tornarmos seres morais (CHAUÍ, 2010, p. 345).

- Já Ferreira (2015) diz que o filósofo foi o maior expoente do iluminismo, informando ser autônoma a ação moral, pois segundo Kant o ser humano seria o único capaz de determinar sua conduta a partir de leis que o próprio cidadão estabelece. Mesmo que eles contestem as leis, as atitudes, buscam valores comuns à humanidade, pois admitem as diferentes etnias, costumes dos povos. Ele traz três premissas e as chama de imperativo categórico, em que nós teríamos o dever de nos atermos a essas máximas para a correção de nossas ações e seguirmos a lei moral da sociedade.

A passagem da Idade Moderna para a contemporânea, sua cronologia, não é unanimidade entre os historiadores, porém, fica a certeza de uma época em que floresceu a forma de ciência que conhecemos atualmente e também houve a hegemonia europeia em que ela conheceu seus dias de glória, principalmente a França com arte e cultura. A partir de então ocorre uma modificação no poder e entra em cena o continente americano, principalmente o norte-americano.

A ética na contemporaneidade: ela existe ou resiste?

Como a filosofia não tem a pretensão de seguir a cronicidade do tempo atual, muitos de seus pensadores retomaram antigas teorias e as reestudaram à luz dos novos tempos e surgiram muitas divisões. Assim, cada uma delas com seu grupo de filósofos unidos por afinidades refletindo essa gama da chamada "crise do homem contemporâneo", pois essa crise se baseia nos contextos e acontecimentos da sociedade. Muitas revoluções aconteceram, tanto na área das ciências biológicas (origem das espécies de Darwin, física com Copérnico ou Einstein e sua teoria da relatividade, por exemplo), psicanalítica (a fundação da psicanálise por Sigmund Freud) e nas contradições desses novos tempos. O homem está mudando com todas essas transformações em sociedade e os teóricos das humanas se perguntam: será que é bom para o coletivo? (TODA MATÉRIA, 2018).

A partir do século XIX, após significativas transformações na sociedade ocidental, os pensadores começaram a formular novas teorias acerca da razão humana, destoando de Kant com sua moral formalista do dever e abstraindo mais para uma universalização, um sujeito transcendental (FRITZEN, 2013). Esses filósofos contemporâneos, iriam na direção contrária do que os gregos e os da Idade Média, que acreditavam que havia um senso moral inato que geraria uma decisão de foro íntimo e espiritual. Estes novos modelos de pensamento trazem em seu bojo a crença de que a formação do caráter e personalidade dependeriam de diversos determinantes e de suas tendências culturais, ou seja, os aspectos socioculturais seriam fatores importantes na construção das relações humanas (SANTOS; TEIXEIRA; SOUZA, 2017).

O entusiasmo dos pensadores nesse finalzinho de século XIX, com as ciências e técnicas descobertas, em crer que o saber científico e a tecnologia poderiam controlar a sociedade, os indivíduos e a natureza sofre um esfriamento no século XX, após as sucessivas ocorrências destruidoras e desumanas. O otimismo anterior, de pensar na vida pelo lado melhor, de que havia uma lei que condicionava para o bem e não para o mal, tudo foi sendo arrefecido. El Aouar (2013, documento on-line), em seu artigo "Aspecto da filosofia contemporânea", exemplifica o ocorrido:

> As duas guerras mundiais, o bombardeio de Hiroshima e Nagasaki, os campos de concentração nazistas, as guerras da Coréia, Vietnã, Oriente Médio, do Afeganistão, as invasões comunistas da Hungria e da Tchecoslováquia, as ditaduras sangrentas da América Latina, a devastação de mares, florestas e terras, a poluição do ar, os perigos cancerígenos de alimentos e remédios, o aumento de distúrbios e sofrimentos mentais, entre outros acontecimentos.

A partir de então os filósofos começam a repensar o comportamento humano em sociedade e a "[...] acreditar que as ciências e as técnicas descobertas pelos homens já não eram mais para o seu próprio bem, e sim para destruição dele" (EL AOUAR, 2013, documento on-line).

> O sistema filosófico de Hegel é o último grande sistema da tradição moderna. Hegel coloca a história no centro de seu sistema, mostrando que o modo de compreensão filosófico é necessariamente histórico. Critica a filosofia de Kant por não se perguntar nem pela origem nem pelo processo de formação da consciência subjetiva, considerada de um ponto de vista formal e abstrato. Questiona a dicotomia kantiana entre razão teórica e razão prática, defendendo a unidade da razão. Em sua interpretação do processo de formação da consciência e da marcha do espírito até o saber absoluto, adota um método dialético (MARCONDES, 2005, p. 256).

Para tentar entender a diversidade, vamos conhecer alguns representantes da filosofia contemporânea

- **Friedich Hegel:** Herrero (2004) relata que o filósofo alemão, em plena Revolução Francesa, explana sobre a realização política e a liberdade plena do homem; ele traz o conceito universal de que o homem tem direitos políticos e de liberdade simplesmente pelo fato de ser humano, sem a necessidade de criar rótulo ou classificação (vale pelo que é e não por de onde veio ou a que etnia pertence, traz o conceito de economia política). Ele aprofunda a relação homem-cultura-história, trazendo a ética para o centro das relações sociais. Ele acreditava que a harmonia entre os povos dependia da vontade subjetiva individual e a objetiva cultural, sempre a coletividade como reprodutora do conceito, ou seja, o homem sendo um sujeito histórico e social não poderia ser analisado individualmente, tendo à frente sua vontade política ("uma ação eticamente boa é politicamente boa"), o que contribuiria para o aumento da justiça social. O ideal ético dele estava em viver num Estado livre no qual a consciência moral e as leis de direito não estivessem separadas ou em contradição (SANTOS; TEIXEIRA; SOUZA, 2017).

> Afinal, na 'Gaia Ciência', o 'louco' de Nietzsche fica perplexo menos com a morte de Deus do que com a ignorância dos que o mataram. Gott ist tot, 'Deus morreu', e com que ligeireza e com que dar de ombros nós recebemos a terrível notícia e com que alívio nós nos desfazemos do jugo daquela antiga transcendência, daquele incomodo Absoluto: 'agora poderemos fazer o que quisermos', é o que nos insinua a nossa leviandade 'pós-moderna', pouco propensa a suportar a dor daquela nova verdade. Entramos, assim, na região sombria, mas não necessariamente tormentosa do niilismo ético (DRAWIN, 1991, p. 2).

Fique atento

O **niilismo** é a crença de que todos os valores são sem fundamento e que nada pode ser conhecido ou comunicado. Muitas vezes é associado ao pessimismo extremo e a um ceticismo radical que condena a existência. Um verdadeiro niilista não acredita em nada, não tem lealdades, e sem nenhum outro propósito além de, talvez, um impulso para destruir (PRATT, 2018).

- **Nietzsche:** filólogo formado pela Universidade de Bohn, na Alemanha, foi enorme influenciador da filosofia ocidental e da história intelectual. Ensaísta e crítico cultural, escrevia sobre moral, linguagem, estética, história, niilismo, poder, consciência e o real significado do homem na existência. Wilkerson escreve que para ser um humano exemplar é preciso elaborar sua própria identidade por meio da autorrealização sem depender de algo transcendental como Deus ou outra forma de crença que não a si mesmo. Ele apresenta quatro conceitos em suas afirmações de vida: a) revalorização de valores ou niilismo ('a morte de Deus', ou a crença em si mesmo, o nada existencial além de si); b) o exemplar humano (o *Übermensch*, que em inglês é traduzido como *Superman*: aquele indivíduo de espírito livre, filósofo do futuro, autocongratulatório de Nietzsche); c) vontade de potência (*Wille zur Macht*, os sentimentos de poder a uma cosmologia) e d) recorrente eterna ou retorno eterno (solução para o enigma da temporalidade sem propósito). Para alguns, Nietzsche pode parecer extremamente depressivo, mas em suas teorias, como a vontade de poder, ele aborda a expressão da vida, a exaltação da vida sem moral ou qualquer princípio organizador. Diferentemente de outros ele fala de si mesmo, da sua postura de super-homem que ama sabendo que é finito, pois só o tempo é infinito, e depois volta ao que era sem nenhuma lei que o comande, a não ser ele mesmo. (WILKERSON, 2018)
- **Karl Marx:** nascido na antiga Prússia, hoje Alemanha, o filósofo Karl Marx é uma das mais importantes figuras do cenário contemporâneo. Ele começou a criticar a teoria de Hegel por não concordar com os movimentos dialéticos da sociedade, por discordar que as ideias seriam as responsáveis por desenvolver o homem. A teoria era de que as condições materiais do humano interfeririam no modo de agir da sociedade. Para Marx "a raiz do homem é o próprio homem em sua condição material, e não em sua condição ideal", ou seja, o homem pode criar sua religião, sua constituição, o que ele quiser ser ou fazer, unir a teoria à prática da vida. Ele acredita que o homem religioso é um alienado pois ele acredita em algo que não a condição material dele mesmo. Ele coloca o trabalho como libertário, uma forma de transformar a natureza e sua subsistência. O trabalho é algo natural e inerente ao homem e é um dos instrumentos que ele utiliza para transformar a natureza. O trabalho nos diferencia dos outros animais. Mas o próprio homem desvirtuou essa função do trabalho, fazendo dele um instrumento de exploração do homem pelo homem. O trabalho tornou-se forma de subsistência da maioria dos trabalhadores explorados. Com a exploração, o resultado

do trabalho é extorquido do trabalhador e o operário se torna também mercadoria. A isso Marx chama de alienação do trabalho, o trabalho torna-se externo ao trabalhador. Após muito estudo sobre o desenvolvimento do capital, chega à conclusão de que o valor da mercadoria não está no objeto em si, mas na quantidade de trabalho humano necessário para produzir esse produto. Concebe então o conceito de mais-valia, no qual a balança entre o trabalhador e o capitalista não é positiva para o trabalhador, podendo chegar, inevitavelmente, a uma desintegração da sociedade capitalista como a conhecemos (MARCONATTO, 2018).

- **Jürgen Habermas:** autor do que ele denomina de "filosofia do assunto", em que a comunicação é parte central do estudo, a linguística como instrumento da filosofia, o que foi chamado de "racionalidade comunicativa" na busca de alcance de entendimentos mútuos em vez de sucesso ou autenticidade na sociedade atual.

A tentativa de encontrar respostas durante a crise do projeto filosófico existente é um dos objetivos do pensamento contemporâneo. O racionalismo segue firme e a subjetividade é questionada por não compreendê-lo como fundamento do conhecimento e da ética. Atualmente a dialética, excesso de informações e a comunicação ou falta dela é uma das alternativas para uma nova reflexão filosófica e encontro de soluções para este mundo globalizado (MARCONDES, 2005, p. 309).

Ecologia e bioética: desafios para o futuro

A cobiça humana e o desenvolvimento técnico da sociedade contemporânea ou pós-moderna, como sugerem alguns autores, comandaram alguns dos piores ataques à vida humana no século XX, como as duas grandes guerras mundiais. Então, aquele sentimento de preservação da humanidade e do homem como originalmente bom, que os gregos teorizaram, caiu por terra.

> A tirania do dinheiro e do capital se impõe como resultado de um motor único que, aliado às novas técnicas permitiram às empresas fazer crescer sua produtividade e seu lucro gerando uma "mais-valia universal". A produção se dá em escala mundial, por intermédio de empresas mundiais, gerando uma mais-valia em escala mundial, que se torna o único motor do processo de globalização. A lógica do dinheiro se impõe à vida social, econômica e política. O dinheiro global é despótico como afirma Milton Santos (MEDEIROS, 2016, documento on-line).

O advento da bomba atômica, que destrói duas cidades com milhares de pessoas, reflete uma perniciosa invenção e a degeneração da consciência humanista, ou seja, a paz internacional sofre constantes sobressaltos a partir dessas experiências. Além de toda essa quebra moral, o sistema neoliberal aliou um modo de produção capitalista selvagem, tecnocrata, resultando no rebaixamento da importância das ciências humanas e do pensamento humanista em nossa sociedade. Com tudo o que se está vivendo, filósofos começaram a refletir sobre esse homem e sua relação com o mundo em que vive.

Surgiram pesquisas e estudos sobre a ética e a ecologia, seu imbricamento com a vida humana e possíveis soluções para a manutenção salutar de todos os seres vivos do mundo. O fenômeno da globalização, com uma "ingênua crença no poder da técnica", criou e continua produzindo erros crassos em relação ao distanciamento do humano de seu verdadeiro sentido, voltado para o bem comum e equilíbrio fraterno (FERRÃO, 2015).

Fique atento

Leonardo Boff
Teólogo, doutor pela Universidade de Munique, Boff é um dos iniciadores da Teologia da Libertação e assessor de movimentos populares. Em 1985, enquanto frei, foi condenado pelo Vaticano a um ano de silêncio após suas críticas à Igreja em seu livro "Igreja: carisma e poder" (Record). Na década de 1980 agregou a questão ecológica como extensão da Teologia da Libertação, o chamado "ethos global".

Boff acredita que não se pode abandonar o planeta tampouco os oprimidos, porque ambos devem ser libertados, e em função dessas teorias, foi importante na construção das ideias e elaboração da "Carta da Terra", documento mundial sobre a ecologia. Boff aponta seis formas que norteiam sua reflexão ética sobre o que denomina Paradigma Ecológico, são práticas de ecologia, classificadas como: o caminho da técnica; ecotecnologia; o caminho da política: ecopolítica; o caminho da sociedade: ecologia social; o caminho da ética: ética ecológica; o caminho da mente: ecologia mental; e o caminho do coração: mística cósmica (PEREIRA, 2013).

A Carta da Terra é um documento de extrema relevância histórica, comparado à Declaração Universal dos Direitos Humanos da ONU, de 1948. Leonardo Boff foi o representante brasileiro na comissão de notáveis responsável pela elaboração do documento, que incluía cientistas, personalidades e intelectuais de 46 países (PEREIRA, 2013, p. 12).

Link

Na coluna Opinião, da Folha de São Paulo, Boff apresenta seu ponto de vista em relação ao "silencio obsequioso" a que foi condenado na década de 1980, pelo então cardeal Joseph Ratzinger.

https://goo.gl/QSnueu

Saiba mais

Paradigma Ecológico, ou Cosmologia da Transformação, é uma proposta para o surgimento de uma nova consciência planetária, denominada de "era ecozoica", que se caracterizará pelo fato de que todos os esforços humanos nas ciências, na política, na economia e nas artes deverão estar ecocentrados na questão ambiental, na sustentabilidade, e evitar o que Boff denomina de "ecocídio anunciado" (PEREIRA, 2013, p. 9).

Bioética

Goldim (2006, p. 91) define bioética como uma "reflexão compartilhada, complexa e interdisciplinar sobre a adequação das ações que envolvem a vida e o viver". Além desse, há diversos conceitos acerca de um tema muito importante como as relações entre os diversos seres vivos e o meio ambiente.

Link

Acesse link a seguir e conheça mais sobre a bioética e as diversas interações, inclusive com histórias e casos reais sobre o tema.

https://goo.gl/ijDYuQ

Já Warren T. Reich publicou em sua *Enciclopédia de bioética*, que "bioética é o estudo sistemático das dimensões morais — incluindo visão moral, decisões, conduta e políticas, das ciências da vida e atenção à saúde, utilizando uma variedade de metodologias éticas em um cenário interdisciplinar". A bioética, principalmente nas profissões ligadas à saúde, exerce papel regulador e de sensibilização pois há que se ter um senso de humanidade ao tratar com a vida. E ao assumir esta responsabilidade de lidar com seres vivos, torna-se necessária uma postura íntegra frente ao outro, à sociedade e à natureza.

> A bioética pode ser entendida como ciência, disciplina ou movimento de intervenção social e centra a sua atuação, fundamentalmente, no agir da pessoa humana e nas consequências que daí resultam, pretendendo com isso melhorar as realidades da vida e do viver. É sobre ela que se alicerçam reflexões sobre a forma como o ser humano, dotado de racionalidade, dá continuidade à sua espécie e se relaciona entre si e com o meio ambiente (AZEVEDO, 2010, p. 255).

Referências

AQUINO, M. F. A ideia de sistema no pensamento clássico grego (I). *Síntese*, v. 39, n. 123, p. 31-52, 2012. Disponível em: <http://periodicos.faje.edu.br/index.php/Sintese/article/download/1629/1961>. Acesso em: 28 maio 2018.

AZEVEDO, M. A. S. Origens da bioética. *Nascer e Crescer*, Porto, v. 19, n. 4, p. 255-259, dez. 2010. Disponível em: <http://www.scielo.mec.pt/scielo.php?script=sci_arttext&pid=S0872-07542010000400005&lng=pt&nrm=iso>. Acesso em: 28 maio 2018.

BORGES FILHO, J. N. *Resenha*: Filosofia moderna de Marilena Chauí. 2011. Disponível em: <http://www2.unifap.br/borges/files/2011/02/Filosofia-Moderna.pdf>. Acesso em: 28 maio 2018.

CHAUÍ, M. *Convite à Filosofia*. 14. ed. São Paulo: Ática, 2010.

CORTINA, A.; MARTÍNEZ, E. *Ética*. São Paulo: Loyola, 2005. Disponível em: <http://www.projeto.unisinos.br/humanismo/etica/etica_adela_cortina.pdf>. Acesso em: 29 maio 2018.

DRAWIN, C. R. Ética e modernidade. *Psicologia: ciência e profissão*, v. 11, n. 1-4, p. 4-13, 1991. Disponível em: <http://www.scielo.br/scielo.php?script=sci_arttext&pid=S1414-98931991000100002&lng=pt&nrm=iso>. Acesso em: 29 maio 2018.

EL AOUAR, J. P. R. *Aspectos da Filosofia contemporânea*. 17 jun. 2013. Disponível em: <https://pedagogiaaopedaletra.com/aspecto-da-filosofia-contemporanea>. Acesso em: 28 maio 2018.

FERRÃO, N. S. M. *Linhas da evolução histórica da humanidade*: a dialética entre a técnica e o pensamento – ensaio de filosofia da história. 04 jul. 2015. Disponível em: <http://

cronicasdoprofessorferrao.blogs.sapo.pt/linhas-da-evolucao-historica-da-60678>. Acesso em: 28 maio 2018.

FERREIRA, R. J. *Ética*: até quando esperar? 2015. 62 f. Monografia (Especialização em Altos estudos de Política e Estratégia) - Escola Superior de Guerra, Rio de Janeiro, 2015. Disponível em: <http://www.esg.br/images/Monografias/2015/Ferreira_ricardo_jose. pdf>. Acesso em: 28 maio 2018.

FRITZEN, A. *Evolução histórica da Ética*. 2013. Disponível em: <https://sites.google. com/site/aloisiofritzen/Home/etica-apresentacao/etica_conteudos/evolucao_historica_etica>. Acesso em: 28 maio 2018.

GÓES, K. E. *Conceitos de Ética e Moral com base em filósofos*. 2014. Disponível em: <https://karenelisabethgoes.jusbrasil.com.br/artigos/145251612/conceitos-de-etica-e-moral-com-base-filosofica>. Acesso em: 28 maio 2018.

GOLDIM, J. R. Bioética: origens e complexidade. *Revista HCPA*, v. 26, n. 2, p. 86-92, 2006. Disponível em: <https://www.ufrgs.br/bioetica/complex.pdf>. Acesso em: 28 maio 2018.

HERRERO, F. J. O "ethos" atual e a ética. *Síntese*, v. 31, n. 100, p. 149-161, 2004. Disponível em: <http://www.faje.edu.br/periodicos/index.php/Sintese/article/view/351/658>. Acesso em: 28 maio 2018.

KARLA, D. *Conceito básico de Ética*. 25 nov. 2011. Disponível em: <http://equipeetica. blogspot.com.br/2011/11>. Acesso em: 28 maio 2018.

LAISSONE, E. J. C.; AUGUSTO, J.; MATIMBIRI, L. A. *Manual de Ética Geral*. Beira: Universidade Católica de Moçambique, 2017. Disponível em: <http://www.ucm.ac.mz/cms/sites/ default/files/publicacoes/pdf/MANUAL-DE-ETICA-GERAL.pdf>. Acesso em: 28 maio 2018.

MARCONATTO, A. L. *Karl Marx (1818 - 1883)*. 2018b. Disponível em: <http://www.filosofia. com.br/historia_show.php?id=108>. Acesso em: 28 maio 2018.

MARCONATTO, A. L. *Tomás de Aquino (1221 - 1274)*. 2018a. Disponível em: <http://www. filosofia.com.br/historia_show.php?id=52>. Acesso em: 28 maio 2018.

MARCONDES, D. *Iniciação à história da filosofia:* dos pré-socráticos a Wittgenstein. 6. ed. Rio de janeiro: Jorge Zahar, 2001.

MEDEIROS, A. M. *Uma outra globalização é possível?* 2016. Disponível em: <https:// www.sabedoriapolitica.com.br/products/uma-outra-globalizacao-e-possivel>. Acesso em: 28 maio 2018.

MENDES, A. C. *Filósofos*. 2018. Disponível em: <http://www.filosofiaparatodos.com. br/filosofos>. Acesso em: 28 maio 2018.

PENASSO, F. *O Desenvolvimento da ética no decorrer do tempo*. 09 set. 2016. Disponível em: <http://www.penapensante.com.br/2016/09/o-desenvolvimento-da-etica-no-decorrer.html>. Acesso em: 28 maio 2018.

PEREIRA, M. T. *Novo paradigma civilizatório:* ética e ecologia em Leonardo Boff. 2013. 124 f. Dissertação (Mestrado em Filosofia) – Faculdade Jesuíta de Filosofia e Teologia, Belo Horizonte, 2013. Disponível em: <http://www.faculdadejesuita.edu.br/ documentos/120813-51LLoX0sAJYs8.pdf>. Acesso em: 28 maio 2018.

RAMOS, F. P. *A evolução conceitual da Ética*. 2012. Disponível em: <http://fabiopes-tanaramos.blogspot.com.br/2012/03/evolucao-conceitual-da-etica.html>. Acesso em: 28 maio 2018.

REALE, G.; ANTISERI, D. *História da Filosofia:* filosofia pagã antiga. São Paulo: Paulus, 2003. v. 1.

SANTOS, J. C.; TEIXEIRA, R. L.; SOUZA, N. L. G. *Filosofia, ética e sociedade*. 2017. Disponível em: <https://www.sabedoriapolitica.com.br/products/filosofia-etica-e-sociedade>. Acesso em: 28 maio 2018.

SILVA, A. W. C. *O pensamento ético filosófico*: da Grécia Antiga à Idade Contemporânea. 23 abr. 2009. Disponível em: <http://egov.ufsc.br/portal/conteudo/o-pensamento-%C3%A9tico-filos%C3%B3fico-da-gr%C3%A9cia-antiga-%C3%A0-idade-contempor%C3%A2nea>. Acesso em: 28 maio 2018.

SOUZA, P. R; MELO, J. J. P. Prometeu acorrentado: uma proposta esquiliana de formação para o homem clássico. *Educação Unisinos*, v. 15, n. 2, p. 105-114, maio/ago. 2011. Disponível em: <http://revistas.unisinos.br/index.php/educacao/article/download/edu.2011.152.02/397>. Acesso em: 28 maio 2018.

WILKERSON, D. Friedrich Nietzsche (1844-1900). *Internet encyclopedia of philosophy*, 2018. Disponível em: <https://www.iep.utm.edu/nietzsch>. Acesso em: 28 maio 2018.

Leituras recomendadas

AGOSTINI, N. Do fracasso moral ao retorno da ética. *RevEleTeo*, n. 4, ago. 2011. Disponível em: <https://revistas.pucsp.br/index.php/reveleteo/article/view/6799/4922>. Acesso em: 28 maio 2018.

BOFF, L. *Sobre o Autor*. 2018. Disponível em: <https://leonardoboff.wordpress.com/sobre-o-autor>. Acesso em: 28 maio 2018.

BORGES, M. L.; DALL'AGNOL, D.; DUTRA, D. V. *Tudo o que você precisa saber sobre Ética*. 2002. Disponível em: <https://moodle.ufsc.br/mod/resource/view.php?id=990230>. Acesso em: 21 maio 2018.]

FRAGA, M. L. *A Origem da Filosofia*. 25 maio 2013. Disponível em: <https://esbocosfilosoficos.com/2013/05/25/a-origem-da-filosofia>. Acesso em: 28 maio 2018.

GOLDIM, J. R. *Bioética*. 2018. Disponível em: <https://www.ufrgs.br/bioetica/>. Acesso em: 28 maio 2018.

REALE, G.; ANTISERI, D. *História da Filosofia:* filosofia pagã antiga. São Paulo: Paulus, 2003. 4 v.

SOUZA, P. R.; PIRATELI, M. R. A História da Literatura Grega: origem e influências do gênero trágico na antiguidade. In: JORNADA DE ESTUDOS ANTIGOS E MEDIEVAIS. 9., Londrina, nov. 2010. *Anais...* Maringá: UEM, 2010. Disponível em: <http://www.ppe.uem.br/jeam/anais/2010/pdf/32.pdf>. Acesso em: 28 maio 2018.

PRATT, A. Nihilism. *Internet Encyclopedia of Philosophy*, 2018. Disponível em: <https://www.iep.utm.edu/nihilism>. Acesso em: 28 maio 2018.

Razões morais objetivas

Objetivos de aprendizagem

Ao final deste texto, você deve apresentar os seguintes aprendizados:

- Construir um conceito de razões morais objetivas.
- Distinguir as razões morais objetivas das relações concretas.
- Diferenciar as razões morais objetivas das razões morais subjetivas.

Introdução

As razões morais objetivas remetem às normas prescritas ou tácitas que constituem os costumes adotados por determinada sociedade. Estabelece noções normativas que determinam em valores como "certo" e "errado", "justo" e "injusto" ou "correto" e "incorreto" as leis historicamente legitimadas pelas culturas, a partir de práticas consolidadas no decorrer do tempo. Ao longo do processo histórico, elementos valorativos da cultura são abandonados ou assimilados, de acordo com os eventos que fizeram parte do processo. Tal movimento intensifica a complexidade da discussão ética e produz constantemente novos desafios a serem enfrentados no campo da convivência humana.

Neste capítulo, você vai entender o que são as razões morais objetivas, como tal conceito se distingue das relações concretas e de que modo as razões morais objetivas se diferenciam das razões morais subjetivas.

Conceito de razão moral objetiva

Atualmente, o conceito de moral objetiva está vinculado a autores como **Willian Lane Craig** (2011) que articulam a discussão sobre moralidade ao debate a respeito da existência de Deus. A afirmação de que Deus existe estaria na base da noção que sustenta a possibilidade de leis universalmente válidas, ou seja, leis comuns que são independentes do contexto histórico ou cultural de cada povo. De acordo com tal compreensão, os valores de "certo" e "errado" estariam definidos para além das vontades particulares dos indivíduos. Assim como podemos identificar leis naturais que existem, independentes da vontade ou do conhecimento humano, também as leis morais, e o fundamento racional de tais leis, seria anterior e superior ao humano enquanto indivíduo subjetivo.

Dentre os **argumentos** para sustentar a tese de que a moral é objetiva, costuma-se utilizar:

- A **noção histórica** de que fatos como os ocorridos durante a Segunda Guerra Mundial, como, por exemplo, o **holocausto**, são imorais objetivamente, isto é, independentes dos resultados que levaram à queda do regime nazista.
- A afirmação de que a **noção contrária**, isto é, de que a moral seria o resultado da construção subjetiva e intersubjetiva, não é capaz de sustentar a obrigatoriedade da ação moral, o que tornaria permissível qualquer tipo de comportamento em particular.
- Na ausência de Deus e, por conseguinte, na **ausência de leis morais objetivas**, nada seria "bom" ou "mau", pois tudo dependeria da perspectiva definida pelo próprio observador de acordo com seu ponto de vista em particular.

Link

Leia um artigo resumido sobre o conceito de holocausto, sua origem e aplicação no contexto da Segunda Guerra Mundial (HOLOCAUST MEMORIAL MUSEUM, 2018). Acesse o link ou o código a seguir.

https://goo.gl/EMZeVs

Podemos observar que tal argumentação está diretamente vinculada à crença em Deus, e em especial, ao cristianismo. Entretanto, se investigarmos mais a fundo a questão, perceberemos que a noção de moral objetiva esteve presente na discussão filosófica bem antes do advento da era cristã. **Platão** já discutia o problema da dicotomia entre o plano objetivo e subjetivo na medida em que investigava a natureza do conhecimento. Para o filósofo grego, assim como para muitos outros que se seguiram, a verdade é *aletheia*, isto é, desvelamento das ilusões e apresentação da essência real das coisas, de modo objetivo. Em contrapartida, denunciava o plano subjetivo das opiniões, *doxa*, enquanto fonte de enganos e trapaças.

Saiba mais

Platão foi um importante filósofo grego que nasceu em Atenas, provavelmente em 427 a.C., e morreu em 347 a.C. É considerado um dos principais pensadores gregos, pois influenciou profundamente a filosofia ocidental. Suas ideias se baseiam na diferenciação do mundo entre as coisas sensíveis (mundo das ideias e a inteligência) e as coisas visíveis (seres vivos e a matéria).
Fonte: Rafael (2010).

Figura 1. Platão.
Fonte: Nice_Media_PRODUCTION/Shutterstock.com.

Curioso é perceber que, para Platão, diferente do modo como as pessoas normalmente entendem a questão, a objetividade se apresentava no plano das ideias, ou seja, no campo teórico dos conceitos, estes sim reais, enquanto a subjetividade estaria ligada à existência particular que possui somente o campo do conhecimento material, das opiniões, e por isso, passível de engano.

A razão moral objetiva em Platão pode ser entendida como pertencente à dimensão das leis teóricas que se legitimam dada sua condição de verdade. Para além das opiniões comuns, pautadas pela visão limitada e ilusória da realidade, existe o conhecimento da verdade que não depende do movimento histórico, ou das condições geográficas e sociais. São, desse modo, atemporais e universais. É importante compreender que o pensamento platônico vincula, de maneira inseparável os conceitos teóricos puros como: verdade, bondade, beleza e justiça. Exatamente por serem concebidos como puros, não estariam sujeitos à transformação e corrupção do plano subjetivo e intersubjetivo construído pela história das sociedades. Seriam assim plenamente objetivos, ainda que concebidos no plano das ideias.

Muito depois de Platão, no contexto da filosofia moderna, podemos encontrar outro expoente do pensamento ocidental que argumentou a favor da legitimidade de razões morais objetivas. Estamos a falar de **Immanuel Kant**, filósofo alemão do século XVIII, cujo pensamento moral serviu como pilar importante na dinâmica da sociedade contemporânea.

Saiba mais

Figura 2. Immanuel Kant (Königsberg, 22 de abril de 1724 - 12 de fevereiro de 1804).
Fonte: Immanuel Kant (2018).

Kant foi um filósofo prussiano. Nascido em uma modesta família de artesãos, depois de um longo período como professor secundário de geografia, Kant veio a estudar filosofia, física e matemática na Universidade de Königsberg e em 1755 começou a lecionar Ciências Naturais. Em 1770, foi nomeado professor catedrático da Universidade de Königsberg, cidade da qual nunca saiu, levando uma vida monotonamente pontual e só dedicada aos estudos filosóficos. Realizou numerosos trabalhos sobre ciências naturais e exatas.

> Kant é famoso sobretudo pela elaboração do denominado idealismo transcendental: todos nós trazemos formas e conceitos *a priori* (aqueles que não vêm da experiência) para a experiência concreta do mundo, os quais seriam de outra forma impossíveis de determinar. A filosofia da natureza e da natureza humana de Kant é historicamente uma das mais determinantes fontes do relativismo conceptual que dominou a vida intelectual do século XX.
>
> *Fonte:* Immanuel Kant (2018).

Kant (2015), em sua obra *Fundamentação da metafísica dos costumes*, afirmava que os imperativos, isto é, as obrigações a serem seguidas, podem ser definidas em duas categorias distintas:

- **Imperativos hipotéticos:** ações movidas por interesses que são exteriores aos indivíduos, e por isso, tem como princípio o desejo subjetivo, pessoal, na obtenção de alguma finalidade que produza o bem-estar ou felicidade. Temos como exemplos do cotidiano: cumprir com suas funções profissionais com o desejo de ser promovido na empresa; evitar o conflito ou a violência com o interesse de não ser castigado pelas autoridades.
- **Imperativos categóricos:** ações movidas pela noção esclarecida de sua justificação universal. Assim, mesmo que determinada ação não atenda aos desejos pessoais do indivíduo que age, e produza eventualmente algum tipo de consequência indesejável, ainda é preferível por ter validade objetiva, isto é, para além da subjetividade dos agentes em questão.

Interessante notar que ambos os imperativos, o hipotético e o categórico, podem estar vinculados ao mesmo tipo de ação realizada pelo indivíduo e considerada moral pela maioria da sociedade. Entretanto, a mesma ação pode ter como móveis interesses muito distintos, e até mesmo opostos. Kant afirma que a ação propriamente moral é aquela que tem como móvel essencial a noção esclarecida, isto é, racional, sobre a validade da ação em si, isto é, a importância objetiva da ação moral, independente do contexto em que se aplique. Deste modo, por exemplo, a mentira seria uma ação imoral em si, independente da ocasião.

A grande questão é o fato de que a dinâmica da vida implica problemas que colocam em evidência os antagonismos de valores e a necessidade de escolher entre valores que são, ao menos aparentemente, de igual importância e valor para os indivíduos e para a sociedade. Daí que surgem os chamados "dilemas morais", isto é, ocasiões em que valores igualmente caros são colocados em disputa exigindo do indivíduo em questão a capacidade de escolher por um caminho ou outro.

Na moral kantiana, tais ocasiões de dilema moral deveriam ser enfrentadas com o uso da razão, previamente desenvolvida, a qual será capaz de distinguir entre o interesse que é movido pelo desejo particular de bem-estar ou felicidade (seja para alcançar algum fim almejado, seja para evitar algo indesejável), e o interesse movido pela consciência racional que tem em vista o bem comum, universal, para o qual seria capaz de abdicar de seu próprio bem-estar. Inclusive, esta última noção costuma ser usada como modo de perceber concretamente as origens de determinadas ações. Contudo, a noção clara sobre as fontes morais da ação dependeria unicamente da consciência do indivíduo, sendo inacessível aos demais. Sendo assim, embora a ação moral na perspectiva kantiana tenha em vista a compreensão objetiva de leis que sejam universais e atemporais, a percepção do "funcionamento" de tais leis se daria no campo subjetivo da consciência.

Distinção entre as razões morais objetivas e as relações concretas

Vemos que razões morais objetivas determinam um tipo de legislação sobre a dinâmica da vida humana que está acima das relações concretas, materiais. Postulam-se por noções teóricas sobre valores e servem como uma espécie de "metaética", isto é, uma forma de concepção ética que está acima das relações comuns da vida prática.

Tal noção moral, essencialmente idealista, coloca-se em conflito direto com correntes filosóficas igualmente tradicionais na história da filosofia. Poderíamos retornar ao contexto da Grécia clássica de Platão e citar autores importantes dessa época como Protágoras, para o qual "o homem é a medida de todas as coisas". Na visão deste autor, é o próprio homem, em sua condição concreta, que determina o valor de medida para definir todas as coisas como verdadeiras ou falsas. A própria justiça seria um objeto de criação humana, passível de transformações de acordo com o contexto histórico ou social.

Não é por acaso que Platão costumava acusar filósofos como Protágoras de "enganadores do povo". O pensamento desses chamados "sofistas", corresponde à posição diretamente inversa da concepção desenvolvida pela corrente platônica. O platonismo prevaleceu durante toda a tradição filosófica ocidental, enquanto os sofistas foram colocados às margens do pensamento dominante. Segundo estes, as opiniões de determinada sociedade se chocam e constroem, a partir de tensões, as verdades que são legitimadas por determinado povo, mas passíveis de transformação, de acordo com o desenvolvimento das relações concretas.

Em termos modernos, encontramos em correntes como o **empirismo** e o **materialismo histórico** uma semelhante negação às razões morais objetivas, tendo por fundamento a premissa de que as fontes de todo conhecimento e de toda a legislação ética são concretas e dependes da experiência histórica.

Saiba mais

Segundo o dicionário Michaelis, o conceito filosófico de empirismo designa: "Sistema filosófico que nega a existência de axiomas como princípios de conhecimento, logicamente independentes da experiência, considerando apenas o que pode ser captado do mundo externo pela experiência sensorial, ou do mundo interior, pela introspecção".

Fonte: Empirismo (2018).

Link

Conheça sobre Karl Marx e o conceito de materialismo histórico (GARCIA, 2015). Acesse o link ou o código a seguir.

https://goo.gl/tUpYsx

No **empirismo**, de autores como **John Locke** e **David Hume**, a raiz de todo conhecimento é a experiência empírica, concreta, pela qual o indivíduo apreende informações do mundo real e transforma tais impulsos em pensamentos, inicialmente simples e posteriormente mais complexos. Assim, mesmo noções extremamente abstratas, como a concepção de um Deus, ou qualquer tipo de divindade transcendente, seriam produto de processos mentais a partir de elementos que foram capturados a princípio pela experiência concreta com a matéria.

De acordo com o **materialismo histórico**, de **Karl Marx**, as condições concretas que definem os modos de produção e consumo, o sistema econômico adotado e as constituições sociais e políticas desenvolvidos pela cultura ao longo do tempo, determinam também os valores que são legitimados enquanto ideologia dominante. Tais valores se tornam a base para as distinções morais que, segundo esta perspectiva, não teriam existência independente da dinâmica concreta, objetiva, mas seriam o produto mais sofisticado dos modos de vida que foram assumidos pela sociedade.

Importante ressaltar que o materialismo histórico denuncia o quanto esses modos de vida legitimados ideologicamente pela sociedade constituem-se, prioritariamente, em um tipo de relação exploratória entre classes sociais distintas, sendo que, assim como tiveram um início histórico, seriam passíveis de superação histórica por algum modelo de convivência que fosse mais equilibrado. Deste modo, as chamadas razões morais objetivas, que determinam a existência de verdades e valores que estejam acima das relações e da própria compreensão humana, poderiam ser consideradas como o produto de um modo de pensamento que foi construído historicamente e prevaleceu na sociedade contemporânea. Tal compreensão teria encontrado as condições mais adequadas para se enraizar na sociedade ocidental, e estaria vinculada diretamente à manutenção das relações concretas de exploração.

Diferenciação entre as razões morais objetivas e subjetivas

Friedrich Nietzsche (2007), filósofo alemão do século XIX, em sua obra *Sobre a verdade e a mentira*, afirma que a verdade, assim como os valores morais vinculados ao que se afirma enquanto verdadeiro, isto é, "certo" e "errado", "justo" e "injusto", "bem" e "mal", foram desenvolvidos ao longo do tempo, a partir das relações concretas dos indivíduos. Essas relações possuem como vínculo e impulso primordial o anseio pelo poder. Assim, as verdades são determinadas pelo discurso que se impôs como mais forte sobre os demais, seja ele um discurso político, ético ou científico.

Razões morais objetivas | 67

Link

Assista a um vídeo com diversas informações biográficas sobre Friedrich Nietzsche (TRILHANDO, 2014). Acesse o link ou o código a seguir.

https://goo.gl/nfV3uG

Neste sentido, os próprios modos de qualificar o pensamento enquanto coerente ou incoerente passaram por este processo, no qual muitos outros modos foram suprimidos pela força do pensar dominante. Da mesma forma, certos tipos de concepção moral receberam a legitimação histórica em detrimento de outras concepções, igualmente existentes. Esta crítica nos conduz a refletir sobre as tensões entre as razões objetivas e subjetivas da moral.

Em termos gerais, entende-se que a moral objetiva é referida a valores que seriam transcendentais, acima dos anseios particulares e até mesmo da compreensão dos indivíduos comuns. Refletiria a dimensão universal da perfeição, codificada em leis que deveriam ser assumidas e defendidas acima de qualquer interesse, já que teriam em vista o bem comum. Tal concepção embasou historicamente a construção de documentos transnacionais como a **Declaração dos Direitos Humanos**, e subsidiam a atividade de órgãos internacionais como a **ONU** e a **UNESCO**.

Link

Leia na íntegra a Declaração Universal dos Direitos Humanos, em documento publicado pela ONU (2009). Acesse o link ou o código a seguir.

https://goo.gl/uKU03U

Na outra ponta da discussão, existe a premissa de que todo e qualquer produto humano tem por origem a própria humanidade e, por isso, é resultado de construção histórica e relativo a determinadas condições de contexto. Refere-se à postura teórica e prática de buscar em elementos concretos da realidade as fontes de tudo que se afirma a respeito da dinâmica do ser humano, seja em termos de crença, de concepções teóricas ou modos de vida. A partir desta compreensão, noções como o multiculturalismo e as discussões sobre diversidade cultural foram sendo colocadas em pauta na sociedade atual.

No contexto plural da atualidade, é possível encontrar diferentes tipos de construção dessa tensão entre as razões morais objetivas e subjetivas. Tendências à defesa do subjetivismo extremo, no qual a individualidade se tornou o bem mais precioso da espécie e os indivíduos estariam dispostos a assumir, de forma radical e absoluta, a fragmentação social dos valores convencionais, contrasta com a tendência inversa, em que grupos subjugam completamente os desejos e anseios dos integrantes em nome de certo ideal, político, social ou religioso.

Vivemos em um mundo de tensões e antagonismos. Assim como as tendências ao extremismo ideológico são encontradas facilmente (cada vez mais facilitado pelas novas tecnologias), também encontramos misturas curiosas que, de modos distintos, combinam as oposições e constroem modos de vida e concepções sobre a vida muito particulares. Conceitos como pluralidade e diversidade, se chocam e se combinam com outros como universalidade e unidade. No fundamento das discussões que envolvem, em última instância, a questão de direitos e deveres, está o problema da objetividade em relação à subjetividade. Questões como: em que medida devo aceitar as diferenças? ou, até que ponto tal comportamento é tolerável? permeiam as discussões nos mais diversos meios, desde sofisticados debates acadêmicos até discussões corriqueiras do dia-a-dia.

Enfim, podemos ressaltar que, dada a qualidade humana de pensar e repensar a própria vida, tais discussões estão distantes de um consenso absoluto. Seja pelos fatos conflitantes e desafiadores da realidade cotidiana, os quais exigem a revisão de valores que julgávamos acabados, seja pelo acesso a modos de pensar que não tínhamos conhecimento anteriormente, somos constantemente convidados a fazer parte desse debate.

Referências

CRAIG, W. L. *Em guarda:* defenda a fé cristã com razão e precisão. São Paulo: Vida Nova, 2011.

CRAIG, W. L. O argumento da lei moral. *Ateísmo Refutado*, São Paulo, 2014. Extraído do livro: "Em Guarda". Disponível em: <http://ateismorefutado.blogspot.com.br/2014/12/o-argumento-da-lei-moral-dr-william.html>. Acesso em: 05 mar. 2018.

EMPIRISMO. *Dicionário Michaelis online*. São Paulo: Melhoramentos, 2018. Disponível em: <http://michaelis.uol.com.br/moderno-portugues/busca/portugues-brasileiro/empirismo%20/>. Acesso em: 28 jan. 2018.

GARCIA, A. Karl Marx: materialismo histórico. *YouTube*, 2015. Disponível em: <https://www.youtube.com/watch?v=O-Bln-UebBo>. Acesso em: 05 mar. 2018.

HOLOCAUST MEMORIAL MUSEUM. *O holocausto:* artigo resumido. Washington, 2018. Disponível em: <https://www.ushmm.org/wlc/ptbr/article.php?ModuleId=10007867>. Acesso em: 05 mar. 2018.

IMMANUEL KANT. In: *WIKIPEDIA*. 15 mar. 2018. Disponível em: <https://pt.wikipedia.org/wiki/Immanuel_Kant>. Acesso em 6 abr. 2018.

KANT, I. *Fundamentação da metafísica dos costumes*. São Paulo: Ed. 70, 2015.

NIETZSCHE, F. *Sobre a verdade e a mentira*. São Paulo: Hedra, 2007.

ONU. *Declaração Universal dos Direitos Humanos*. Rio de Janeiro: ONU Brasil, 2009. Disponível em: <http://www.onu.org.br/img/2014/09/DUDH.pdf>. Acesso em: 05 mar. 2018.

RAFAEL. Platão. *SlideShare*, 2010. Disponível em: <https://pt.slideshare.net/Jamariqueli/plato-4566019>. Acesso em: 05 mar. 2018.

TRILHANDO AUTONOMIA. Quem foi Nietzsche? *YouTube*, 2014. Disponível em: <https://www.youtube.com/watch?v=TMgFxo3IpJY>. Acesso em: 05 mar. 2018.

Leituras recomendadas

BRITO, A. N. Hume e o empirismo na moral. *Philósophos*, Goiânia, v. 6, n. 1-2, p. 11-25, 2001. Disponível em: <https://www.revistas.ufg.br/philosophos/article/view/3115>. Acesso em: 05 mar. 2018.

CRAIG, W. L. Apologética para questões difíceis da vida. São Paulo: Vida Nova, 2010.

EL-JAICK. A. P. O discurso é um grande soberano: o poder da linguagem e um elogio aos sofistas. *Revista Ética e Filosofia Política*, Juiz de Fora, v. 2, n. 19, dez. 2016. Disponível em: <http://www.ufjf.br/eticaefilosofia/files/2009/08/19_2_el_jaick.pdf>. Acesso em: 05 mar. 2018.

PIRES, M. F. C. O materialismo histórico-dialético e a Educação. *Interface - Comunicação, Saúde, Educação*, Botucatu, v.1, n.1, 1997. Disponível em: <http://www.scielo.br/pdf/icse/v1n1/06.pdf>. Acesso em: 05 mar. 2018.

PLATÃO. *A República*. São Paulo: Difusão Europeia do Livro, 1965.

Razões morais em contexto

Objetivos de aprendizagem

Ao final deste texto, você deve apresentar os seguintes aprendizados:

- Definir o conceito de utilitarismo.
- Construir um raciocínio crítico sobre questões morais (na prática).
- Discutir temas importantes sobre a finalidade da moral.

Introdução

As questões morais estão cada vez mais presentes nas discussões públicas do cotidiano. Saindo dos corredores das universidades onde se encontravam restritas à compreensão de especialistas, os problemas de ordem moral se fazem presentes em espaços comuns de debate, assim como nos meios de comunicação. Somos constantemente convocados a participar dos acontecimentos sociais e políticos, ainda que na forma simples da concordância ou discordância acerca de determinado assunto ou posição em evidência. Deste modo, se faz necessária a compreensão sobre como se articulam na prática os fundamentos morais que sustentam a sociedade contemporânea.

Neste capítulo, você vai entender, primeiramente, o que significa o conceito de utilitarismo. Em seguida, veremos de que modo a concepção utilitarista está presente na prática cotidiana sustentando a dinâmica das relações sociais, políticas e econômicas. Observaremos as tensões entre o utilitarismo e outras doutrinas morais que são relevantes para a cultura ocidental, tensões estas que se concretizam na forma de conflitos e dilemas morais que se perpetuam na atualidade.

Conceito de utilitarismo

Certamente você já ouviu o termo utilitarismo sendo empregado na linguagem comum, associado ao hábito de alguém que é excessivamente prático. Em algumas circunstâncias, também pode ser relacionado à frieza, ou egoísmo, assim como a desconsideração de fatores mais profundos da existência, em favor de relações concretas e imediatas. É comum que tal postura seja vista como a ausência de valores éticos essenciais, tais como: o altruísmo, a compaixão ou a solidariedade. Entretanto, vamos observar que o utilitarismo se apresentou como um importante posicionamento filosófico ao longo da configuração da sociedade contemporânea, a partir do século XIX. Rompendo, de certo modo, com alguns aspectos da modernidade (falamos aqui da era moderna, a qual teve início por volta do século XVI e chegou ao apogeu durante o século XVIII, com o advento do iluminismo), o utilitarismo desenvolveu alguns aspectos que estão presentes na dinâmica das relações sociais até os dias de hoje.

Voltando um pouco na história, vamos encontrar a origem do termo utilitarismo em autores como: **Jeremy Bentham** e **John Stuart Mill**, ambos ingleses do século XIX. Estes autores desenvolveram um grande número de escritos, tendo em vista a compreensão dos fundamentos da cultura a qual estavam inseridos. A influência dos empiristas ingleses como John Locke e David Hume é notória, assim como a herança do consequencialismo inaugurado por Maquiavel e continuado por um grande número de autores ao longo da modernidade.

Saiba mais

Jeremy Bentham (Londres, 15 de fevereiro de 1748 — Londres, 6 de junho de 1832)

Filósofo, jurista e um dos últimos iluministas a propor a construção de um sistema de filosofia moral, não apenas formal e especulativa, mas com a preocupação radical de alcançar uma solução à prática exercida pela sociedade de sua época. As propostas têm, portanto, caráter filosófico, reformador e sistemático.

Fonte: Wikipedia (2017a).

John Stuart Mill (Londres, 20 de maio de 1806 – Avignon, 8 de maio de 1873)

Filósofo e economista britânico. É considerado por alguns como o filósofo de língua inglesa mais influente do século XIX. É conhecido principalmente pelos seus trabalhos nos campos da filosofia política, ética, economia política e lógica, além de influenciar inúmeros pensadores e áreas do conhecimento. Defendeu o utilitarismo, a teoria ética proposta inicialmente por seu padrinho, Jeremy Bentham. Além disso, é um dos mais proeminentes e reconhecidos defensores do liberalismo político, sendo seus livros fontes de discussão e inspiração sobre as liberdades individuais ainda nos tempos atuais.

Fonte: Wikipedia (2018a).

Os utilitaristas estavam preocupados, especificamente, com a questão dos fins e dos meios, no interior da interação entre os indivíduos, e como as relações deveriam ser normatizadas tendo em vista as tendências naturais que são comuns na vida social. Acompanhando as teses do ilustre pensador helênico **Epicuro**, concluíram que o prazer seria o principal fim para o qual todas as ações humanas se encaminham. A felicidade, enquanto bem maior da vida, segundo estes, seria alcançada por meio de condições que permitem experiências de maior prazer, afastando deste modo situações que representem o contrário disto, ou seja, experiências dolorosas. É importante ressaltar que o prazer e a dor são concebidos em termos materiais, descartando assim qualquer tipo de especulação metafísica que pudesse se seguir (EPICURO, 1999).

Figura 1. Busto de Epicuro.
Fonte: Kamira/Shutterstock.com.

Assim, as escolhas individuais teriam de ser pautadas por um processo de análise dos fins e dos meios, tendo como critério o princípio do prazer. A partir do cálculo entre o volume de prazer e o volume de dor que determinada ação poderia desencadear, o indivíduo prudente iria pautar suas decisões tendo no horizonte determinar o mínimo de dor para o máximo de prazer.

Exemplo

Tomemos a situação em que um jovem deveria decidir entre ir ou não a uma festa para qual foi convidado. Antes de seguir o impulso de aceitar ou rejeitar o convite, seria importante analisar detidamente (friamente, ou racionalmente) os "prós" e os "contras", e buscar de algum modo prever os resultados de acordo com cada possibilidade.

Outra situação: de posse do salário do mês, um senhor, pai de família, precisa decidir para onde irão os recursos que foram conquistados com muito esforço. Haveria algumas opções a serem analisadas, tais como: dar presentes aos filhos para alegrá-los, levar a família a passeios ou poupar uma parte do que foi adquirido para futuras aquisições maiores, como um carro ou uma casa.

Quando se leva a concepção utilitarista às últimas consequências, entende-se que a cada ação existe uma série de opções a serem definidas, e cada uma das escolhas envolve cálculos, sejam estes mais ou menos estruturados, com maior ou menor nível de racionalidade. Vemos ainda que qualquer ação possui como pano-de-fundo a finalidade de se alcançar a felicidade, por meio da ampliação do prazer e consequente diminuição da dor.

Filósofos como Bentham e Stuart Mill, pensaram em pormenores os meios de cálculo que de algum modo serviriam para nortear as escolhas individuais, e com isso, tornar as relações mais satisfatórias. Chegou-se a desenvolver tabelas, em que diversos critérios objetivos foram elencados para definir concretamente os níveis de prazer ou de dor identificados em cada ação. Critérios como: a intensidade, a pureza, a durabilidade etc., categorias comuns às ciências físicas que tratam dos materiais passaram a ser adaptadas para avaliar concretamente as ações e extrair rigorosamente as conclusões sobre determinada escolha (BENTHAM; MILL, 1989).

Vale a pena notar que a concepção utilitarista surge no momento em que a modernidade esteve alicerçada sobre os paradigmas da confiança extrema na razão. O pensamento moderno reserva lugar de destaque à razão lógico-formal como o centro das atividades humanas, sejam estas científicas, culturais ou morais. Foi muito intensa neste período a noção de que, por meio da razão, a sociedade seria capaz de enfrentar e superar qualquer limitação que a natureza ou o próprio convívio humano viesse a impor sobre os indivíduos. Uma crença absoluta do poder humano a partir do aprimoramento da razão esteve presente durante toda a modernidade, e repercute na sociedade atual, ainda que esta tenha desenvolvido ao longo dos fatos traumáticos da história recente como, por exemplo, a Segunda Guerra mundial, o hábito de questionar e problematizar a noção de positividade do progresso humano.

O utilitarismo é, com frequência, confundido com uma espécie de individualismo radical, em que cada indivíduo seria convencido a lutar por si mesmo, fazer o que for preciso para superar seus adversários, e conquistar o máximo para si em detrimento dos demais. No mesmo sentido, tal concepção é acusada também de sustentar o hedonismo como meio de vida mais satisfatório. Entretanto, é importante notar que o utilitarismo pauta na razão formal toda a análise e cálculo sobre a relação de prazer e dor. Tal antecipação não poderia ser conduzida de modo impulsivo, seja pela ânsia egoísta e possessiva, seja pela impetuosidade dos instintos. Tendo a intenção de antecipar as decisões, o utilitarista entende que é preciso encontrar coerência nas escolhas, de modo a evitar excessos ou ações que sejam movidas por impulso. O cálculo tem em vista não o momento imediato, mas a repercussão a longo prazo das decisões e o modo como podem ser previstos e evitados momentos desagradáveis, assim como os meios de construção consciente de momentos felizes.

Assim, é possível entender que o utilitarismo se constitui como importante e influente modo de pensar a vida e as relações humanas. Isto porque o desenvolvimento da sociedade contemporânea esteve diretamente vinculado à esta concepção, de modos variados. Há que se discutir e problematizar os resultados obtidos por este longo processo de organização da vida humana, tendo a razão como instrumento norteador. Em consonância com os modelos políticos e econômicos adotados pelas sociedades ocidentais, vemos por um lado um número incontável de benefícios e valores que foram desenvolvidos pela racionalidade moderna, da qual o utilitarismo é uma das versões mais marcantes, e por outro lado, nos deparamos com os antagonismos representados na perpetuação dos processos de exploração, da concorrência desleal, e de isolamento entre os indivíduos, em muitos sentidos, incapazes de conviver efetivamente, de forma solidária.

Questões morais na prática

Seria equivocado afirmar que o utilitarismo defende, de modo puro e exclusivo, o individualismo voraz que tem por consequência o abuso e a exploração, assim como a exaltação ao extremo da competividade entre os indivíduos.

No interior desta corrente filosófica existe uma profunda preocupação com o bem-estar e com o progresso da humanidade. Contudo, entende-se, em consonância ao pensamento liberal de **Adam Smith**, que a evolução da coletividade humana depende do esforço individual em função do aperfeiçoamento de suas próprias qualidades, as quais se somam a outros esforços individuais que vão gradativamente transformando a realidade para melhor (MACCREADE, 2001).

Saiba mais

Adam Smith (Kirkcaldy, 5 de junho de 1723 - Edimburgo, 17 de julho de 1790)
Foi um filósofo e economista britânico nascido na Escócia. Teve como cenário para a sua vida o atribulado século XVIII, o século das luzes.

É o pai da economia moderna e é considerado o mais importante teórico do liberalismo econômico. Autor de *Uma investigação sobre a natureza e a causa da riqueza das nações*, a sua obra mais conhecida, e que continua sendo usada como referência para gerações de economistas, na qual procurou demonstrar que a riqueza das nações resultava da atuação de indivíduos que, movidos inclusive (e não apenas exclusivamente) pelo seu próprio interesse (*self-interest*), promoviam o crescimento econômico e a inovação tecnológica.
Fonte: Wikipedia (2018b).

Uma das capacidades humanas que é enaltecida no utilitarismo é a antecipação das experiências por meio do cálculo racional. Esses filósofos entendiam que qualquer situação deveria ser pensada e ponderada racionalmente, tendo em vista a ampliação do bem-estar, ou prazer, e a diminuição do desprazer, ou da dor.

Reparamos que muitos se apegam aos princípios utilitaristas para avaliar os resultados da vida. Se determinado indivíduo possui uma boa casa, um carro novo, uma profissão de prestígio, e em sua rotina não se encontra com situações que são consideradas incômodas, de modo geral, costuma-se entender que tem uma boa vida. No mesmo sentido, é comum a culpabilização da esfera individual, quando se identifica que alguém não conseguiu uma trajetória de sucesso, seja profissional, financeiro ou pessoal, devido a seus próprios equívocos. Isto é, a noção de que alguém, quando não se encontra em condições adequadas de vida, em posição confortável, ou bem assistido, pressupõe exatamente que não houve esforço o suficiente, ou o uso particular dos meios adequados para o sucesso, cabendo assim apenas ao indivíduo a responsabilidade pelo seu sucesso ou fracasso, pela vida boa ou ruim, de acordo com as escolhas mais ou menos racionais que conseguir determinar.

Certamente, encontraremos neste ponto um dos maiores precedentes de discussão e tensão com doutrinas filosóficas que possuem direcionamentos divergentes. Sabemos que, na prática, a dinâmica das experiências humanas não é passível de tantos cálculos como se imaginou. Podemos verificar que um grande número de variáveis surge ao observador de modo imponderável, imprevisível. Isto exige dos indivíduos habilidades que vão muito além da do cálculo lógico formal.

Atualmente, com o desenvolvimento da psicologia e da psicopedagogia, habilidades como a inteligência emocional, a sensibilidade, a empatia e a criticidade, ampliam a perspectiva sobre o modo como as experiências devem ser pensadas ou previstas.

A grande crítica contemporânea ao utilitarismo se dá justamente no aspecto de redução da manifestação humana ao domínio de relações estritamente práticas e imediatas. É possível verificar que grande parte da complexidade humana é inatingível pela via da razão lógico-formal. Se faz necessário ampliar a compreensão sobre as relações humanas, na medida em que outros modos de avaliação e legitimação são incorporados ao processo de análise sobre como definimos a chamada "vida boa".

Para as correntes socialistas, de modo geral, a responsabilidade pelas formas de exploração e injustiça presentes na sociedade não pode recair completamente no indivíduo. Existiriam em meio ao processo histórico fatores que determinam, em larga medida, as condições que são distintivas, isto é, proporcionam para determinados grupos a situação de privilégio e facilidades no que tange à realização plena de suas potencialidades, enquanto desfavorece outros grupos em relação ao acesso às mesmas condições. Deste modo, não seria possível levar em consideração apenas a capacidade individual do uso da razão como meio de articular a realidade a seu favor. Os indivíduos enfrentariam condições desiguais logo de partida. Os antagonismos, longe de serem superados, costumam ser aprofundados ao longo da existência.

Neste sentido, Pierre Bourdieu, um dos principais sociólogos do século XX, descreve as relações sociais a partir de conceitos como: capital cultural e capital social. Para ele, as classes privilegiadas possuem o amplo acesso aos bens culturais e sociais disponíveis na sociedade, e seria isto, e não o "talento natural" individual, o fator que determina os quadros em que se projetam históricos pessoais de sucesso ou fracasso, primeiramente no ambiente escolar, e em seguida no meio profissional e social (BOURDIEU, 2005).

Bourdieu (2005), de evidente influência marxiana, em contraste com os utilitaristas e as demais correntes filosóficas que se vinculam a esta tradição, como o empirismo, o positivismo e o pragmatismo (obviamente, ressalvando o grande número de particularidades que afastam estes), representa tão somente um entre muitos exemplos que poderiam ser dados acerca da complexidade envolvendo o debate sobre os costumes e hábitos humanos em sociedade, ou seja, o debate moral.

As questões morais estão inseridas no interior das relações humanas em sociedade. Discutir a moral significa a abertura para a investigação sobre a natureza íntima que sustenta a dinâmica da vida. Entretanto, quando o debate se faz a partir de posturas rígidas, impermeáveis à mudança, o que temos é somente o choque de opiniões que se encontram e retornam de onde vieram, sem que haja qualquer tipo de acréscimo à experiência.

A intenção de tornar a realidade melhor passa pelo choque entre visões divergentes, inevitavelmente. O pensamento crítico é constantemente desafiado a reinventar a realidade, a partir de posições já dadas. Assim, o modo como a racionalidade e a inteligência, em todo seu espectro de possibilidades variadas, articula os antagonismos e propõe novas soluções, representa o movimento vivo de reflexão moral, presente no interior da sociedade.

A finalidade da moral: temas contemporâneos

As questões morais emergem no interior das sociedades como parte de sua própria história. Não é possível pensar a realidade a partir das premissas utilitaristas modernas, ou do epicurismo helênico, ou do socialismo utópico do século XIX, simplesmente porque a sociedade em que vivemos já não é a mesma, assim como as formulações teóricas que servem para interpretá-la, de modo a propor mudanças, reformas ou a própria conservação.

Na contemporaneidade, uma série de questões específicas de nosso tempo emergem no cenário público. São resultado do processo de assimilação ou transformação de correntes de pensamento presentes ao longo da tradição ocidental, as quais chegam à atualidade muitas vezes de modo imperceptível, como presença muda no interior do senso comum. Ao abordar cada um destes problemas, é importante considerar que as opiniões não se sustentam no vazio, mas são herdeiras de posicionamentos que se desenvolveram pela experiência concreta acumulada.

Uma das grandes questões atuais é a tendência ao conservadorismo religioso. É curioso como certas visões completamente distintas sobre a realidade convivem lado-a-lado no mundo contemporâneo. Podemos encontrar, por exemplo, em um shopping, pessoas completamente distintas, seja no modo de vestir e se comportar, seja em suas crenças mais profundas sobre como se definem determinadas verdades acerca da realidade. É óbvio que distinções tão marcantes entre indivíduos que tem sua origem em tradições radicalmente antagônicas, determinam também o modo como acreditam que devem ser os costumes. Ainda assim, estas pessoas se entrecruzam, dividem certos espaços, frequentam os mesmos lugares e consomem artigos que se originam dos mesmos lugares.

De forma inusitada, o mundo contemporâneo promove o encontro de elementos humanos antagônicos, conflitantes, os quais concordam em acatar a normas que sejam comuns. Sustenta-se um delicado equilíbrio tenso a partir das normas de convivência que estão acima das crenças particulares. Entretanto, não é incomum o rompimento deste equilíbrio, em manifestações recorrentes de ódio, discriminação, segregação e incompreensão das visões que são particulares a determinado grupo e causam estranhamento a outros. No mesmo sentido, são recorrentes as tentativas de se impor pela via discursiva ou pelas vias de fato, ou seja, pela palavra ou pela ação, certos costumes que são tidos por verdadeiros em determinado meio particular, mas não são bem aceitos em outros contextos.

O importante sociólogo polonês **Zigmunt Bauman**, discute em suas obras os efeitos da diluição dos valores em meio à sociedade contemporânea. Este momento presente, que o autor definiu como sendo a modernidade líquida, é caracterizado pela liquidez das relações entre os indivíduos, a inconsistência e inconstância das personalidades em meio à grande variedade de opções que a vida em sociedade proporciona (BAUMAN, 2010). Apesar de tal fenômeno, vemos despontar no sentido inverso manifestações que, poderíamos supor, sejam de reação ou resistência à diversidade e profunda fragmentação que é posta no cenário social. Apesar das diferenças serem colocadas nos mesmos espaços, podemos observar a profunda tendência ao isolamento de indivíduos ou de pequenos grupos, no que os especialistas costumam chamar de bolhas sociais.

Bauman (2010), assim como outros pensadores, discutiram o quanto as mídias digitais, embora não sejam a única causa, estão inseridas neste contexto. Muitos estudos contemporâneos pretendem entender de que modo o fenômeno recente da internet e o aprimoramento dos meios de comunicação digital são usados para aprofundar o isolamento dos indivíduos, e com este, a hostilidade em relação à convivência coletiva. Mais comum entre os jovens, contudo, presente também entre adultos e idosos, existe a tendência crescente dos indivíduos de se afastarem do convívio presencial, na medida em que passam a viver uma vida virtual com grupos ou comunidades que se encontram pela afinidade de opiniões, ou pelas concordâncias em relação aos costumes ou modos de vida. O fator predominante a motivar tais indivíduos parece ser a facilidade de acesso, assim como a rapidez em se desconectar de tais grupos ou pessoas, caso prefira outras experiências. Este é exatamente o aspecto de liquidez, amplamente discutido por Bauman (2010), que é intensificado ao limite, por exemplo, nos vínculos estabelecidos em redes sociais. O autor chega a descrever e discutir o modo como a velocidade de se conectar com novos amigos é compensada pela facilidade de desfazer vínculos que se mostrem desagradáveis.

Certamente, no interior de tais relações, existe a lógica utilitarista que foi conservada como herança cultural no interior da dinâmica social. O fato de existirem instrumentos que tornam cada vez mais eficientes os cálculos concretos sobre os níveis de prazer ou dor que cada situação pode proporcionar, apenas evidencia o quanto a sociedade repercutiu sua história e absorveu profundamente as presenças mais impactantes que se fizeram presentes. Noutro sentido, a mesma história permitiu que tendências radicalmente opostas se desenvolvessem no sentido contrário, a ponto de constituir um cenário extremamente difuso de manifestações conflitantes, este da sociedade contemporânea.

Por fim, insistimos que existe ainda a possibilidade de repensar a realidade, exatamente do ponto em que estamos, já que este se apresenta constantemente inédito a cada momento. Enfim, este é o espírito crítico do qual nos referimos anteriormente, isto é, a capacidade de olhar ao mesmo tempo com estranheza e simpatia, com nostalgia e anseio pelo novo.

Link

Leia uma das últimas entrevistas concedidas por Bauman. Acesse o link ou o código a seguir.

https://goo.gl/tL3KwG

Referências

ADAM SMITH. In: *WIKIPEDIA*. 18 mar. 2018. Disponível em: <https://pt.wikipedia.org/wiki/Adam_Smith>. Acesso: 06 abr. 2018.

BAUMAN, Z. *Modernidade líquida*. Rio de Janeiro: Zahar, 2010.

BENTHAM, J.; MILL, J. S. *Stuart Mill Bentham*. São Paulo: Nova Cultural, 1989. (Coleção Os Pensadores).

BOURDIEU, P. *A miséria do mundo*. São Paulo: Vozes, 2005.

EPICURO. *Carta sobre a felicidade (A Meneceu)*. São Paulo: Unesp, 1999.

JEREMY BENTHAM. In: *WIKIPEDIA*. 4 abr. 2018. Disponível em: <https://pt.wikipedia.org/w/index.php?title=Jeremy_Bentham&action=history>. Acesso: 25 fev. 2018.

JOHN STUART MILLI. In: *WIKIPEDIA*. 4 abr. 2018. Disponível em: <https://pt.wikipedia.org/wiki/John_Stuart_Mill>. Acesso em: 25 fev. 2018.

MACCREADE, K. *A riqueza das nações de Adam Smith*. São Paulo: Saraiva, 2001.

ZYGMUNT BAUMAN. In: *WIKIPEDIA*. 13 mar. 2018. Disponível em: <https://pt.wikipedia.org/wiki/Zygmunt_Bauman>. Acesso em: 25 fev. 2018.

Leituras recomendadas

MULGAN, T. *Utilitarismo*. São Paulo: Vozes, 2012.

PELUSO, L. A. *Ética e utilitarismo*. São Paulo: Alínea, 1998.

Ética *versus* moral

Objetivos de aprendizagem

Ao final deste texto, você deve apresentar os seguintes aprendizados:

- Construir um conceito de ética.
- Elaborar um conceito de moral.
- Diferenciar ética e moral.

Introdução

Costumeiramente pensamos que moral e ética são sinônimos, mas filosoficamente são palavras parecidas, interligadas, mas não iguais.

Neste capítulo, você vai estudar os conceitos de ética e moral e poderá fazer a diferenciação entre estes dois termos, além da possibilidade de reflexão sobre o quanto esses dois conceitos impactam na sua vida. Você vai estudar sobre o poder da escolha moral, a ética no cotidiano, o comportamento, os valores e tudo o que traz nexo sobre a ética e a moral na sociedade em que vivemos.

Moral e ética: o que tem a ver comigo?

Quando se trata de um assunto ligado às ciências humanas sempre há os que amam e os que detestam, pois existe a possibilidade de pensar sobre uma escolha subjetiva, em que não há somente o sim ou não e que a soma $2 + 2$ pode não resultar em 4 e o tema pode remeter a algo que parece não fazer parte do seu contexto de vida, de que a reflexão sobre ética é monótona, distante da realidade e que não teria nada a ver com a vida que se vive no mundo atual. Porém, quando ligamos a TV para assistir a um programa de notícias ou então ler as notícias *on-line*, percebemos que o comportamento da sociedade exige reflexão sobre o que fazer conforme a autoescolha. Até mesmo a infinda busca pela felicidade faz parte do conceito da ética, visto que se trata de pensar o comportamento do bem ou mal no humano, já que não existe o poder da dúvida em nenhum outro ser vivo. Jamais veremos uma formiga se questionando se vai ou não cortar a folha para levar ao formigueiro ou então diríamos que um leão foi malvado por ter comido o cervo (CORTELLA; BARROS FILHO, 2014). Ou seja, no homem há essa possibilidade da dúvida, a liberdade da escolha por algo que possa nos fazer sofrer, pois somente nós, humanos, criamos guerras em que nos matamos na busca pelo poder religioso, político ou social.

Historicamente, tivemos legados sobre a ética conforme as épocas vividas. Na Grécia antiga, se consideravam três princípios da vida moral: por natureza os homens aspiravam ao bem e à felicidade e somente poderiam ser alcançados pela conduta virtuosa; eles acreditavam que a virtude seria a força interior do caráter (consciência do bem e na conduta pela vontade guiada pela razão) e a razão controlaria os instintos e impulsos irracionais descontrolados do homem; por último, eles consideravam a conduta ética como algo possível e desejável para o ser humano, no qual o agente teria noção do que estaria em seu poder de realizar e que não está. Os filósofos antigos traziam sempre o contexto do equilíbrio entre a paixão e a razão, sendo o fortalecimento da vontade um dos principais requisitos para o viver bem em sociedade. Eles acreditavam que a natureza de nosso ser fosse passional e a ética deveria orientar para a razão e assim dominar os instintos da paixão (CHAUÍ, 2010, p. 389).

Com o advento do Cristianismo o homem grego troca a relação com a *pólis* (cidade) para a relação com Deus. Ele seria o mediador das nossas ações com a sociedade: de tudo a Ele, para e por Ele. Assume-se pela primeira vez o conceito do pecado original como norteador da moral vigente, o livre-arbítrio é atrelado à desobediência aos mandamentos e ao desejo de Deus em Adão e Eva, fazendo com que individualmente nossa vontade seja incapaz de realizar o bem e as virtudes, necessitando da mediação entre Deus e os homens. Digamos, por exemplo, que você seja católico e costume ir à igreja fazer sua confissão semanalmente. Ao fazer isso, você tem a certeza de que o pároco irá ouvi-lo, fazer um julgamento de suas ações e posteriormente emitir sua opinião e também a possibilidade de remissão por meio de orações, gestos ou contribuições conforme o relato de seus pecados. Essa cena se repete desde o início dos tempos da Igreja Católica e o clero continua com a premissa básica do sigilo da confissão. Essa atitude do padre pressupõe um exemplo do que estamos refletindo, a ética cristã. Essa confiança da preservação de seu relato com e somente o religioso é uma atitude comportamental já previamente estabelecida e mantida por seus seguidores. O comportamento é um exemplo do que vamos conhecer sobre a ética e se manteve desde o princípio pela relevância junto a sua comunidade religiosa. Isso não significa que a ética seja imutável, pois ela não é, mas se sabe que o que a sociedade ainda considera primordial para sua existência, mesmo mudando algumas regras, continua valendo para o todo.

Rousseau, filósofo do século XVIII, acreditava que o sujeito poderia recuperar sua natureza original boa e benevolente, perdida pelos efeitos da vida social, se tivesse um bom relacionamento com a natureza, ou seja, a consciência moral e o sentimento do dever atrelado ao divino (dedo de Deus interferindo na razão utilitária dos homens).

Kant, por sua vez, contradizia a "moral do coração" do Rousseau, em que volta a afirmar o papel da ética, não acreditando na bondade inata. Para ele, o homem nasce egoísta, ambicioso, destrutivo, cruel, ávido por prazeres que nunca saciam e por isso a necessidade do dever para frear esse sentimento natural e virarmos seres morais.

No século XIX, o filósofo Hegel contradiz o que anteriormente os filósofos Kant e Rousseau definiram como ética na sociedade do século XVIII. Ele criticava os dois pensadores anteriores por utilizarem mais a relação humana com a natureza (suas paixões e razões) do que o fato de a cultura ou a história serem mais interligadas e importantes para o homem. Então, a partir das ideias dos filósofos que ele criticava e que considerava muito frágeis, construiu suas teorias. Considerava que os autores anteriores deveriam estudar os laços da ética com a sociabilidade dos seres humanos e utilizar como base de suas teorias as relações sociais coletivas e não individuais, como as instituições sociais (família, sociedade civil, Estado). Elas sim, segundo ele, teriam laços mais fortes para manter a conduta ética das sociedades ao que ele chamou de vontade objetiva, pois elas seriam um conjunto de conteúdos determinados com fins, valores, normas determinadas pelas instituições ou pela cultura (CHAUÍ, 2010, p. 391–397).

O filósofo brasileiro Clóvis Barros Filho, em seu artigo *O que é Ética,* traz a ideia de que ao tentarmos definir ética, falamos de vida, em como vivê-la e de viver bem. Ele conceitua: "E isto é ética. A atividade mental de aprender, hierarquizar e aplicar valores na nossa vida, com o objetivo de que ela seja a melhor possível" (BARROS FILHO, 2017, documento on-line). Parece simples a conceituação do termo, mas ao aprofundar mais esse tema diversas dúvidas surgem, tais como tentar fazer de tudo para viver bem, pensar e hierarquizar ações para o bem quando vivemos numa sociedade com tantos valores diferenciados e grupos culturais com diversos costumes de vida.

Marilena Chauí (2010) traz em seu livro *Convite à Filosofia* o conceito de ética como um campo estudado pela filosofia e o define como "[...] estudo dos valores morais (as virtudes), da relação entre vontade e paixão, vontade e razão; finalidades e valores da ação moral; ideias de liberdade, responsabilidade, dever, obrigação, etc." (CHAUÍ, 2010, p. 73). Estudo esse que observa, questiona, analisa e justifica o homem e suas possibilidades da escolha, a liberdade de optar por qual modo de vida quer viver, os conceitos do bem viver em sociedade, nunca se esquecendo do outro lado da moeda, consequências dos atos feitos a partir dessa decisão.

Kant foi um filósofo muito importante do século XVIII e ainda influencia nossa sociedade ocidental. "Tudo o que não puder contar como fez, não faça." Para ele, o bem era dever acima de tudo, mesmo que precisasse sofrer pela escolha. Ele traz esse pensamento de que se você não consegue falar para os outros sobre o que fez, então não deve fazer, pois se algo o envergonha provavelmente estará ferindo o que você tem como base moral (CORTELLA, 2017).

Dalberio (2012, p. 9) escreve que existem requisitos necessários para ser uma pessoa ética: "ter a capacidade de reflexão e de reconhecimento da existência do outro, saber que existem outras pessoas na relação ou interação social, isto é, ter consciência de si e dos outros; ter capacidade para dominar-se, controlar-se e, também, decidir e deliberar entre alternativas".

Os primeiros filósofos diziam "Ética é a morada do homem". Essa morada a que eles se referiam seria um local em que seus habitantes poderiam ter segurança, e que se vivessem segundo as normas e leis existentes nas cidades (*pólis*) a sociedade se tornaria melhor, com os indivíduos protegidos, confiantes. Esse primórdio de aprofundamento sobre a ética remonta ao século VI a.C., período na Grécia em que *Ethos* (modo de ser ou caráter) era o lugar que abrigava os indivíduos-cidadãos, os responsáveis pelos destinos da *pólis*.

Essa morada a que os gregos se referiam não era necessariamente material (as paredes e o teto), ela trazia a conotação de "sentir-se em casa", mais existencial, como se naquele ambiente criado ele pudesse ter uma sensação de proteção e cuidado e que as pessoas que dele fizessem parte pudessem ter harmonia, paz e um habitat tranquilo. É sabido que os antigos pensadores gregos elaboraram seus estudos a partir de suas realidades de vida e da sociedade ocidental existente na época, mas pode-se transpor essas barreiras iniciais e trazer para os tempos em que vivemos. Afinal, mudaram muitas de nossas concepções de mundo, mas perpetuam-se alguns pontos considerados comuns e necessários à vida em comunidade (VAZ, 1999).

A ética teoriza sobre a forma de responder às perguntas que normalmente fazemos a nós mesmos quando ficamos na encruzilhada moral de saber se um ato a ser realizado é certo ou errado perante a sociedade. Na hora da dúvida, no momento de justificar os critérios de escolha para amainarmos nossa consciência e ter a certeza da resposta correta, levamos em consideração alguns quesitos, tais como se a ação maximiza a felicidade de todos, se é praticada por alguém do bem, se cumpre as regras pré-determinadas socialmente ou até mesmo se pode ser justificada aos outros de maneira a ser aceita, mesmo que razoavelmente (BORGES; DALL'AGNOL; DUTRA, 2002, p. 3).

Ética, um exercício de escolha permanente

O homem é diferenciado dos outros animais em atitudes e no comportamento, pois como já foi dito anteriormente, um cachorro não questiona sua forma de viver a vida, ele simplesmente vive conforme sua natureza, ele instintivamente precisa fazer assim. Já com o ser humano não acontece desse jeito, ele nasce destituído de qualquer atitude ética, ou seja, com o passar dos anos o homem vai se aprontando socialmente e então as condutas sociais serão trazidas como princípios, finalizando na compreensão de um código de ética já estabelecido pela comunidade em que vive. Essa construção cultural e simbólica é realizada ao longo da experiência humana por meio da cultura, regras jurídicas, educação ou reflexões pessoais (OLIVEIRA, 2017).

Com o passar dos anos, o homem aprende valores e mesmo com o aumento do conhecimento, possibilidade e capacidade de escolha, provavelmente viverá conforme as ideias dos que lhe disseram como viver, e caso não concorde com o ocorrido, viverá desrespeitando os padrões éticos estipulados pela comunidade em que vive, poderá viver em conflito constante. A autonomia de pensamento e de ação vai requerer muita reflexão sobre a sociedade em que se vive, caso não queira agir conforme o grupo, ou seja, a escolha individual confirmará a do coletivo. Nessa decisão prevalecem as vontades, desejos, sentimentos, ímpetos e valores ensinados desde a mais tenra idade, pois com esses apetrechos teóricos o ser humano poderá fazer suas regras de conduta, ser livre, determinar-se, "[...] desde que estejam em conformidade com a cultura vigente" (DALBERIO, 2012, p. 09).

Link

Ética, valores e espiritualidade acabam por se entrelaçar em vários momentos da vida, principalmente da metade para o final da mesma. Para conhecer um pouco mais sobre valores humanos, leia o texto *Ética, valores e espiritualidade*, acessando o link a seguir.

https://goo.gl/7J4tsh

O que é moral?

Enquanto a ética assume uma posição questionadora das atitudes e comportamentos do homem na qual há a possibilidade da escolha por meio da racionalização, a moral é mais prática, assumindo a característica de regular o comportamento humano, uma experimentação no cotidiano, na vivência e interação com os outros, fazendo com que sejam criadas novas normas e regras de convivência. Os valores humanos são peças importantes na construção cultural das normas que regem a sociedade vigente e eles formam a realidade e dão significado aos fenômenos, acontecimentos e à interação social. Os signos, as organizações de códigos definem o modo de viver dos grupos sociais e tentam regulamentar as relações a partir de um conjunto de valores (DALBERIO, 2012, p. 7).

Subdivisões da moral

Cortina e Martinez, em seu livro *Ética*, no subcapítulo "A ética como filosofia moral", utilizam o termo moral como um substantivo e assim classificam o termo em cinco probabilidades de definições.

1. Moral como um "conjunto de princípios, preceitos, comandos, sendo a moral um sistema de conteúdos sobre comportamentos".
2. Também poderia se referir a um código de conduta pessoal, como, por exemplo, dizer que uma pessoa tem uma moral muito rígida ou carece de moral.
3. Diferentes doutrinas morais ("ciência que trata do bem em geral e das ações humanas marcadas pela bondade ou maldade moral") que "sistematizam um conjunto de conteúdos morais, enquanto que as teorias éticas tentam explicar o fenômeno moral".
4. Sentido de caráter ou atitude, "ter uma boa disposição de espírito, estar com o moral alto", não no sentido de saber, nem de dever.
5. "Compreender a dimensão moral da vida humana que é a âmbito das ações e das decisões".

Além de utilizar "moral" como substantivo, Cortina e Martinez postulam que o termo pode ser um adjetivo, qualificando alguma atitude, por exemplo. O termo moral poderia, assim, estar em oposição ao conceito de imoral, como sendo algo moralmente incorreto e o de amoral, como um sujeito destituído do juízo da moral, sem condições de fazer juízo sobre os conceitos relativos à moral (CORTINA; MARTINEZ, 2005, p. 2).

Sanchez Vasquez (2000) define moral como o um conjunto de normas que orientam as relações dos indivíduos, tanto entre eles e também na sua relação com a sociedade, cuja função é a de equivalência dos interesses de cada indivíduo com os da sociedade. O fato das sociedades humanas serem mutáveis faz com que a moral também sofra mudanças e com isso temos diversas morais, tal como moral na sociedade antiga, moral feudal, moderna, etc. O ser humano não nasce pronto e vai fazendo sua história, assim como a moral também segue a historicidade.

A moral não é universal, cada sociedade e cultura institui uma moral com seus valores relativos ao bem e ao mal, à conduta correta e comportamentos permitidos ou proibitivos para seus integrantes. Em culturas com diferenças muito profundas e sociedades fortemente hierarquizadas podem possuir várias morais, segmentando os valores conforme as classes sociais vigentes.

Link

O historiador e filósofo Leandro Karnal fala sobre o relativismo histórico da moral e da ética, assunto bem importante na atualidade. Acesse o link a seguir.

https://goo.gl/Vr8D1X

Ética *versus* moral

Embora sejam relacionados entre si, moral e ética são termos diferentes, elas tratam do mesmo tema, mas não são a mesma coisa. Enquanto a ética é o estudo ou análise dos sistemas morais, ela nos elucida sobre a moral vigente na época, pois provoca a reflexão dos costumes (moral) do grupo social em que se vive. A consciência moral sempre existiu na humanidade, desde o momento em que os homens começaram a morar em grupos havia a necessidade de manutenção de regras numa tentativa de manter o equilíbrio social. O termo é proveniente do latim *mores* significando "costumes", ou em outras palavras, a manutenção dos valores e o conhecimento do bem e do mal no contexto em que se vive, ou seja, "[...] um conjunto de normas que regulam o comportamento do homem em sociedade, essas normas são adquiridas pela educação, pela tradição e pelo cotidiano" (SILVANO, 2008 apud RIBEIRO, 2008, p. 78).

> Já dizia Aristóteles, em sua *Ética a Nicômaco*, que a ética nos ensina a viver, ela, para ser vivida, é práxis e não propriamente teoria ou póesis. Desse ensinamento se deduz que ética se instala em solo moral, uma vez que ela se depara com uma experiência histórico-social no terreno da moral (FIGUEIREDO, 2008, p. 1).

A ética ou filosofia moral como é também denominada por alguns autores, trata da reflexão a respeito dos fundamentos da vida moral, ela é individual, pois está se falando de como o indivíduo entende e reflete a moral do coletivo. Sendo assim, pode ser modificada à medida que o tempo ou as situações conflitantes com os valores acontecem. À medida que mais pessoas aceitam determinado ato ético ele poderá se tornar coletivo e virará uma representação moral. Uma pessoa pode ser considerada antiética perante a sociedade, porém para seu entendimento individual de ética ela pode estar seguindo seus parâmetros aceitos, ou seja, numa situação comum uma pessoa pode ser considerada antiética segundo a sociedade em que vive, porém segundo os princípios individuais ela pode se considerar ética (vide exemplos em que para o grande grupo um político, por exemplo, faz atos considerados errados, mas ele parece não ter remorso nenhum, pois não "fez nada de mal").

Ana Pedro (2014, p. 486), em seu artigo "Ética, moral, axiologia e valores: confusões e ambiguidades em torno de um conceito comum", infere que "[...] não terá significado idêntico referenciar moral e ética sob a mesma perspectiva para falarmos de uma única realidade valorativa" e ela ratifica a questão do conceito anteriormente dado sobre a moral referir-se a um conjunto de normas, valores (nas dualidades bem/mal), além dos princípios de comportamentos e costumes atribuídos a determinada sociedade ou cultura. Nesse sentido, trata-se da moral que é coletiva, que representaria o pensamento vigente da sociedade.

Já a ética exige maior grau de cultura, reflexão e inteligência. A reflexão sobre ela acontece após Sócrates começar a questionar os costumes vigentes e trazer à luz da sociedade as formas e motivos que a levaram a agir de maneira a fazer sentido, com regras e normas de convivência. Ela investiga e explica as normas morais, pois obriga o homem a refletir sobre suas ações não só por tradição, educação ou hábito e então decidir com maior convicção, ou seja, a ética é a "[...] forma que o homem deve se comportar no seu meio social" (BORGES, 2018, documento on-line). O objeto de análise e de investigação da ética seria a natureza dos princípios que se antecipam a essas normas descritas para a moral. Ela faz como que um questionamento acerca do sentido dessa moral, a estrutura dessas teorias morais e de argumentação que mantém ou não os costumes e traços culturais de uma sociedade. Exemplificando para construir critérios de definição ou diferenças entre os dois termos, "[...] a moral procura responder à pergunta: como havemos de viver? a ética (meta normativa ou meta ética) defronta-se com a questão: porque havemos de viver segundo x ou y modo de viver?" (PEDRO, 2014, p. 486).

Borges (2018), em seu artigo sobre as diferenças entre moral e ética, elabora um quadro comparativo e procura deixar mais compreensível as definições de cada termo e suas nuances. Pode-se perceber as sutis diferenças e compreender onde os termos estão imbricados. Confira no Quadro 1.

Quadro 1. Definições de moral e ética

Moral lida com o certo *versus* errado	Ética lida com o certo *versus* errado
Modo pessoal de agir (é adquirida e formada ao longo da vida, por experiências)	Modo social de agir (implica no consenso e na adesão da sociedade)
Norma e regras pessoais (é guiada pela consciência)	Normas e regras sociais (é guiada pela cultura da sociedade)
Individual (é o que fundamenta a ética)	Grupal e/ou coletivo (se constrói a partir do consenso de várias "morais")

Fonte: Adaptado de Borges (2018, documento on-line).

O quadro anterior elucida e ajuda a compreender melhor as diferenças dos termos e com isso podemos verificar que a ética fica no campo especulativo, teorizando as formas de viver com sucesso fundamentando a moral; já a moral é fundamentalmente prática, orientada para a ação real e concreta em que as aplicações das normas morais têm acolhida, são validadas pelos membros daquela sociedade ou grupo social. Não se trata de a ética ser um conjunto de nãos proibitivos nem da moral ser somente uma visão inconstante, pois há uma relação de complementaridade entre elas. Elas são interdependentes entre si, visto a ética ter como objeto de estudo a própria moral.

Essa importante relação de circularidade ascendente e de complementaridade faz com que a ética continue fazendo a moral repensar-se numa constante busca de equilíbrio. Temos na Figura 1 a relação entre os dois termos.

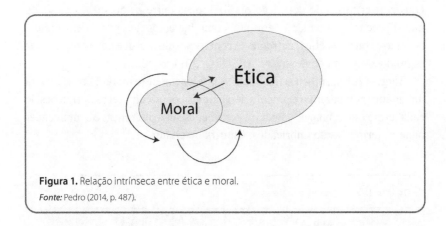

Figura 1. Relação intrínseca entre ética e moral.
Fonte: Pedro (2014, p. 487).

Conforme Pedro (2014, p. 487) relata em seu artigo, as duas terminologias têm suas "[...] especificidades e particularidades, que as caracterizam no seu modus operandi", porém ela também traz a importância dessa relação complementar visto que enquanto a ética tem sua característica mais inflexível, secularmente construída e instituída, a moral permite ponderar e até mesmo rever costumes e atitudes anteriormente consideradas inflexíveis e nem sempre repensadas sob a ótica dos princípios teóricos, provocando na ética uma reflexão e, com isso, possibilidades de realinhamento das condutas sociais. O que é extremamente saudável para a humanidade e essa valorização do conhecimento, após esses desassossegos morais, são condições necessárias para o modo de agir e viver moral, tornando o equilíbrio entre ambas fundamental para nossa sociedade como um todo (PEDRO, 2014).

Referências

BARROS FILHO, C. *O que é ética?* 25 ago. 2017. Disponível em: <http://www.espacoetica.com.br/o-que-e-etica>. Acesso em: 21 maio 2018.

BORGES, M. L.; DALL'AGNOL, D.; DUTRA, D. V. *Tudo o que você precisa saber sobre Ética.* 2002. Disponível em: <https://moodle.ufsc.br/mod/resource/view.php?id=990230>. Acesso em: 21 maio 2018.

BORGES, R. *Diferença entre Ética e Moral.* 2018. Disponível em: <http://www.professorrenato.com/index.php/filosofia/127-diferenca-entre-etica-e-moral>. Acesso em: 21 maio 2018.

CHAUÍ, M. *Convite à Filosofia.* 14. ed. São Paulo: Ática, 2010.

CORTELLA, M. S. *Tudo o que não puder contar, não faça: integridade é não agir errado mesmo sozinho.* 2017. Disponível em: <http://mariosergiocortella.com/tudo-o-que-nao-puder-contar-nao-faca-integridade-e-nao-agir-errado-mesmo-sozinho>. Acesso em: 21 maio 2018.

CORTELLA, M. S.; BARROS FILHO, C. *Ética e vergonha na cara!* 05 jun. 2014. Disponível em: <http://www.institutocpfl.org.br/play/etica-e-vergonha-na-cara-com-mario-sergio-cortella-e-clovis-de-barros-filho>. Acesso em:21 maio 2018.

CORTINA, A.; MARTÍNEZ, E. *Ética.* São Paulo: Loyola, 2005. Resumo Prof. Dr. Roque Junges. Disponível em: <http://www.projeto.unisinos.br/humanismo/etica/etica_adela_cortina.pdf>. Acesso em: 21 maio 2018.

DALBERIO, O. Ética, moral e valores do professor e do aluno. *Triângulo*, v. 4, n. 1, jun. 2012. Disponível em: <http://seer.uftm.edu.br/revistaeletronica/index.php/revistatriangulo/article/view/228>. Acesso em: 21 maio 2018.

FIGUEIREDO, A. M. Ética: origens e distinção da moral. *Saúde, Ética & Justiça*, v. 13, n. 1, p. 1-9, 2008. Disponível em: <http://www2.fm.usp.br/gdc/docs/iof_83_1-9_etica_e_moral.pdf>. Acesso em: 21 maio 2018.

OLIVEIRA, E. D. *Ética, moral e valores*: breve debate. 17 mar. 2017. Disponível em: <https://pt.slideshare.net/patriciaedersonmlynarczuk/tica-moral-e-valores-73229614>. Acesso em: 21 maio 2018.

PEDRO, A. P. Ética, moral, axiologia e valores: confusões e ambiguidades em torno de um conceito comum. *Kriterion - Revista de Filosofia*, Belo Horizonte, v. 55, n. 130, p. 483-498, dez. 2014. Disponível em <http://www.scielo.br/scielo.php?script=sci_arttext&pid=S0100-512X2014000200002&lng=en&nrm=iso>. Acesso em: 21 maio 2018.

RIBEIRO, L. M. *Professores universitários*: seus valores e a opção da educação ambiental. 2008. 290 f. Tese (Doutorado em Educação) - Pontifícia Universidade Católica do Rio de Janeiro. Rio de Janeiro, 2008. Disponível em: <http://www.dbd.puc-rio.br/pergamum/tesesabertas/0410351_08_pretextual.pdf >. Acesso em: 21 maio 2018.

SANCHEZ VASQUEZ, A. *Ética*. 36. ed. Rio de Janeiro: Civilização Brasileira, 2000.

VAZ, H. C. L. *Escritos de Filosofia IV:* introdução à Ética Filosófica 1. São Paulo: Loyola. 1999. (Filosofia).

Leituras recomendadas

FERREIRA, R. J. *Ética*: até quando esperar? 2015. 62 f. Monografia (Especialização em Altos Estudos de Política e Estratégia) – Escola Superior de Guerra, Rio de Janeiro, 2015. Disponível em: <http://www.esg.br/images/Monografias/2015/Ferreira_ricardo_jose. pdf>. Acesso em: 21 maio 2018.

FRITZEN, A. *Evolução Histórica da Ética*. 2013. Disponível em: <https://sites.google. com/site/aloisiofritzen/Home/etica-apresentacao/etica_conteudos/evolucao_his-torica_etica>. Acesso em: 21 maio 2018.

LAISSONE, E. J. C.; AUGUSTO, J.; MATIMBIRI, L. A. *Manual de Ética Geral*. Beira: Universi-dade Católica de Moçambique, 2017. Disponível em: <http://www.ucm.ac.mz/cms/ sites/default/files/publicacoes/pdf/MANUAL-DE-ETICA-GERAL.pdf>. Acesso em: 21 maio 2018.

RAMOS, F. P. *A evolução conceitual da Ética*. 2012. Disponível em: <http://fabiopes-tanaramos.blogspot.com.br/2012/03/evolucao-conceitual-da-etica.html>. Acesso em: 21 maio 2018.

SGANZERLA, R. *Ética, valores e espiritualidade*. 2011. Disponível em: <http://www. robertosganzerla.com.br/etica-valores-e-espiritualidade/>. Acesso em: 21 maio 2018.

Obrigação

Objetivos de aprendizagem

Ao final deste texto, você deve apresentar os seguintes aprendizados:

- Identificar o conceito de obrigação.
- Relacionar esse conceito dentro do pensamento moral.
- Aplicar o conceito de obrigação em relações morais.

Introdução

Nem sempre nos damos conta do grande número de regras que circulam e norteiam as relações sociais. Nos encontramos em uma rede ampla de costumes, os quais exigem constantemente certos comportamentos que são considerados legítimos e desejáveis, em relação a outros que são, por outro lado, entendidos como execráveis e puníveis. Existe a constante demanda por ações individuais que não são, necessariamente, resultado de escolha livre, deliberada, mas constituem-se naquilo que as pessoas e a sociedade esperam de cada indivíduo. Contudo, podemos nos perguntar: as obrigações morais exprimem uma verdade a ser acatada, ou um problema a ser refletido? A moral corresponde à simples obediência em relação às obrigações sociais, ou teria um sentido mais amplo, de compreensão do sentido profundo das ações? Cabe ao indivíduo refletir e questionar sobre as normas vigentes e definir assim o que é imprescindível ou o que é descartável em termos de obrigação, ou, por outro lado, cabe a cada um a simples obediência prática, sem a qual o mundo cairia no completo caos? Estas são algumas das questões que irão nortear nossos estudos.

Neste capítulo, você vai entender um pouco mais sobre o conceito de obrigação, algumas linhas teóricas fundamentais que se desenvolveram ao longo da história do pensamento e como esta noção chegou até nossos dias. Verá a relação entre a noção de obrigação e o pensamento moral da filosofia ocidental, e ainda terá contato com a aplicação do conceito nas relações morais que permeiam a prática no cotidiano.

Conceito de obrigação

A noção de obrigação está presente ao longo de toda a história da humanidade. Constitui-se na exigência do coletivo perante o indivíduo que, para encontrar-se inserido no ambiente social e desfrutar dos benefícios que este proporciona, deve contribuir com sua parte para a manutenção das relações coletivas.

O modo de construção das sociedades varia muito de uma época para outra, de uma localidade geográfica para outra, o que reflete a diversidade de culturas.

Exemplo

As exigências que um europeu do século XVIII sofreu em relação às suas obrigações para com a sociedade não são as mesmas que o exigido a um indígena na América anterior ao século XIV, ou seja, anterior ao processo de colonização.

O que se espera de uma mulher mulçumana que vive na Arábia Saudita não se aplica ao que a comunidade cristã impõe como obrigação às mulheres no sul da Itália ou em São Paulo.

A conduta esperada por um soldado americano que serve nos conflitos do Oriente Médio, não é a mesma que se espera de um músico que viaja o país realizando shows.

No mundo globalizado, as distâncias entre as culturas foram diminuídas, a ponto de haver o entrecruzamento de tradições distintas no mesmo espaço, na mesma sociedade. É o que observamos em países como o Brasil e os Estados Unidos, constituídos de um grande número de influências culturais em sua base. Contudo, apesar da diversidade nos modos de vida, podemos observar no contexto da vida moderna a existência de um conjunto de regras consideradas universais, pairando sobre as particularidades. Constituídas historicamente como a manifestação de uma determinada cultura (falamos da tradição ocidental europeia) tendo em vista a universalidade, existe assim a noção de que certos valores são anteriores e estão acima da diversidade humana. Nisto se fundamenta, em linhas gerais, a noção das obrigações fundamentais que são necessárias para a convivência social.

Podemos encontrar uma das fontes desta noção universalista da cultura europeia nos filósofos conhecidos como **contratualistas**. Tendo por base a noção de **contrato social**, decorrente da análise sobre o **estado de natureza**, esses teóricos construíram concepções amplamente estruturadas sobre a origem e a constituição da sociedade humana, a forma de convívio e os modos de poder mais adequados à natureza essencial da espécie.

Saiba mais

Entre os séculos XVI e XVII uma das principais questões que ocuparam os debates filosóficos foi em torno do surgimento da sociedade civil, ou seja, o que levou os homens a formarem Estados e qual a origem legítima de seus governos.

A ideia de um contrato social aparece teorizada em filósofos como J. Althusius (1557-1638), Thomas Hobbes (1588-1679), B. Spinoza (1632-1677), S. Pufendorf (1632-1694), John Locke (1632-1704), Jean-Jacques Rousseau (1712-1778), I. Kant (1724-1804).
Fonte: Medeiros (2011).

Podemos citar inicialmente, e de modo muito introdutório, Thomas Hobbes, como um dos primeiros e fundamentais filósofos contratualistas. Para Hobbes (2016), o homem no estado de natureza possui a condição de valer-se de todos os meios para a sobrevivência, tendo seus semelhantes como adversários. Em nome de sua própria conservação, e da liberdade de agir do modo que lhe aprouver na condição selvagem, este homem anterior à civilização tornaria inviável a convivência coletiva, em decorrência de sua própria natureza essencial enquanto espécie.

O contrato social, segundo Hobbes (e também segundo os demais contratualistas), representa a passagem de um estágio pré-social, selvagem, em que os indivíduos não teriam nenhum tipo de exigência coletiva no que diz respeito a suas ações, podendo assim agir livremente do modo que lhe fosse mais favorável. O estado de natureza, embora preservasse a condição de liberdade, também impunha o estado de constante insegurança, motivo pelo qual os homens teriam migrado gradativamente de um estado de natureza pleno para o convívio em sociedade, constituído basicamente pelo contrato social.

O contrato corresponde ao acordo entre partes interessadas, dispostas a abrir mão de certos direitos em favor de outros, a partir do entendimento de que haveria mais a ganhar do que perder nesta troca. Ao abdicar da liberdade irrestrita, inclusive do uso da violência, o indivíduo recebe em contrapartida a garantia de segurança, ou seja, a noção de que outros em igual condição de contrato não poderão também fazer uso de sua liberdade para colocar a segurança dos demais em risco. No contrato, os direitos são estabelecidos tendo em vista o cumprimento de deveres. Assim como há o direito de ter garantida a segurança, há, em igual medida, o dever de não fazer uso da liberdade para colocar a segurança de outro em risco. Para isto, deposita-se em órgãos superiores o poder que naturalmente seria do próprio indivíduo, de fazer justiça ou de fazer uso da força em nome de sua preservação. Nesta perspectiva, o Estado é entendido como criação humana em sociedade, tendo o objetivo de estar acima das individualidades e representar o interesse comum.

Assim, a principal função do Estado seria a de fazer uso de mecanismos coercitivos para manter os acordos estabelecidos no contrato social. Para tanto, receberia o monopólio do uso da força, assim como os instrumentos de gerência da sociedade, e em troca deveria garantir os direitos naturais que justificaram inicialmente o contrato. O principal direito, e talvez único segundo Hobbes, seria a condição de segurança.

Importante notar que Hobbes (2016), desse modo, compreende que o Estado mais adequado à sociedade humana, dada sua natureza fundamental, é o Estado absolutista. Tal afirmação se justifica pela noção de que o homem, em condição de liberdade, tenderia ao abuso e à violência, assim como à tentativa de tomada de poder. Sendo assim, o Estado deveria se constituir como órgão forte, capaz de preservar o equilíbrio social e reprimir as tendências ao rompimento do contrato, pelo uso legítimo da força. Seria obrigação do indivíduo agir de modo a preservar a harmonia social e o poder estabelecido, cumprir com suas funções sociais previamente definidas, ou seja, agir de acordo com a condição que lhe foi herdada. O benefício adquirido pelo cumprimento das obrigações sociais estaria vinculado ao que originalmente a sociedade proporcionou ao indivíduo, isto é, a condição de segurança e integridade física, a qual, fora do meio social, estaria em risco.

Certamente a noção hobbesiana de obrigação não leva em conta a adesão voluntária do indivíduo, ou a consciência e concordância ampla em relação ao que é exigido pela sociedade. Pelo contrário, a obrigação se dá de forma impositiva, coercitiva, no sentido de conter o instinto animalizado do homem que tenderia à desagregação social, caso fosse liberado. Embora este tipo de noção de contrato seja fundado na lógica da relação de troca de benefícios, do indivíduo perante a coletividade, na prática a relação se apresenta como a submissão de um poder menor à um poder maior. Muito embora no modelo hobbesiano exista a garantia firmada no que diz respeito às condições essenciais de segurança e sobrevivência, o indivíduo é sujeitado a abandonar também algo que é caro à natureza humana, a liberdade.

Na mesma tradição contratualista, veremos autores que irão de algum modo tentar revisar as noções de Hobbes sobre a obrigação, mantendo e revisando os construtos teóricos do estado de natureza e do contrato social. **John Locke** (2006), importante filósofo da tradição do liberalismo clássico, entendeu que a liberdade não seria apenas uma condição no estado de natureza, mas um direito natural, do qual o indivíduo não seria capaz de abdicar. Não apenas a segurança, mas a liberdade e a propriedade constituir-se-iam em valores naturais dos quais o homem, por natureza, tenderia a lutar e reivindicar, estando ou não no estado de natureza.

Saiba mais

John Locke é considerado o artesão do pensamento político liberal. Nasceu numa aldeia inglesa, filho de um pequeno proprietário de terras. Estudou na escola de Westminster e em Oxford, que seria seu lar por mais de 30 anos. Os estudos tradicionais da universidade não o satisfaziam, mas aplicou-se. Foi admitido na Sociedade Real de Londres, a academia científica, em 1668, para estudar medicina: graduou-se seis anos depois, mas sem o título de doutor. A maior parte de sua obra se caracteriza pela oposição ao autoritarismo, em todos os níveis: individual, político e religioso. Acreditava em usar a razão para obter a verdade e determinar a legitimidade das instituições sociais.
Fonte: John Locke (2018).

O contrato social seria nulo caso requeresse dos indivíduos aquilo que é reconhecido como direito natural. O contrato social (e o Estado constituído para preservar o contrato) deveria assim buscar de todos os modos mecanismos que garantissem não apenas a segurança, mas a condição de liberdade e de propriedade, sem o que, qualquer contrato tenderia ao rompimento. Segundo Locke (2006), o contrato hobbesiano nunca poderia ser legítimo, já que nenhum indivíduo seria capaz de estabelecer acordo contra sua própria natureza, ou contra aquilo que se entende como sendo seus direitos naturais.

Locke dialoga com Hobbes tomando por base o momento histórico que estava vivendo, já muito distinto do que foi vivido por seu antecessor. Diferente do período de Hobbes, marcado pela legitimidade dos Estados absolutistas, havia no tempo de Locke o clamor pela definição de novas formas de constituição da sociedade. Falamos do século XVIII, conhecido como século das luzes, o qual foi marcado por grandes movimentos intelectuais, como o

Iluminismo, e grandes revoluções sociais, como a Revolução Americana e a Revolução Francesa.

Saiba mais

O **Iluminismo**, também conhecido como **século das luzes e ilustração**, foi um movimento intelectual e filosófico que dominou o mundo das ideias na Europa durante o século XVIII, "O século da filosofia".

O Iluminismo incluiu uma série de ideias centradas na razão como a principal fonte de autoridade e legitimidade e defendia ideais como liberdade, progresso, tolerância, fraternidade, governo constitucional e separação Igreja-Estado. Na França, as doutrinas centrais dos filósofos do Iluminismo eram a liberdade individual e a tolerância religiosa em oposição a uma monarquia absoluta e aos dogmas fixos da Igreja Católica Romana.

Fonte: Iluminismo (2018).

Assim, é importante notar que, de algum modo, a construção teórica do conceito de obrigação está imbricada ao contexto social, no qual existe a legitimidade de um tipo de poder constituído, assim como de um modo de vida e funções sociais que se organizam no meio social. No mesmo sentido, observamos que, de tempos em tempos, as sociedades produzem a movimentação dos valores e a transformação dos modos de vida em seu interior. As transformações históricas, muito embora sejam comuns às sociedades humanas em todos os tempos, foram marcantes e intensas na sociedade ocidental, sobretudo a partir do século XIV.

Obrigação e pensamento moral

O pensamento moral está vinculado à tradição religiosa, em que as ações humanas são concebidas tendo em vista um poder supremo, o qual exige de cada indivíduo o cumprimento de ações que sejam adequadas à ordem estabelecida de forma supra-humana, ou seja, acima da própria compreensão humana.

O comportamento moral pode variar de uma tradição para outra, de uma corrente religiosa para outra. Além disto, dentro do mesmo segmento podem ainda existir divergências quanto às obrigações que são exigidas aos indivíduos.

Exemplo

Algumas igrejas pentecostais exigem das mulheres o uso de um tipo específico de saia, comprimento de cabelo, entre outros detalhes, enquanto no mesmo seguimento religioso é possível encontrar igrejas, consideradas mais "liberais", que não estipulam obrigações no que diz respeito à vestimenta.

Apesar das condições específicas que definem as diferenças entre uma tradição e outra, ou um segmento ou outro da mesma tradição, percebemos que existem certos pontos em comum no que diz respeito à relação entre a noção de moralidade e o conceito de obrigação.

A tradição moral vinculada ao pensamento religioso entende, em termos gerais, o conceito de obrigação como sendo a condição do indivíduo perante a vontade universal, esta que se constitui em poder supremo e exige de cada um as ações adequadas. Diferente do pensamento político dos contratualistas, existe o fundamento básico da fé e da interpretação de documentos considerados sagrados como a principal justificativa para as exigências morais que são requeridas. Neste sentido, determinadas obrigações podem se sustentar tão somente pela noção de que tal ação representaria a vontade superior, a qual não precisa justificar-se por meio de argumentos racionais, ou dados científicos. A ideia de que existem verdades além da compreensão humana representa o pilar que sustenta tais princípios.

Contudo, os fundamentos das tradições religiosas não foram elaborados historicamente a partir somente da fé e de dogmas religiosos. Códigos éticos, tais como as **leis mosaicas**, exerceram importante papel social no sentido de manter a coesão e garantir a sobrevivência dos povos em momentos de crise. Existe, no interior de certos códigos morais, a coerência lógica que tem em vista as relações práticas de justiça e equilíbrio social, envolvidos pelo manto da relação de fé que a sociedade nutre com entidades divinas.

Deste modo, a despeito de certos pontos específicos e discutíveis de questões de fé, é possível considerar que os fundamentos morais das sociedades estabeleceram códigos muito eficientes no que diz respeito a constituir o convívio social de modo minimamente viável.

Exemplo

As tábuas das leis que Moisés trouxe do monte Sinai contendo os dez mandamentos foram fundamentais para o povo hebreu no processo de transição que estavam vivendo naquele momento. Tinham por base alguns princípios básicos de justiça, como: não matarás, não roubarás, entre outros, os quais se preservam no interior das legislações dos estados modernos de direito, essencialmente laicos.

Existe um vínculo estreito entre as tradições morais e o pensamento político-filosófico, no que diz respeito à noção de obrigação. De fato, é impossível desvencilhar radicalmente o que foi produzido em termos racionais a respeito das relações sociais de convivência, e o que fundamentou por meio da fé, a postura dos indivíduos diante do sobrenatural.

Em uma análise mais profunda, o mecanismo da relação entre direitos e deveres está presente na estrutura que sustenta a exigência do particular em relação ao todo. A ação, tendo em vista leis morais, é norteada pela noção de que existe a exigência de determinada postura em favor da recompensa. O comportamento moral religioso, assim como o que as teorias contratualistas também observaram no contexto social, baseia-se na relação entre deveres que são constituídos tendo em contrapartida direitos, os quais seriam comuns e justificados a partir do cumprimento das obrigações. Assim, na medida em que se cumprem os desígnios morais que são prescritos no interior de determinada tradição, o indivíduo teria a certeza da existência de determinada retribuição. No sentido contrário, o não cumprimento de obrigações, como forma de rompimento com o "contrato" estabelecido com a entidade divina que figura como objeto de crença em dada cultura, significaria o expediente para punições justificadas.

Deste modo, o pensamento moral, no que diz respeito às tradições religiosas, possuem em sua estrutura o conceito de obrigação como sendo o correspondente particular em relação às forças que operam o todo universal. O agir moral tem em vista a articulação equilibrada do indivíduo como parte de uma estrutura maior. Sendo este um partícipe de tal estrutura, ao cumprir com suas obrigações, estaria contribuindo para a manutenção do todo e para a coesão universal. Em paralelo, as concepções político-filosóficas que se desenvolveram a partir da era moderna (século XVI à século XVIII) possuem mecanismos internos que se assemelham ao pensamento moral religioso. Este fenômeno manifesta, por um lado, o modo como a religiosidade é parte constituinte e imbricada à dinâmica social, e por outro, o quanto as tradições morais religiosas ofereceram de princípios para a elaboração das doutrinas filosóficas, as quais pretenderam se justificar pela via estritamente racional.

Relações morais e a aplicação do conceito de obrigação

As relações humanas em sociedade são atravessadas por normas que determinam para cada indivíduo o que é legítimo, e o que não se sustenta socialmente. A cada ação, existe o julgamento a respeito do que é correto e incorreto, justo e injusto. Ao longo da formação dos indivíduos, noções práticas do que é permitido e do que é proibido são introjetadas, assim como a ideia de que cada um teria por fim algum tipo de função, ou papel, em meio ao todo coletivo.

Quanto a isto, podemos nos perguntar: em que medida as obrigações sociais são naturais ao ser humano, ou foram impostas a cada um como forma de domínio? Como podemos distinguir entre o que é de fato coerente e interessante à sociedade, daquilo que representa tão somente um código moral baseado em crenças particulares, em interesses específicos, ou em exploração e abuso do poder?

O filósofo alemão **Friedrich Nietzsche** (2007) considerou que o conceito de verdade possui em seu histórico a manifestação do ímpeto pelo poder, e a relação de domínio entre indivíduos, grupos e sociedades. Em suas obras, discute como a sociedade desenvolveu o conceito de verdade, implicado no processo de dominação política, social e intelectual. Uma verdade específica, contendo obrigações morais condizentes com certa tradição cultural, ao ampliar gradativamente os horizontes, acaba por firmar-se enquanto verdade universal. Não apenas as religiões, como a própria filosofia, seriam partícipes deste movimento em que uma dada verdade é assumida como universal, em detrimentos de particularidades culturais que teriam o direito e a legitimidade contidos em sua própria tradição.

> Por vezes as pessoas não querem ouvir a verdade porque não desejam que as suas ilusões sejam destruídas. (NIETZSCHE, 2007).

Assim, Nietzsche identificou já a partir do período clássico da história da filosofia, em autores como Sócrates e Platão, a trajetória de imposição de noções teórico-universais sobre a verdade, o que desencadeou, em termos práticos, na elaboração de obrigações morais, tendo em vista verdades específicas que foram elevadas ao status de universais. Esta tendência foi aprofundada ao longo de toda a história da sociedade ocidental. Durante a Idade Média, os princípios clássicos da filosofia foram vinculados aos dogmas cristãos da igreja católica, e utilizados para sustentar racionalmente a expansão da fé com tendências à universalidade. Na era moderna, os valores universais decorrentes das grandes revoluções sociais, projetaram-se a todas as sociedades de influência ocidental. Na contemporaneidade, a globalização intensificada pela internet e os meios de comunicação digital, aproximaram culturas distintas ao redor de tendências e hábitos comuns de consumo.

Em meio à padronização de costumes, a entrega irrefletida aos costumes manifesta-se como a tendência dominante. Nesta, os comportamentos são reproduzidos de modo automático, como simples reação ao que se espera de cada um no meio social. Desde a adesão às redes sociais, até o hábito de consumo quanto à alimentação, vestuário, objetos e momentos de lazer, tudo isto se apresenta como comportamentos esperados, e de certo modo, exigidos, a cada indivíduo.

Sobre esta questão, é interessante considerar o que foi discutido por filósofos como **Max Horkheimer** e **Theodor Adorno**. Os frankfurtianos, tendo em vista as grandes transformações da sociedade contemporânea, observaram a intensidade do processo de imersão dos indivíduos em comportamentos que são, em última análise, involuntários, já que não correspondem às escolhas livres e conscientes sobre o que realmente se deseja. A sociedade do chamado capitalismo tardio, segundo os autores, soube sistematizar e aprofundar mecanismos psicológicos de adesão dos indivíduos a comportamentos padronizados, chegando ao extremo de não haver mais lugares que tenham a individualidade preservada. O indivíduo, diluído ao todo, corresponde à entrega total aos costumes, os quais tem por exigência o comportamento comum em sociedade (ADORNO; HORKHEIMER, 1985).

Saiba mais

A **Escola de Frankfurt** nasceu no ano de 1924, em uma quinta etapa atravessada pela filosofia alemã, depois do domínio de Kant e Hegel em um primeiro momento; de Karl Marx e Friedrich Engels em seguida; posteriormente de Nietzsche; e finalmente, já no século XX, após a eclosão dos pensamentos entrelaçados do existencialismo de Martin Heidegger, da fenomenologia de Edmund Husserl e da ontologia de Karl Robert Eduard von Hartmann. A produção filosófica germânica permaneceu viva no Ocidente, com todo vigor, de 1850 a 1950, quando então não mais resistiu, depois de enfrentar duas guerras mundiais.

Ela reuniu em torno de si um círculo de filósofos e cientistas sociais de mentalidade marxista, que se uniram no fim da década de 1920. Estes intelectuais cultivavam a conhecida Teoria Crítica da Sociedade. Seus principais integrantes eram Theodor Adorno, Max Horkheimer, Walter Benjamin, Herbert Marcuse, Leo Löwenthal, Erich Fromm, Jürgen Habermas, entre outros. Esta corrente foi a responsável pela disseminação de expressões como "indústria cultural" e "cultura de massa".

Fonte: Santana (2018).

Percebemos que, no mundo atual, a imersão no universo digital deixou de ser uma adesão voluntária, e passou a ser obrigatória àqueles que necessitam da convivência em sociedade. Desde a elaboração do e-mail, até a inclusão de perfis em redes sociais, e o que é mais profundo, a digitalização de dados pessoais em sistemas estatais ou de empresas privadas, todos estes processos se justificam pela exigência de tornar mais eficiente as relações sociais ou os serviços prestados à população. Nos deparamos com o debate a respeito do sigilo em relação a dados pessoais. O questionamento acerca da proteção da individualidade, em contrapartida ao argumento da segurança que mecanismos de controle oferecem. Muitos se veem conduzidos à adesão, sem que o debate sobre os benefícios e prejuízos seja considerado seriamente. Assim, é comum que os indivíduos cumpram funções no interior do contexto social, funções estas que são exigidas enquanto obrigações, e no interior do processo ocorra a manipulação profunda dos comportamentos individuais em favor de interesses que, longe de serem universais, correspondem aos privilégios de determinados grupos favorecidos pela estrutura social.

É importante notar que o pensamento moral, na prática, se manifesta no sentido da adesão a verdades que tendem à universalidade. Quanto mais descolados de tendências específicas, e cooptados à movimentos indistintos de massas, maior o poder de reprodução e expansão das normas morais que se afastam assim de sua origem ontológica para estar presente no mundo globalizado de forma intensa e indiferenciada.

Certamente, o problema não está na prática de ações tendo em vista a coletividade, ou seja, no interesse pelo bem comum, mas na adesão inconsciente e, de certo modo, involuntária dos indivíduos. O pensamento moral, muito embora tenha em sua essência a noção de manutenção de condições básicas para a sobrevivência em sociedade, na prática, determina obrigações que são inseridas ao longo do processo formativo dos indivíduos, por meio de mecanismo que dificultam a compreensão consciente dos princípios que fundamentam de tais preceitos. Exatamente pelo fato de dificultar a compreensão das nuances que envolvem a construção das tradições morais e a práticas de obrigações sociais, impede também o processo de aprimoramento das relações e dos modos de vida.

Assim, ainda que existam, no interior das sociedades, erupções de movimentos que tenham em vista a transformação e o aprimoramento das condições de vida, existe a grande tendência à estagnação, ou seja, à manutenção das condições em vigência. A questão é alarmante sobretudo em países subdesenvolvidos, em que as desigualdades sociais são profundas, e a manutenção das condições em vigência representa tão somente a perpetuação das desigualdades e dos mecanismos de exploração humana. Assim, a obrigação pode se tornar um fardo pesado, em que o indivíduo se dispõe a entregar um grande número de deveres, sem obter em contrapartida direitos mínimos como resposta.

Referências

ADORNO, T.; HORKHEIMER, M. *Dialética do esclarecimento*. Rio de Janeiro: Zahar, 1985.

BOBBIO, N.; MATTEUCCI, N.; PASQUINO, G. *Dicionário de política*. Brasília: UnB, 1998. v. 11.

HOBBES, T. *Leviatã:* ou matéria, forma e poder de um Estado eclesiástico e civil. São Paulo: Martin Claret, 2016.

ILUMINISMO. In: *WIKIPEDIA*. 11 fev. 2018. Disponível em: <https://pt.wikipedia.org/wiki/Iluminismo>. Acesso em: 14 fev. 2018.

JOHN LOCKE. Biografias. *Uol Educação,* São Paulo, 2018. Disponível em: <https://educacao.uol.com.br/biografias/john-locke.htm>. Acesso em: 14 fev. 2018.

LOCKE, J. *Dois tratados do governo civil*. São Paulo: Ed. 70, 2006.

MEDEIROS, A. Os Contratualistas. *Sabedoria Política*, Parintins, 2011. Disponível em: <https://www.sabedoriapolitica.com.br/filosofia-politica/filosofia-moderna/os--contratualistas/>. Acesso em: 14 fev. 2018.

NIETZSCHE, F. *Sobre a verdade e a mentira*. São Paulo: Hedra, 2007.

QUEIROZ, F. F. Estado laico e a inconstitucionalidade da existência de símbolos religiosos em prédios públicos. *Marcha pelo Estado Laico*, 2005. Disponível em: <https://marchaestadolaico.wordpress.com/violacao-do-estado-laico/simbolos-religiosos--em-predios-publicos/>. Acesso em: 14 fev. 2018.

SANTANA, A. L. Escola de Frankfurt. *InfoEscola*, 2018. Disponível em: <https://www.infoescola.com/filosofia/escola-de-frankfurt/>. Acesso em: 14 fev. 2018.

Felicidade

Objetivos de aprendizagem

Ao final deste texto, você deve apresentar os seguintes aprendizados:

- Identificar a relação entre a felicidade e a ética.
- Reconhecer possíveis relações entre formação ética e felicidade.
- Construir um conceito de felicidade dentro da teoria utilitarista.

Introdução

A questão da felicidade está inserida em todas as dimensões da vida humana. Na história do pensamento, desde os primeiros filósofos até os atuais, é recorrente a discussão sobre o que significa a felicidade, quais as tensões e relações existentes com a ética, e se existe algum meio para se alcançar esta meta fundamental da existência. Filósofos como Aristóteles, Epicuro, Sêneca, entre outros, consideraram que a felicidade é o grande bem da vida, para o qual todos os indivíduos direcionam suas energias. Entretanto, não existe consenso ao longo da história a respeito do que constitui o caminho para se alcançar este objetivo. A felicidade depende dos outros ou é uma satisfação individual? É possível conciliar a vida ética com o objetivo de se obter a felicidade? De que modo? A formação ética aproxima ou afasta o indivíduo da felicidade? Em que medida? Estas são algumas das questões que irão nortear o presente estudo.

Neste capítulo, você vai se deparar com a questão da felicidade e sua relação com a ética. Também iremos discutir a respeito das tensões entre a formação ética e a felicidade enquanto objetivo humano fundamental. Por fim, discutiremos ainda de que modo o conceito de felicidade está presente na tradição da teoria utilitarista, e de que modo esta vinculação entre felicidade e utilitarismo se apresenta no contexto social da atualidade.

Felicidade e ética

No contexto da filosofia grega clássica, não era possível desvincular o conceito de felicidade da noção de ética. Filósofos como **Aristóteles** (Figura 1) descreveram o ser humano como uma espécie fundamentalmente social, dependente do convívio coletivo.

Figura 1. Estátua de Aristóteles localizada na cidade grega de Estagira, terra natal do autor.
Fonte: Panos Karas/Shutterstock.com.

Saiba mais

Discípulo de Platão e preceptor de Alexandre Magno, Aristóteles foi um filósofo grego do século V a.C. cujo trabalho se estende por todas as áreas da filosofia e ciência conhecidas no mundo grego, sendo ainda o autor do primeiro sistema abrangente de filosofia ocidental.
Fonte: Maciel (2018a).

O termo **ética**, derivado de *ethos* (normalmente traduzido por "costume"), corresponde ao conjunto de valores, costumes e regras que representam a dinâmica prática no convívio social. Para se entender os costumes, é importante considerar os pressupostos ou princípios que fundamentam uma dada sociedade.

Pensando no contexto da Grécia clássica em que Aristóteles viveu, alguns princípios foram ordenadores da ética elaborada neste período. Era aceita, de modo geral, a ideia de que o universo seria constituído por um todo ordenado, do qual, cada indivíduo (ou ser) representaria uma parte. A partir de tal noção da realidade, cada um não poderia ser compreendido em sentido autônomo, desvinculado do todo, mas como dependente do conjunto para sua realização. Deste ponto, deriva a compreensão clássica de ética.

Saiba mais

A Grécia clássica foi um período de cerca de 200 anos (século IV e V) na cultura grega. Este período clássico viu a anexação de grande parte da Grécia moderna pelo Império Aquemênida e sua posterior independência. A Grécia clássica teve uma poderosa influência sobre o Império Romano e sobre os fundamentos da civilização ocidental. Grande parte da política moderna, pensamento artístico (arquitetura, escultura), pensamento científico, teatro, literatura e filosofia deriva deste período da história grega.
Fonte: Grécia Clássica (2017).

Além da noção de que o universo era um todo ordenado, constituído por partes que se integram entre si, havia também a ideia de que todo o ser, seja qual for, busca essencialmente a felicidade, por meio da realização de sua própria natureza. Como as naturezas são diversas, os modos de realização e consequente obtenção da felicidade também variam, de uma espécie para outra. No caso dos seres humanos, esta variação se daria no interior da própria espécie. O homem, por ser dotado de razão, seria também constituído de um tipo de liberdade que proporciona a este construir suas próprias condições de felicidade, e inclusive, escolher entre um tipo ou outro de realização. Faria parte da aventura humana, não apenas a realização plena de sua natureza, mas antes disso, a descoberta de suas tendências singulares que não são evidentes, posto que se colocam como potenciais a serem dispostos à ação. Caberia ao próprio indivíduo a escolha de colocar em ato as tendências, ou talentos, que se apresentam em potência.

Para Aristóteles (2003), feliz é aquele indivíduo que se encontrou consigo naquilo que possui como potência máxima de realização, e ao fazer esta descoberta, realizou plenamente os atributos que são seus. Estes atributos, por serem apenas seus, distinguem-se dos atributos dos demais. Na medida em que tal indivíduo realiza plenamente aquilo que é sua parte na constituição do todo, alcança a felicidade, e ao mesmo tempo, alcança também a plenitude da ética, ou seja, sua realização plena. O que lhe conferiu a felicidade é também o modo de contribuir para o equilíbrio do todo, em última análise, para a realização dos demais.

Aristóteles é apenas um exemplo para se notar como não é possível desvincular a felicidade da ética, no contexto da filosofia clássica. Por entenderem que existe uma articulação harmoniosa entre as partes e o todo, cada indivíduo, ao alcançar a felicidade está contribuindo para o bem comum. Ao contrário, pelo mesmo motivo, sempre que alguém não é capaz ou negligencia suas potencialidades ao não colocar em prática seus talentos naturais, está agindo de modo contrário à ética, isto é, aos costumes, à ordem social, ao que se espera dele em termos de sociedade.

Antes de Aristóteles, **Sócrates** (pertencente da mesma tradição grega clássica) também já afirmara a vinculação entre ética e felicidade. Para Sócrates (1987), a vida ética dependeria da plenitude do conhecimento. O conhecimento, em sentido pleno, permite que sejam evitados os principais erros humanos, qual sejam, aqueles cometidos pelos impulsos materiais. O indivíduo, quando não conduzido pelas ilusões dos sentidos, seria capaz de tomar decisões mais ajustadas, contribuir para o bem comum, e atingir seus objetivos de modo preciso, pois o saber está vinculado à compreensão teórica, conceitual, da realidade. Acima de tudo, seria capaz de obter autoconhecimento, condição indispensável para a felicidade segundo a concepção socrática.

Saiba mais

O pensamento do filósofo grego Sócrates (469-399 a.C.) marca uma reviravolta na história humana. Até então, a filosofia procurava explicar o mundo baseada na observação das forças da natureza. Com Sócrates, o ser humano voltou-se para si mesmo. Como diria mais tarde o pensador romano Cícero, coube ao grego "trazer a filosofia do céu para a terra" e concentrá-la no homem e em sua alma (em grego, a psique). A preocupação de Sócrates era levar as pessoas, por meio do autoconhecimento, à sabedoria e à prática do bem.

Fonte: Ferrari (2008).

Epicuro (1999), proveniente do período helenístico, pensou que a felicidade, enquanto bem supremo da vida humana, só poderia ser adquirida por meio da vivência de prazeres, no âmbito da matéria. Considerando que o pensador negava a dimensão da realidade para além da matéria concreta, isto é, constituía seu pensamento a partir da realidade física e do que pode ser obtido concretamente, negava assim a dimensão abstrata da fé em realidades que estejam para além dos sentidos. Epicuro (1999) vinculou a felicidade ao fazer humano, à prática de experiências que fossem mais prazerosas do que dolorosas, e à análise racional reflexiva enquanto ferramenta de discernimento, útil no sentido de se escolher aquilo que proporciona mais prazer do que dor.

Saiba mais

O **período helenístico** (ou helenismo) foi uma época da história, compreendida entre os séculos III e II a.C., no qual os gregos estiveram sob o domínio do Império Macedônico. Foi tão grande a influência grega que, após a queda do Império, a cultura helenística continuou predominando em todos os territórios anteriormente por eles dominados. Entre os séculos II e I a.C., os reinos helenísticos foram aos poucos sendo conquistados pelos romanos.
Fonte: Período Helenístico (2018).

A filosofia epicurista, que para muitos pode representar a manifestação plena do egoísmo, já que prescreve a realização plena de prazeres materiais, se bem entendida, está longe de ser um pensamento que defenda o desregramento ético, a compulsividade, o egoísmo, e outros atributos considerados contrários à ética e aos costumes que preservam o convívio social. Epicuro (1999) analisa que a razão, quando bem empregada, é capaz de discernir entre os prazeres que geram mais prazeres, e os prazeres que não são desejáveis, exatamente por produzirem mais desprazer e dor do que prazer, no fim das contas. Entre uma das principais fontes de desprazer, considera-se a ação do indivíduo que, em favor de seu próprio bem-estar, proporciona condições infelizes para seus semelhantes. Neste sentido, o epicurismo costuma colocar alguns valores como a amizade, a solidariedade, a comunhão entre indivíduos, acima de prazeres sensoriais imediatos.

Por outro lado, os filósofos estoicos, dentre eles: Epicteto e Sêneca, consideraram também que a felicidade seria o bem supremo, para o qual toda a vida se destina. No entanto, diferente de Epicuro, não depositaram na plenitude da experiência do prazer a realização deste bem. Consideraram que o homem não é constituído apenas de matéria, mas de alma intelectiva abstrata, e assim como Aristóteles, o universo é um todo integrado de partes que se complementam. Por isso, sustentaram que a condição de realização plena da felicidade depende da compreensão sobre a natureza e a vida, em harmonia com o conjunto do universo. Tal compreensão, por ser um estado do espírito, e não da matéria física, poderia ser adquirida e exercida a despeito de condições materiais. Assim, considerou-se possível que alguém, em condições materiais deploráveis, teria condições de ser feliz caso encontrasse em si a plenitude intelectual de compreensão e exercício de sua natureza, ao passo que, alguém em condições perfeitas e mesmo desejáveis no que diz respeito às condições materiais, por exemplo: reis, imperadores, nobres, isto é, indivíduos que possuem as condições materiais em que qualquer prazer físico estaria disponível, ainda assim poderiam se sentir miseráveis e infelizes, dada sua condição de ignorância em relação à compreensão da natureza externa e da natureza de si mesmo.

Os estoicos se tornaram célebres na história por representarem um tipo de corrente filosófica que defendeu a austeridade moral, a impassibilidade diante os infortúnios, a busca por um equilíbrio interior, a despeito das condições materiais externas. Por tudo isto, o estoicismo esteve sempre vinculado ao pensamento ético ocidental. O próprio cristianismo, em seu desenvolvimento, adotou um grande número de preceitos da filosofia estoica, devido à proximidade de princípios em ambas tradições. De certo modo, podemos afirmar que o estoicismo influenciou o desenvolvimento da moral cristã, sobretudo no que diz respeito à distinção entre os prazeres materiais e espirituais, e a recusa de se buscar na matéria aquilo que representa a grande finalidade humana, qual seja, a felicidade.

Por tudo isto, é possível afirmar que a felicidade é uma noção que sempre acompanhou a história do pensamento humano recebendo, entretanto, versões diferentes sobre o modo de realização ou os meios para obtê-la. Também é possível notar a clara articulação entre a felicidade e o conceito de ética. Essencialmente, tanto na busca pela felicidade, como na concepção de ética, o indivíduo é confrontado com o coletivo, e nesta relação se faz necessário entender de que forma a satisfação de um, seja material ou espiritual, entra em conflito ou contribui para a satisfação de todos.

Formação ética e felicidade

Agora podemos nos perguntar sobre as relações entre a formação ética e a felicidade. Sabemos que a felicidade normalmente é vinculada à obtenção de determinado fim, identificado como objeto de satisfação. Entretanto, tais definições, seja das finalidades assim como dos meios de se obter os fins almejados, variam muito de uma época para outra, de uma sociedade para outra, ou até mesmo de um grupo para outro.

Exemplo

Em um mesmo grupo, podemos encontrar quem sinta conforto no ambiente silencioso e calmo, ao mesmo tempo em que tal ambiente pode irritar alguém que goste de movimento, do vai-e-vem de pessoas.

Os *punks* se distinguem profundamente dos roqueiros ou dos pagodeiros. Neste sentido, percebemos que, em uma mesma cidade, podem coexistir grupos que são distintos em muitos sentidos, seja nas roupas que vestem, seja no estilo de música que ouvem ou mesmo no comportamento que julgam correto. Do mesmo modo, a definição de felicidade irá variar de um grupo para outro.

Os antigos astecas utilizavam em seus rituais a prática do sacrifício humano como forma de apaziguar a ira dos deuses e garantir a segurança da sociedade durante algum tempo. Nas sociedades modernas, porém, este tipo de prática produz aversão e é considerada uma manifestação primitiva de religiosidade, já superada.

A forma como a sociedade constitui historicamente seus valores e normas de conduta determina também o modo como será definida a noção de felicidade e infelicidade em seu interior. No contexto grego, a formação ética voltou-se para a ideia de que a sociedade é constituída de cidadãos que participam, de algum modo, do destino da cidade. Estamos falando da **democracia ateniense**, da qual são provenientes os filósofos Sócrates e Aristóteles, citados anteriormente.

Saiba mais

A democracia consiste em um regime político em que todos os cidadãos podem participar de maneira igualitária (direta ou indiretamente) na criação e no desenvolvimento de determinadas leis. As bases da democracia como a conhecemos hoje, surgiram na Grécia antiga, mais precisamente na cidade-estado de Atenas, entre os anos 508 e 507 antes de Cristo. Não por acaso, a origem da palavra democracia é derivada dos termos gregos *demos*, que remete a povo, e *kratia*, que faz alusão a poder. Em suma, democracia, o "poder do povo", é um conceito antigo e até hoje ainda é importante para a era moderna.

Fonte: Santos (2018)

É preciso observar o contexto histórico-social para compreender o modo como a sociedade constitui seus valores. A formação ética não é nada mais do que o processo de preparo dos indivíduos para ingressarem e se adequarem às condições que estão definidas socialmente. O processo de adaptação é iniciado logo nos primeiros anos, com a interação doméstica, a socialização dos pequenos, progredindo para a formalização dos ambientes educacionais em que os jovens são treinados para suportar as condições que os esperam na vida adulta.

Cada sociedade produziu seus próprios valores, os quais serviram de norteadores no processo de formação ética. Certamente que a noção de felicidade esteve norteando o processo, no sentido de determinar o que é esperado de cada indivíduo. O que se espera de cada um identifica-se de modo harmonioso ao que, ao menos em termos ideais, se entende pela noção de felicidade. Do mesmo modo, o que não se espera de cada um, exatamente porque não é desejoso que se manifeste, identifica-se diretamente à noção de infelicidade, de infortúnio.

Não faltam meios para a cultura formar os indivíduos nos padrões que se espera. Desde a família, a escola, o ambiente profissional, os meios acadêmicos e mesmo os ambientes de lazer, são permeados por valores dominantes que imperam na sociedade, já que conduzem todo o processo formativo, desde o berço até o leito final, no sentido de exigir dos indivíduos o comportamento esperado com a promessa da recompensa futura, na forma da felicidade. Ao mesmo tempo, coexiste a ameaça do castigo, na fórmula geral da infelicidade.

Existe assim, uma relação de causalidade entre a ética e a felicidade, sendo a ação eticamente adequada o meio ou condição necessária para se atingir a consequência feliz. Na história da filosofia, **Immanuel Kant** (Figura 2) foi um dos poucos a subverter esta lógica clássica em torno do vínculo entre ética e felicidade. Para Kant (2007), a ação deve ser avaliada por seu valor intrínseco, pelo valor da própria ação, e não pelas consequências que possam lhe advir. O autor utiliza a expressão "propriamente moral" para a ação que é realizada de forma esclarecida, independente dos anseios pela finalidade, seja a promessa de felicidade, seja a ameaça do infortúnio. A moral deveria ser a expressão da liberdade humana frente às inclinações dos instintos. Deste modo, a dispensa da felicidade enquanto fim é a forma de demonstrar a condição de liberdade esclarecida do indivíduo, ao passo que a deliberação tendo em vista os resultados da ação revelaria o aprisionamento da razão em face dos desejos, dos impulsos, da animalidade.

Figura 2. A estampa impressa pela Alemanha mostra o retrato de Immanuel Kant, filósofo alemão que é considerado a principal figura da filosofia moderna. Selo alemão -1974.
Fonte: Sergey Goryachev/Shutterstock.com.

Kant (2007) subverte a ordem do pensamento ético tradicional quando rompe com a relação de causalidade que atrelava a ética à felicidade. Irá afirmar que um indivíduo ético, ou propriamente moral (para utilizar os termos do autor), não será necessariamente feliz, mas obterá a liberdade enquanto condição intelectual, já que suas ações serão a expressão de escolhas livres, não condicionadas por expectativas que, na visão do autor, são vãs.

Kant, de certo modo, se aproxima dos estoicos, uma vez que sua filosofia moral reflete a conduta austera, do indivíduo que não se deixa levar por emoções, pelos apelos dos instintos. Entretanto, é importante apontar algumas distinções:

- Estava inserido no contexto do auge da modernidade (século XVIII).
- Pertencia a uma tradição cristã rigidamente constituída após a Reforma Protestante.
- Herdou em seu tempo conflitos radicais entre correntes filosóficas profundamente antagônicas (e ainda assim complementares), como o empirismo de Locke e Hume, e o racionalismo de Descartes.

De modo geral, podemos afirmar que a filosofia kantiana se propôs a buscar alternativas que fossem críticas, no sentido mais específico da palavra, isto é, que realizassem a análise livre articulando pontos conflitantes para formatar ideias que fossem autênticas e originais, ainda que não afirmassem nada completamente desconhecido. Kant, com seu pensamento crítico-sintético, foi capaz de desenvolver um tipo de filosofia moral que esteve entre as grandes correntes filosóficas da modernidade, mas não aderiu a nenhuma delas plenamente, pois articulou livremente as peças de modo a reinventar a noção de ética e de felicidade.

O ponto central dessa discussão é perceber a desarticulação entre a noção ética e a felicidade. Para o autor, o indivíduo teria como finalidade última da vida não a própria felicidade, como foi estabelecido pela tradição filosófica desde os clássicos como Sócrates e Aristóteles, passando por Epicuro e os estoicos. A finalidade última do homem seria a liberdade, realizada em decorrência de se desenvolver condições intelectuais para que se perceba livremente a realidade a partir de princípios universais. Os **imperativos categóricos**, determinam as ações a partir de princípios éticos universais, independentes dos anseios particulares em favor de determinada consequência da ação.

Saiba mais

Imperativo categórico é um dos principais conceitos da filosofia de Immanuel Kant. A ética, segundo a visão de Kant (2007), tem como conceito esse sistema. Para o filósofo alemão, imperativo categórico é o dever de toda pessoa agir conforme princípios os quais considera que seriam benéficos caso fossem seguidos por todos os seres humanos: se é desejado que um princípio seja uma lei da natureza humana, deve-se colocá-lo à prova, realizando-o para consigo mesmo antes de impor tal princípio aos outros. Em suas obras, Kant afirma que é necessário tomar decisões como um ato moral, ou seja, sem agredir ou afetar outras pessoas.

Fonte: Imperativo categórico (2017).

Em Kant (2007), a formação ética passaria pelo processo em que o indivíduo é inicialmente conduzido de fora, de forma heterônoma, e aos poucos vai conquistando condições de agir por si mesmo e determinar suas ações a partir de escolhas livres. Na perspectiva do autor, o processo de emancipação da razão e a construção de indivíduos livres constitui o objetivo central da formação humana, ao passo que a formação destinada à submissão intelectual, representa a estagnação do processo evolutivo da humanidade. Assim, a felicidade deixaria de estar vinculada radicalmente à ética, haja visto que a liberdade intelectual passaria a ser a finalidade última da vida humana.

Contudo, poderíamos pensar o quanto esta condição de liberdade não pode ser, de algum modo, vinculada à satisfação ou à autorrealização da vida, termos que estariam bem próximos do que Aristóteles entendeu por felicidade, isto é, a realização plena da humanidade, naquilo que possui de essencial. Deste modo, é interessante notar que os filósofos, muito embora estabeleçam conflitos profundos sobre a natureza dos conceitos discutidos, na verdade se complementam, já que oferecem um ao outro, ou para as gerações seguintes (como foi o caso dos empiristas e racionalistas em relação a Kant, posterior a estes), elementos que não estão disponíveis em seu próprio contexto.

Felicidade e teoria utilitarista

No **utilitarismo**, entende-se que o ser humano é movido pelo impulso natural de satisfazer seus desejos. Contudo, na busca pela satisfação pode, por ventura, encontrar mais desventuras e desprazeres do que a satisfação efetiva. Isto ocorreria em decorrência da falta de habilidade em analisar profundamente a dinâmica prática da vida. De acordo com esta corrente filosófica, por meio da análise racional e detalhada, seria possível estabelecer o juízo seguro acerca das consequências de determinada ação, assim como o valor de cada escolha, tendo em vista o grau de prazer ou de dor que esta pode proporcionar. Os teóricos utilitaristas pensaram a felicidade em termos de finalidades últimas, acompanhando deste modo toda a tradição filosófica desde a antiguidade.

Saiba mais

O utilitarismo é uma teoria em ética normativa que apresenta a ação útil como a melhor ação, a ação correta. O termo foi utilizado pela primeira vez na carta de Jeremy Bentham para George Wilson em 1781 e posto em uso corrente na filosofia por John Stuart Mill na obra *Utilitarismo*, de 1861. Até a criação do termo "consequencialismo", por Anscombe em 1958, o termo utilitarismo era utilizado para se referir a todas as teorias que buscavam sua justificação nas consequências das ações, em contraponto àquelas que buscam sua justificação em máximas absolutas. Após a adoção do termo consequencialismo como uma categoria, o termo utilitarismo passou a designar apenas a teoria mais próxima daquela defendida por Bentham e Mill, a maximização da promoção da felicidade.

Fonte: Maciel (2018b).

O utilitarismo é uma corrente que pensa em termos concretos as relações práticas da vida. Segue o mesmo princípio de causalidade presente na tradição filosófica para determinar a relação entre meios e fins, mas também insere em tal análise o detalhamento quanto ao grau e categorias específicas de cada prazer ou desprazer, a fim de legitimar ou deslegitimar determinada ação ou escolha, a partir de dados concretos acerca dos valores reais de cada experiência.

Em muitos sentidos, é possível identificar na teoria utilitarista a influência do epicurismo. Entretanto, é preciso considerar a distância histórica e o contexto de cada corrente. Percebemos que o utilitarismo, por estar inserido no contexto da **era moderna**, traz consigo características que são específicas a este meio. Muito embora Epicuro (1999) também concebesse que a reflexão seria o instrumento definidor das escolhas, a partir da análise entre prazer e dor, os utilitaristas se aproximaram dos métodos de detalhamento que são específicos da era moderna, com o intuito de criar dados e cálculos muito precisos para determinar o valor de cada ação.

Outro ponto a considerar é o quanto este pensamento utilitarista foi absorvido pela sociedade ocidental a partir da era moderna até nossos dias. A noção de que as relações, o conhecimento, e mesmo as pessoas, são valorizadas a partir da utilidade ou inutilidade que representam, é um traço marcante da sociedade ocidental. O utilitarismo, em seu sentido mais sombrio, insere nas relações entre os indivíduos a marca do cálculo quantitativo como sendo o único bem a ser apreciado. Nesta medida, a grande crítica à sociedade contemporânea recai justamente no raciocínio de que os indivíduos são importantes na medida em que são úteis, e descartáveis quando nada possuem que seja de interesse mercadológico. Tal crítica vincula-se estreitamente à problematização da própria sociedade burguesa, baseada no **modo de produção capitalista** e tendo o consumo como principal condutor das relações.

Saiba mais

O que caracteriza o modo de produção capitalista são as relações assalariadas de produção (trabalho assalariado) e a propriedade privada dos meios de produção pela burguesia. A forma burguesa substitui a forma feudal de propriedade, assim como o trabalho assalariado passou a ocupar o lugar do trabalho servil, que caracterizava o feudalismo. Na sociedade capitalista, ao contrário, o desenvolvimento da produção é movido pelo desejo de lucro. É para aumentar seus rendimentos que os capitalistas procuram expandir a produção e baixar seus custos. Para isso, recorrem a aperfeiçoamentos técnicos constantes, à exigência de maior produtividade dos operários, a uma maior racionalização do processo de produção, ou ainda à combinação de todos esses processos.
Fonte: O modo capitalista de produção (2015).

Os críticos do utilitarismo entendem que a sociedade contemporânea é pautada por relações imediatistas, em que os indivíduos perdem a noção mais profunda de humanidade, já que o único valor legítimo em dadas condições é o valor do prazer ou desprazer, da utilidade ou inutilidade, proporcionados por determinada experiência ou relação. Segundo estes, haveria entre a noção ética geral e a teoria utilitarista, um profundo conflito gerado pela incompatibilidade entre tais concepções. Isto porque, a ética, sendo a noção que tem em vista o bem comum, em que se pensa nos meios para se atingir condições adequadas para todos e não apenas para o indivíduo em sua particularidade, anularia a tendência utilitária de se pensar em primeiro lugar na relação imediata de retorno prático que determinada experiência ou relação poderia proporcionar.

Em outras palavras, aderir ao utilitarismo pareceria o mesmo que abrir mão da ética, no sentido de agir pelo bem comum.

Entretanto, se entendermos que o utilitarismo possui em seus fundamentos alguns laços estreitos com o epicurismo, podemos começar a pensar em outras alternativas para caracterizar a questão. Assim como no epicurismo, a despeito de aparentemente ser uma doutrina voltada ao egoísmo e à satisfação desregrada dos prazeres, é possível encontrar uma dimensão que é profundamente ética. Lidar com a prática e dedicar valor a partir das relações de utilidade não significa, necessariamente, valorizar tão somente a imediaticidade das experiências. Epicuro (1999) ressaltou a importância da amizade, da partilha, das relações coletivas. No mesmo sentido, a lógica utilitarista, no contexto atual, se manifesta na valoração de relações que sejam úteis tendo em vista não um fim puramente individual, mas coletivo. Conceitos como os de sustentabilidade e biodiversidade, longe de serem noções desapegadas de interesses individuais, tem em vista o anseio egoísta de se viver melhor, mas para isso são necessárias ações voltadas para a coletividade.

A sofisticação do utilitarismo conduz à um tipo de ética que é desvinculada das relações abstratas de finalidade última, como a realização plena dos talentos naturais de Aristóteles, ou a compreensão profunda da dinâmica do cosmos, dos estoicos, mas tem em vista o objetivo concreto de tornar a vida melhor. Não o sentimento, mas o cálculo racional, revelaria que é bem mais eficiente e útil agir de modo a favorecer outros indivíduos, já que tal ação repercute na maioria das vezes em reações favoráveis ao próprio indivíduo que agiu. Ao contrário, a atitude ensimesmada, voltada para interesses que são plenamente individuais e desconsideram qualquer outro objetivo alheio, produziria, em grande parte das vezes, reações desfavoráveis ao indivíduo em questão.

Enfim, é possível vincular a noção ampla de ética à teoria utilitarista, ainda que esta não esteja ligada diretamente à tradição filosófica que vêm dos clássicos gregos, e ainda que seja antagônica à filosofia moral de Kant, contra a qual o autor dedicou grandes esforços em combater. Enquanto Kant buscou a ética, ou a moral, em valores universais, justificáveis por si mesmos e independentes das consequências a que estivessem atrelados, os utilitaristas defendiam a valoração das ações na medida de suas consequências, as quais poderiam ser previamente calculadas, tendo por base o quanto de prazer ou desprazer seria capaz de produzir. Os utilitaristas insistiram em dizer que o homem é um animal que busca, essencialmente, a felicidade, por meio de escolhas. Estas escolhas possuiriam em seu cerne o cálculo, mais ou menos racional, sobre o quanto de prazer ou de dor poderiam proporcionar. A tendência natural do homem, diriam os utilitaristas, seria buscar sempre pelo mais útil, mais prazeroso, e menos doloroso. Normalmente, a razão alerta para o fato de que o máximo de resultado com relação ao prazer é obtido quando se age não apenas pelo bem particular, mas pelo bem comum. Nisso se fundamenta a relação, polêmica, entre ética e teoria utilitarista.

Referências

ARISTÓTELES. *Ética a Nicômaco*. São Paulo: Martin Claret, 2003.

EPICURO. *Carta sobre a felicidade (a Meneceu)*. 3. ed. São Paulo: Unesp, 1999.

FERRARI, M. Sócrates, o mestre em busca da verdade. *Nova Escola*, São Paulo, 2008. Disponível em: <https://novaescola.org.br/conteudo/177/socrates-mestre-verdade>. Acesso em: 18 fev. 2018.

GRÉCIA CLÁSSICA. *Wikipédia*, Flórida, 2017. Disponível em: <https://pt.wikipedia.org/wiki/Gr%C3%A9cia_Cl%C3%A1ssica>. Acesso em: 18 fev. 2018.

IMPERATIVO CATEGÓRICO. *Wikipédia*, Flórida, 2017. Disponível em: <https://pt.wikipedia.org/wiki/Imperativo_categ%C3%B3rico>. Acesso em: 18 fev. 2018.

KANT, I. Fundamentação da metafísica dos costumes. São Paulo: Ed. 70, 2007.

MACIEL, W. Aristóteles. *InfoEscola*, 2018a. Disponível em: <https://www.infoescola.com/filosofia/aristoteles/>. Acesso em: 18 fev. 2018.

MACIEL, W. Utilitarismo. *InfoEscola*, 2018b. Disponível em: <https://www.infoescola.com/filosofia/utilitarismo>. Acesso em: 18 fev. 2018.

O MODO capitalista de produção. *Busca Escolar*, 2015. Disponível em: <http://www.buscaescolar.com/sociologia/o-modo-capitalista-de-producao/>. Acesso em: 18 fev. 2018.

PERÍODO Helenístico – Helenismo. *Toda Matéria*, Porto, 2018. Disponível em: <https://www.todamateria.com.br/periodo-helenistico-helenismo/>. Acesso em: 18 fev. 2018.

SANTOS, L. Democracia Ateniense, Resumo. *Grupo Escolar*, 2018. Disponível em: <https://www.grupoescolar.com/pesquisa/democracia-ateniense-resumo.html>. Acesso em: 18 fev. 2018.

SÓCRATES. *Textos selecionados*. São Paulo: Moderna, 1987. (Coleção Os pensadores).

Leituras recomendadas

BENTHAN, J.; MILL, S. *Os pensadores:* Bentham - Stuart Mill. São Paulo: Abril Cultural, 1989.

KRAUT, R. et al. *Aristóteles:* a ética a Nicômaco. Porto Alegre: Artmed, 2009.

LEBELL, S. *Epicteto:* a arte de viver. Rio de Janeiro: Sextante, 2000.

MULGAN, T. Utilitarismo. Petrópolis: Vozes, 2012.

PASCAL, G. *Compreender Kant.* 7. ed. Petrópolis: Vozes, 2011. (Série Compreender).

Qualidades do caráter moral

Objetivos de aprendizagem

Ao final deste texto, você deve apresentar os seguintes aprendizados:

- Conceituar caráter moral.
- Analisar a natureza do caráter moral.
- Identificar as qualidades do caráter moral.

Introdução

A noção de caráter moral está enraizada em nossa cultura. Nascemos e vivemos inseridos no contexto em que as pessoas são definidas a partir do que apresentam como sendo seu caráter predominante. Alguns indivíduos são notórios pelo "bom caráter", isto é, a capacidade de agir em função de valores que são considerados legítimos e desejáveis. Outros, ao contrário, destacam-se pelo "mau caráter", ou seja, por agirem exatamente ao contrário do que a sociedade propõe como o esperado nas relações entre as pessoas e em meio às instituições sociais. Contudo, se queremos ir além do mero conhecimento superficial, é importante investigar elementos que não estão na simples manifestação humana do dia a dia, mas nos fundamentos conceituais, sociais e históricos daquilo que está sendo investigado.

Neste capítulo, você encontrará elementos que pretendem aprofundar a discussão a respeito do caráter moral. Iremos discutir sobre os modos de construção do conceito, assim como a natureza e as qualidades principais que fundamentam essa noção filosófica. A intenção é que se tenha uma perspectiva ampliada que sirva para dialogar com os problemas atuais e, de algum modo, enriquecer nossa experiência cotidiana.

O caráter moral: conceito

Quando tratamos do conceito de moral, não podemos perder de vista a construção histórica do problema, relacionada diretamente a outro conceito importante na cultura, qual seja, o conceito de verdade. Além disso, é importante sempre considerar a pluralidade de histórias sociais que deram origem aos conceitos, de modo a evitar que se naturalize uma determinada visão datada, ou seja, pertencente a um contexto específico, inscrito no tempo e no espaço.

O conceito de moral, derivado do latim *morus*, é comumente traduzido por costumes. Os costumes de determinado povo ou sociedade são desenvolvidos ao longo de sua história, a partir de elementos fundantes da vida coletiva, tais como: crenças, modos de produção, relações entre indivíduos, relações sociais dos indivíduos com instituições coletivas, e até mesmo condições geográficas e climáticas. Assim, antes dos costumes se constituírem naquilo que, em termos práticos, traduz-se por "certo" e "errado", "bom" ou "mau", "justo" ou "injusto", existem os fundamentos que são determinantes no modo como os indivíduos em sociedade irão conceber a realidade, e assim julgar moralmente as ações.

Recorrendo à tradição grega, berço de nossa civilização ocidental, encontraremos nos mitos a reprodução fiel de traços humanos, projetados em modelos ideais destinados à reprodução da cultura. Os mitos gregos representam, além de um conjunto de crenças oficiais daquela cultura, também uma concepção de realidade que foi sendo legitimada ao longo de sua história, na medida em que passava de geração em geração. O mesmo ocorreu em outras civilizações antigas, cada uma constituiu em seu horizonte um conjunto de concepções que projetavam a si mesmas em seus modos fundantes de vida.

Na tradição grega, fatores sociais e históricos, como a descentralização política, o modo de organização social, a participação dos indivíduos em questões públicas, entre outros, conduziram essa cultura do pensamento mítico à manifestação (e consequente predomínio) do pensamento racional. Como resultado de sua dinâmica histórica, os gregos reproduziram em concepções racionais, e não mais em imagens simbólicas, seu modo de definir a realidade. Os resultados práticos desse amplo processo histórico e cultural se concretizaram em normas de conduta da vida, as quais pretenderam definir exatamente o caráter, ou seja, as características essenciais do indivíduo que estaria de acordo com a sociedade e a realidade na qual estava inserido. Desse modo, o que um grego do período mítico pautava como adequado em termos de conduta, baseado frequentemente em modelos de heróis como **Aquiles** (Figura 1), já não era mais assumido de forma plena na **Grécia clássica** em que viveram Sócrates, Platão e Aristóteles, período marcado por profundas mudanças culturais.

Figura 1. Estátua de Aquiles tentando retirar a flecha de seu calcanhar.
Fonte: markara/Shutterstock.com.

 Saiba mais

O período clássico Grego, que se desenvolveu entre os séculos V e IV a.C., é visivelmente marcado por uma série de invasões e conflitos que transformaram a Hélade em um cenário de guerra acalorado. Entretanto, mesmo com tais confrontos, muitos compreendem esse como sendo o apogeu da própria civilização grega. A transformação política em Atenas e a disseminação de seu modelo político-administrativo para outras cidades-estado gregas marcaram o auge da antiguidade Grega.
Fonte: Sousa 2018, documento *on-line*).

É interessante ressaltar que, no interior de uma mesma cultura, existem conflitos e tensões acerca do que é considerado verdadeiro e, por conseguinte, justo e moral. Tomando ainda o exemplo dos gregos, existia uma cisão profunda entre grupos distintos de filósofos que defendiam concepções contrárias. O embate, a mistura e o predomínio de uma concepção sobre outra são o que vêm a definir o panorama das gerações seguintes.

No período clássico, Sócrates travou grande polêmica contra outros ilustres pensadores da época, chamados frequentemente de **sofistas**. Na raiz do debate entre essas duas correntes do pensamento filosófico estava a divergência sobre o pressuposto fundamental do conceito de verdade. Assim, o modo como cada um definia a verdade em oposição à falsidade determinou, por consequência, o modo como definiram os conceitos morais.

Saiba mais

Os sofistas correspondem aos filósofos que pertenceram à "Escola Sofística" (IV e V a.C.). Composta por um grupo de sábios e eruditos itinerantes, eles dominavam técnicas de retórica e discurso e estavam interessados em divulgar seus conhecimentos em troca do pagamento de taxa pelos estudantes ou aprendizes.

Em contraposição ao conceito de "Dialética" e "Maiêutica" determinado pelo filósofo grego Sócrates (470 a 399 a.C.), os sofistas negam a existência da verdade, de modo que ela surge por meio do consenso entre os homens.
Fonte: Toda Matéria (2018, documento *on-line*).

Diferentemente de Sócrates, os sofistas, entre eles **Protágoras** (Figura 2), entendiam que a verdade é produzida pela sociedade a partir dos próprios homens, isto é, a qualidade de verdadeiro e falso não existiria de modo prévio, mas seria resultado da própria elaboração humana. Sendo assim, também o que é certo ou errado, justo ou injusto, enfim, os valores morais não seriam absolutos (isto é, eternos e imutáveis), mas relativos ao contexto histórico e social. É de Protágoras a famosa frase: "O homem é a medida de todas as coisas", que expressa um profundo antropocentrismo séculos antes da era moderna (XVI a XVIII) em que tal visão se tornou praticamente oficial nos ambientes intelectuais e científicos.

Figura 2. Imagem de Protágoras discursando entre os atenienses.
Fonte: Filosofia Antiga (2018, documento *on-line*).

O pensamento sofista estava plenamente adequado ao contexto da época. Falamos do período em que a democracia ateniense estava no auge e as decisões da cidade eram tomadas com a participação efetiva dos cidadãos. Em tal cenário, a força da palavra articulada por meio da arte da retórica e a prevalência dos argumentos que se impunham como os mais adequados para o momento específico se tornavam lei em meio ao debate nas assembleias e nos ambientes públicos. Aparentemente, o caráter de liberdade e a constante construção da cultura eram valorizados na medida em que o espaço para a mudança de trajetória e a revisão do que se considerava verdadeiro estavam preservados no ambiente coletivo.

Contudo, apesar dos ares de liberdade intelectual, a democracia ateniense preservava um caráter profundamente conservador, avesso ao processo de transformação histórico-cultural. Na discussão pública, frequentemente os interesses particulares se sobrepunham aos interesses comuns, o que tornava as discussões um momento para a luta de forças, não mais com espadas, mas com a arma mais poderosa na ocasião, as palavras. Destacavam-se grandes oradores capazes de persuadir o público em favor de decisões que favoreciam tão somente a determinados grupos dominantes e, assim, as possibilidades de transformação no sentido de rever, por exemplo, as condições de injustiça social, ficavam longe do horizonte.

Sócrates, nesse mesmo contexto, chocou-se à configuração ateniense por desenvolver sua própria concepção de realidade, baseada em pressupostos contrários ao que os sofistas defendiam. A partir da ideia de que a verdade existe de modo prévio, isto é, anterior à compreensão humana, haveria a necessidade do desvelamento da verdade por meio do processo de conhecimento. Essa **concepção dualista sobre a realidade** produziu importantes resultados práticos sobre o modo de conceber a moral. Sócrates afirma, em linhas gerais, que a realidade é dividida em duas dimensões distintas, a teórica e a prática. Na dimensão teórica, das ideias, está a realidade objetiva e exata, a qual não é passível de alterações e, se percebida em sua integralidade, revelaria-se como perfeição.

Tudo que existe na prática humana seria a tentativa de projetar as noções que temos originalmente sobre os conceitos, tais como: a verdade, a justiça, a bondade e a beleza. Quanto mais conhecimento teórico obtemos, mais condições adquirimos de aprimorar a realidade material, fazendo-a se aproximar dos padrões ideais. Assim, o aprimoramento do indivíduo (autoconhecimento) e da sociedade se faria não pela liberdade que o ser humano tem de inventar a realidade, mas pela aproximação dele com a verdade preexistente.

Saiba mais

Dualismo é uma concepção filosófica ou teológica do mundo baseada na presença de dois princípios ou duas substâncias ou duas realidades opostas, irredutíveis entre si e incapazes de uma síntese final ou de recíproca subordinação. É dualista por excelência qualquer explicação metafísica do universo que suponha a existência de dois princípios ou realidades não subordináveis e irredutíveis entre si.
Fonte: Dualismo (2018, documento *on-line*).

É importante notar que existem diferenças entre a filosofia moral, ou a reflexão que pretende discutir conceitualmente os costumes, e a moral em si, na prática. A filosofia moral, tendo um certo distanciamento intelectual em relação ao objeto abordado, no caso as ações humanas em sociedade, pretende investigar os fundamentos e os modos de variação daquilo que se investiga. Nesse estudo rigoroso e determinado por critérios bem definidos, é possível comparar uma cultura à outra, um momento histórico a outro ou, ainda, correntes que são antagônicas e produzem as tensões contraditórias no interior do mesmo contexto histórico-cultural.

Todo esse cenário de reflexão conceitual, aparentemente abstrato, elabora a cultura em termos teóricos e retorna à prática, de modo a fundamentar a dinâmica da vida como algo que é tomado frequentemente por uma relação natural. A moral, enquanto prática de vida, é pautada por valores que são fixados rigidamente pela cultura e servem para nortear as ações do cotidiano. Um conjunto amplo de regras explícitas e tácitas acompanha os indivíduos desde os primeiros momentos de vida, na convivência familiar da infância, até a socialização na escola e o ingresso na vida adulta, de modo geral, por meio da inserção no ambiente profissional.

Entretanto, é importante perceber que as normas, embora se apresentem como rígidas e objetivas, foram construídas historicamente a partir do processo de reflexão e ressignificação da cultura. Filósofos como Sócrates, Platão, Protágoras, Górgias, Aristóteles, e tantos outros, afetaram diretamente o modo como entendemos essas noções. O embate de visões divergentes e a prevalência de uma corrente de pensamento sobre outra, assim como a conservação marginal de modos de entendimento que foram superados ao longo da história, mas permaneceram de modo latente na cultura prontos a serem redescobertos pelas gerações futuras, justificam o fato de ser a moral um dos objetos de análise com menor possibilidade de definições conclusivas.

Assim, a discussão teórica sobre o conceito de moral deve considerar que existe tanto um núcleo rígido, constituído da prática cotidiana que sustenta a rotina da vida, quanto um núcleo flexível, no qual a reflexão investiga fundamentos históricos e culturais, assim como as contradições e os possíveis desdobramentos dos fenômenos sociais. Por essa via, é possível afirmar que nenhum valor moral se concretiza de modo definitivo, embora seja o pilar da dinâmica social.

O caráter moral: natureza

Neste ponto de nossa investigação, é interessante discutir a respeito da natureza do caráter moral ou o modo como se apresenta diretamente em sociedade. Para tanto, abordaremos alguns elementos da cultura ocidental que predominaram ao longo da história e serviram para constituir a ideia comum do que seria, em essência, o caráter moral.

Podemos afirmar, em linhas gerais, que o cristianismo herdou muitos dos fundamentos desenvolvidos pela filosofia clássica de Sócrates, Platão e Aristóteles. Entre eles a noção moral, vinculada à concepção dualista da realidade, em que os valores práticos refletiriam conceitos teóricos, perfeitos em sua natureza. A justiça, enquanto conceito, assim como a verdade e a beleza, tem, dentro dessa perspectiva, uma existência anterior à prática. Assim, agir moralmente seria o mesmo que revelar, em ações, a perfeição abstrata que existe enquanto realidade prévia.

Agostinho de Hipona, conhecido como Santo Agostinho (Figura 3), foi um dos filósofos cristãos que mais se aproximaram da essência do pensamento grego, de modo a articular seus fundamentos aos interesses específicos da cultura cristã medieval. Inserido no momento da filosofia medieval conhecido por **Patrística**, o autor colocou em atividade todo o acervo de habilidades e conteúdo de que dispunha na época, a fim de estabelecer relação entre a doutrina cristã em expansão e a tradição pagã, na qual o uso da razão e a prática da argumentação estavam inscritos como parte fundante da cultura.

Figura 3. Santo Agostinho.
Fonte: Renata Sedmakova/Shutterstock.com.

Saiba mais

A escola patrística, ou simplesmente Patrística, foi uma corrente filosófica e um período da filosofia, coincidindo com os primeiros séculos da era cristã, em que o desenvolvimento filosófico foi realizado por filósofos padres da Igreja Católica, designando um grupo de padres ou um trabalho por eles desenvolvido. Tendo em Agostinho de Hipona seu principal filósofo, tinha como um de seus principais objetivos a racionalização da fé cristã.

Fonte: Maciel (2018, documento *on-line*).

Os defensores da Igreja, nessa época, perceberam que a melhor forma de expandir a fé cristã seria por meio do uso de instrumentos que eram próprios das culturas nas quais pretendiam se inserir. O grande problema filosófico que atravessou o período medieval foi exatamente discutir a possibilidade de articular adequadamente a fé à razão. Na medida em que a fé cristã pudesse ser defendida racionalmente, poderia ser também mais bem aceita nas culturas que tinham a razão como "pedra de toque", isto é, como forma de verificação da verdade.

Essa discussão, a princípio teórica, produziu consequências nos valores práticos, isto é, na moral. Assim como o pensamento clássico foi modificado e adequado aos fundamentos religiosos do cristianismo, por outro lado, o cristianismo, ao adotar mecanismos que tinham por origem a cultura grega clássica, assumiu em si traços originários dessas reflexões, a ponto de ser difícil distinguir, em termos exatos, o que é próprio de cada tradição. O fato é que a moral cristã assumiu pressupostos antigos que serviram para constituir a natureza de sua própria moral, a qual se ampliou intensamente a partir daí.

Tomás de Aquino, filósofo cristão da **Escolástica**, também se preocupou, assim como Agostinho, em justificar racionalmente a fé. Esse autor buscou em Aristóteles a estrutura teórica para fundamentar pretensões que foram, e continuam sendo, ambiciosas, como a articulação de provas teóricas sobre a existência de Deus (Figura 4).

Figura 4. Estátua de São Tomás de Aquino.
Fonte: claudio zaccherini /Shutterstock.com.

 Saiba mais

Escolástica ou escolasticismo (do termo latino *scholasticus*, e este, por sua vez, do grego *σχολαστικός* [que pertence à escola, instruído]) foi o método de pensamento crítico dominante no ensino nas universidades medievais europeias dos séculos IX ao XVI. Mais um método de aprendizagem do que uma filosofia ou teologia, a escolástica nasceu nas escolas monásticas cristãs, de modo a conciliar a fé cristã com um sistema de pensamento racional, especialmente o da filosofia grega. Colocava uma forte ênfase na dialética para ampliar o conhecimento por inferência e resolver contradições. A obra-prima de Tomás de Aquino, *Summa Theologica*, é, frequentemente, vista como exemplo maior da escolástica.
Fonte: Escolástica (2018, documento *on-line*).

O autor foi um dos grandes responsáveis por organizar a doutrina cristã, de modo a constituir um corpo filosófico e teológico que sustentasse a instituição ao longo dos séculos. Fazendo uso da razão clássica adaptada ao contexto medieval, os filósofos medievais justificaram a noção da existência de uma entidade supra-humana, transcendental, da qual toda a perfeição e justiça seriam provenientes. O homem, enquanto criatura dotada de imperfeições e passível de erros, deveria se voltar para a contemplação e obediência em relação ao poder que representaria, por sua vez, o refúgio frente às mazelas da vida prática. A ação moral, desse modo, fundamentaria-se como o modo de o indivíduo se religar à natureza superior e, por consequência, afastar-se dos interesses materiais que levariam à perdição.

Na era moderna, um dos traços marcantes foi o gradual processo de cisão entre os fundamentos religiosos, sobretudo do cristianismo, e as investigações filosóficas e científicas. Estas, por sua vez, passaram a exigir cada vez mais a independência em relação aos valores que tinham por fundamento a fé, ainda que fosse uma fé plenamente vinculada ao exercício da argumentação racional.

Nicolau Maquiavel (Figura 5), ao escrever sobre política, foi um dos primeiros pensadores modernos a defender a distinção e a independência das práticas humanas em relação aos preceitos religiosos. Ele sustentou que os modos de operação específicos da política não poderiam ser norteados por princípios religiosos, pois seriam provenientes de uma dinâmica muito peculiar, não conciliável com a moral religiosa. O soberano, para alcançar e manter o poder, deveria lançar mão dos meios que fossem necessários à conquista do fim almejado. Começava a se forjar na modernidade a noção consequencialista de moral, em que os valores das ações não se pautam pela própria ação, mas pelas consequências que lhe são provenientes.

Figura 5. Estátua do diplomata e escritor italiano Nicolau Maquiavel, na galeria de Uffizi em Florença, Itália.
Fonte: James.Pintar/Shutterstock.com.

Interessante notar que essa concepção de moral, pautada pelos resultados das ações, produziu efeitos muito importantes na cultura moderna ocidental. O ideal de utilidade e eficiência, assim como a noção empirista de que os valores não são transcendentais, mas obtidos a partir da dinâmica prática em meio à sociedade, tem vinculação direta ao que Maquiavel (2008) desenvolveu de modo embrionário em suas obras, em especial a mais conhecida delas, *O príncipe*.

Por outro lado, do mesmo modo como no período clássico não havia unanimidade no interior da cultura intelectual, pois os embates teóricos reproduziam profundas divergências conceituais entre autores eminentes da época (como Sócrates e Protágoras), também na modernidade é possível identificar correntes de pensamento que divergiram sobre a forma de qualificar as ações a partir de valores. No interior do mesmo período, e em gerações posteriores, existiram grandes defensores e continuadores do pensamento maquiaveliano, os quais ampliaram a perspectiva sobre a incompatibilidade entre os dogmas morais prescritos pelas religiões e as práticas humanas específicas de áreas que têm o seu próprio modo de atuação, como a política e as ciências de modo geral.

De fato, um dos pontos que marcaram profundamente a modernidade foi a insistência sobre a independência das ciências e das filosofias em relação aos valores religiosos, sobretudo os dogmas do cristianismo que se mantiveram enquanto valores dominantes na Europa da modernidade. Contudo, houve autores que não acompanharam tal independência intelectual da modernidade e opuseram às vozes correntes sua própria visão da realidade, não desvinculada de princípios de fé. Podemos citar **Blaise Pascal**, filósofo do século XVII, que negou em suas investigações tanto o rompimento da ciência e da filosofia em relação à religião quanto a tentativa de adequar as noções religiosas (como a concepção de Deus e de valores transcendentais) à razão humana. O autor defendia que a capacidade humana de compreensão da realidade por meio da razão é limitadíssima, talvez incapaz de desvendar certos mistérios que estariam além da possibilidade humana. Em tempos de profundo racionalismo, ousou colocar em dúvida as possibilidades humanas mais simples, como a compreensão da realidade e a fundamentação de valores que fossem adequados ao convívio.

Saiba mais

Blaise Pascal (1623-1662) foi um gênio da ciência, matemático, físico, filósofo, pai da computação digital, da probabilidade, da física experimental, da hidráulica, do cálculo integral e diferencial, da geometria projetiva e gênio da literatura universal.

Segundo pesquisa efetuada pela Funredes, realizada em um espaço de três anos com o apoio da Délégation générale à la langue française e da União Latina, dentre os cientistas, Pascal é um dos mais citados no mundo depois de Louis Pasteur.

Fonte: Instituto Blaise Pascal (2009, documento *on-line*).

Assim, evitando a intenção de esgotar o assunto, percebemos que a natureza da moral não se consolida em termos absolutos, impermeáveis. Ao contrário, se tentarmos perseguir a essência dos valores morais que estão em prática na sociedade contemporânea, encontraremos o desenrolar de um amplo debate ao longo da história, repleto de vozes dissonantes e enfrentamentos de ideias em meio às tensões sociais. Do mesmo modo, foram e continuam sendo legítimas as revisões de valores que prevaleceram na cultura como herança histórica. Ao fazer isso, coloca-se à mostra a natureza humana e histórica da moral, a qual, diferentemente da natureza orgânica ou biológica, depende de escolhas e não se reduz à simples relação de causalidade.

O caráter moral: qualidade

O que definimos como caráter moral não tem um único formato que se mantenha no decorrer do tempo. Cada época construiu, a seu turno, uma imagem própria (ou muitas imagens) do que considerou legítimo enquanto comportamento humano. Tal construção sustenta sempre a relação de oposição com o seu contrário. O ilegítimo, ou imoral, apresenta-se como a região da ação humana que está para além das fronteiras do aceitável, exatamente por ser contrário e ameaçar a ordem das práticas aceitas.

Na contemporaneidade, a Filosofia vem discutindo sistematicamente os limites da moral, assim como a legitimidade de certas qualidades que são afirmadas como exclusivas em detrimento de outras, também constituídas de uma história e de aspectos culturais e históricos. **Michel Foucault**, filósofo do século XX, concentrou-se na análise da sociedade a partir das relações de poder. Ele percebeu que as relações humanas são atravessadas pela prática do poder, que se faz presente de modo subliminar em microrrelações entre os indivíduos. No interior das macrorrelações entre instituições e indivíduos, haveria, assim, outro tipo de exercício do poder, mais direto e imperceptível, presente no contato comum entre as pessoas.

Saiba mais

Michel Foucault nasceu no dia 15 de outubro de 1926, em Poitiers, na França. Seu pai era um cirurgião renomado, lecionava na faculdade de medicina local e dirigia uma clínica bem-sucedida. O jovem Foucault, desde cedo, recusou-se a seguir a tradição familiar, negando a medicina. Sua vida foi marcada pela genialidade filosófica e também pelas "extravagâncias", como suas experiências no sanatório, o uso de drogas diversas, a bebida em excesso e as tentativas de suicídio. Os dois maiores amores de sua vida foram um compositor chamado Jean Barraqué e Daniel Defert, um filósofo e ativista político que permaneceu ao lado de Foucault por quase 20 anos, em uma relação aberta. Especialmente depois de lecionar na Universidade da Tunísia, Foucault se tornou ativo politicamente, chegando a entrar no Partido Comunista Francês (PCF). Ele morreu no dia 25 de junho de 1984, vítima da Aids.
Fonte: Guia do Estudante (2017, documento *on-line*).

O autor se debruçou no estudo da história das sociedades, sobretudo a ocidental, e percebeu que ao longo da trajetória social houve transformações em relação ao que se determina como legítimo e aceitável em relação ao que é ilegítimo, inaceitável. Durante a Idade Média, por exemplo, os loucos perigosos, doentes e criminosos eram completamente excluídos do convívio social, conduzidos para regiões isoladas onde teriam o mínimo contato com a sociedade "normal" (Figura 6).

Figura 6. Nau dos insensatos.
Fonte: Serra (2016, documento *on-line*).

A partir da era moderna, o conhecimento científico sustentou a ideia de que as pessoas poderiam ser tratadas, adaptadas, reintegradas ou punidas por seus desvios, de modo eficiente, tendo em vista a manutenção dos padrões de normalidade. As instituições, sejam elas de formação, tratamento ou reclusão (a escola, o manicômio e a prisão), teriam funções semelhantes, entre elas a sustentação de padrões por meio da contenção dos desvios que se apresentassem em potencial. No lugar da antiga exclusão de práticas consideradas ilegítimas, ou da simples **tolerância em relação ao comportamento desviante**, a modernidade se dedicou a formatar os indivíduos no interior da própria sociedade desenvolvendo mecanismos sociais que conduzissem cada um ao que se espera dele.

Exemplo

Era comum que loucos não perigosos andassem nas ruas medievais com naturalidade, sem provocar nenhum incômodo nas pessoas. Alguns podiam, inclusive, ser considerados sagrados, isto é, porta-vozes de mensagens proféticas.

É interessante notar o quanto as áreas de saber se conectam no interior da sociedade, não podendo ser isoladas quando se pretende uma compreensão ampla sobre a realidade. Quando falamos das qualidades morais na modernidade, não podemos desconsiderar as transformações técnicas e políticas que ocorreram nesse período. Em termos técnicos, a ciência conduziu as transformações dos modos de produção que ocorreram de forma intensa e rápida, com ênfase na produtividade e na lógica de mercado. No contexto político, os antigos regimes estavam sendo superados no processo de configuração daquilo que chamamos atualmente de Estados modernos de direito. Todo esse cenário, repleto de fatores distintos e complementares, forjou valores, qualidades morais e modos de comportamento específicos adequados ao momento.

Foucault percebeu que, na contemporaneidade, houve o aprimoramento dos mecanismos de controle e a normatização dos indivíduos. Aquilo que no auge da modernidade era representado pelas grandes instituições, no sentido de pontuar a uniformização, tendo em vista padrões de normalidade, começou a se diluir e se tornar imperceptível nos modos de vida mais recentes. O aprimoramento das técnicas de controle permitiu às instituições vigiar os indivíduos de modo cada vez mais eficiente, posto que a vigília foi se tornando cada vez mais imperceptível aos olhos de quem é vigiado. O avanço tecnológico produziu (e continua produzindo) ferramentas de controle que no passado recente (p. ex., durante a Segunda Guerra Mundial) seriam inimagináveis. Por exemplo: câmeras em pontos estratégicos da cidade para controlar o fluxo de pessoas; dados que são obrigatoriamente concedidos no consumo de produtos comuns da indústria e em serviços; monitoramento constante de gastos específicos por cartões de crédito, entre outros (Figura 7).

Figura 7. Sistema prisional baseado no panóptico, modelo desenvolvido por Benthan, tendo em vista o aumento da eficiência na prática da vigilância.
Fonte: Souza (2014, documento *on-line*).

Desse modo, o exercício do poder, que no passado era realizado por meio de grandes instituições, foi sendo diluído em microrrelações de poder. Em tal contexto, o conhecimento especializado e fragmentado exerce imensa influência na forma como os indivíduos conduzem suas vidas. O ideal da normalidade é oferecido não por uma visão particular de valores, como, por exemplo, a Igreja Católica, que reunia em si o conjunto de indicações sobre como a vida deveria ser conduzida, mas como resultado da reunião de influências especializadas, cada uma versando sobre um ponto específico da vida, como atividade física, alimentação, convívio familiar, profissional, lazer, entre outros. É interessante notar que, no mesmo sentido da fragmentação do poder em influências pontuais sobre a vida, podemos observar a inconstância dessas autoridades, as quais podem ser substituídas de forma instantânea, na medida em que as circunstâncias apresentem ao indivíduo opções que lhe sejam mais favoráveis.

Entretanto, pode ser ilusória a impressão de que, na atualidade, existe uma diversidade infindável de opções e escolhas aos indivíduos comuns. O olhar atento é capaz de perceber a tensão entre a pluralidade e a uniformidade, isto é, entre o número infindável de variações da vida e a rigidez de padrões sociais e normativos que são mantidos no interior das relações humanas. Tomando a área da saúde como exemplo, é possível notar que a ampliação do catálogo de novas doenças e tratamentos específicos para problemas, que no passado recente não eram reconhecidos, serve em grande medida para fortalecer os padrões do que seja considerado normal e restringir a poucos elementos o que se determina como legítimo em termos de cuidado com o corpo. O que alguns chamam de "tirania do corpo" corresponde a essa manifestação específica do poder que se faz presente nas microestruturas da sociedade. O mesmo ocorre em termos políticos, sociais, ideológicos e afetivos. Pairando sobre a diversidade de relações e possiblidades, existem certas qualidades restritivas do que seja o normal, o correto, o justo e o legítimo.

Assim, enganam-se aqueles que interpretam na sociedade atual a ausência de normas, o caos, a liberdade irrestrita de ação e de consciência. Há quem afirme exatamente o contrário, ou seja, a presença do enrijecimento contínuo e sistemático dos padrões de normalidade, os quais conduzem a sociedade para o afunilamento profundo, nunca antes experimentado com tamanha intensidade. Seja como for, podemos reparar que a análise foucaultiana, junto a outros autores importantes da contemporaneidade, tais como: Deleuze, Derrida, Bauman, entre outros, serviu para nos alertar sobre as delicadas e sutis transformações sociais e históricas a esse respeito. Considerar as tensões entre aspectos conflitantes da realidade, pontuar a relação entre o micro e o macro, o histórico e o atual, a teoria e a prática e, enfim, fazer uso de instrumentos racionais de interpretação, continua sendo um modo interessante de compreender o mundo e a nós mesmos.

Referências

FILOSOFIA ANTIGA. *Protágoras*: "O homem é a medida de todas as coisas". 2018. Disponível em: < http://www.netmundi.org/filosofia/2017/protagoras-o-homem-e-medida-de-tudo/>. Acesso em: 30 maio 2018.

MAQUIAVEL, N. *O príncipe*. 23. ed. São Paulo: Paz e Terra, 2008. (Coleção leitura).

SERRA, O. *A nau dos insensatos (II)*. 02 abr. 2016. Disponível em: <http://www.teatronu.com/a-nau-dos-insensatos-ii/>. Acesso em: 30 maio 2018,

SOUZA, A. *O panoptismo de Michel Foucault*. 22 jun. 2014. Disponível em: <http://viaalt.blogspot.com/2014/06/o-panoptismo-de-michel-foucault.html>. Acesso em: 30 maio 2018.

Leituras recomendadas

FOUCAULT, M. *História da loucura*. 10. ed. São Paulo: Perspectiva, 2014.

FOUCAULT, M. *Vigiar e punir*. 42. ed. Petrópolis: Vozes, 2018.

GUTHRIE, W. K. C. *Os sofistas*. São Paulo: Paulus, 1997.

INSTITUTO BLAISE PASCAL. *Blaise Pascal*. 2009. Disponível em: <http://www.institutopascal.org.br/visao/institucional/blaise-pascal.php>. Acesso em: 30 maio 2018.

PASCAL, B. *Pensamentos*. São Paulo: Nova Cultural, 1988. (Coleção Pensadores).

PLATÃO. *A República*. São Paulo: Martin Claret, 2018.

SANTO AGOSTINHO. *Confissões*. São Paulo: Nova cultural, 2000.

TOMÁS DE AQUINO. *Suma teológica*. São Paulo: Est Sulina Ucs, 1980. 11 v.

VERNANT, J. P. *As origens do pensamento grego*. Rio de Janeiro: Difel, 2002

A responsabilidade moral

Objetivos de aprendizagem

Ao final deste texto, você deve apresentar os seguintes aprendizados:

- Identificar o conceito de moral.
- Diferenciar moral e ética.
- Relacionar ética e responsabilidade moral.

Introdução

Neste capítulo, você vai estudar o conceito de moral, além da definição e contextualização dos aspectos que diferenciam a moral. Também veremos a relação de como estes dois conceitos se completam e implicam na responsabilidade moral das relações sociais.

A urgência ética é uma característica de nosso tempo, e neste capitulo poderemos aprimorar o nosso conhecimento do tema.

Conceito de moral

A relação do ser humano com a sociedade está ligada em sua totalidade à coletividade, porém cada indivíduo é singular e necessita da moral para balizar suas relações sociais.

Moral é uma palavra da origem latina que provém do termo "costume". Trata-se de um conjunto de crenças, costumes, valores e normas que uma pessoa ou grupo social utiliza como parâmetro para o seu agir. A moral pretende, dessa forma, orientar as ações que se estabelecem, sendo elas positivas ou negativas.

Por sua forma de apresentação, a moral se mostra de maneira plural variando tanto para cultura e estilos estabelecidos pela sociedade. A moral se caracteriza na prática e no cotidiano do indivíduo nas relações de valores. Para o senso comum, falar de moral significa falar de proibições e obrigações formais (BARROCO, 2010, p.71).

Toda esta reflexão nos remete ao pensamento que todos os seres sociais devem se relacionar de forma amistosa. Segundo Barroco (2010, p.72), a moral pode ser representada da seguinte forma: "a moral representa o conjunto de valores legitimados pela tradição e pelos costumes como corretos, justos, bons". O dever passa, então, a representar a própria garantia da liberdade, pois a **lei moral** que o dever realiza tem sua origem nos costumes criados pelas instituições consideradas como base da sociedade: a família patriarcal, a igreja, as corporações-instituições intermediárias entre Estado e indivíduo.

A partir dos primeiros grupos sociais existentes, a consciência moral atribuiu a dualidade entre o bem e mal, o certo e o errado nas relações estabelecidas. Sendo assim, a moral sempre esteve presente e inserida na vida em sociedade. Trata-se de um conjunto de valores construídos socialmente de acordo com a cultura de cada localidade, estado, país.

Cada cultura estabelece o que é melhor ou pior. O que é aceito em uma sociedade pode não ser em outra. Como exemplo, podemos relacionar as culturas que admitem casamentos entre crianças e adultos.

A moral significa tudo o que submete ao valor onde deve predominar na conduta do ser humano as tendências mais convenientes ao desenvolvimento da vida social.

Moral e sociedade

O homem, enquanto ser social constituído na história, apresenta em sua própria existência a dependência de viver de forma social. Tudo se torna social. E o trabalho, enquanto natureza humana acaba por ser o fundamento da ontologia do mundo dos homens. O trabalho, no seu sentido ontológico, é uma atividade essencialmente humana. A natureza humana organiza o trabalho para atender às necessidades materiais e sociais sendo produto da história. O trabalho é o que primeiro possibilita a distinção dos homens dos demais animais e enquanto categoria gerada pelo mundo dos homens, rompe com a categoria natural, exigindo instrumentos, habilidades e conhecimento para a sofisticação das necessidades.

Desde a existência da convivência em grupos, existe a moral. A moral é fruto da história, pois para haver a vida em sociedade e a organização social, são necessárias regras de convivência. E ela pode ser entendida de forma plural, pois delibera sobre escolhas em nível mais pessoal e está vinculada à vida cotidiana, a respostas imediatas, sempre com validade temporal.

A consciência é conhecida como a ciência que se faz, do que se projeta, do conhecimento do que se vai realizar. Já a liberdade pode ser entendida como a habilidade para escolher o necessário para ser livre e possuir alternativas para o seu exercício. Todas essas ações são desenvolvidas a partir do trabalho. A consciência moral conhece as diferenças e também avalia sua própria capacidade de julgar as condutas e de agir em consonância com valores morais.

Desta forma, moral e sociedade estão relacionadas pois o ser humano, em seu cerne, se desenvolve como um ser consciente, universal e livre, um ser social que necessita de habilidades constitutivas da sua sociabilidade para garantir que suas relações sejam estabelecidas e efetivas de forma harmônica com seus pares. A moral passa a ser o fio condutor para a concretude de tais relações.

Fique atento

Ontologia: significa o estudo ou conhecimento do ser, dos entes ou das coisas tais como são em si mesmas, real e verdadeiramente. Busca conhecer a essência das coisas ou dos seres, das ações humanas; ultrapassagem das aparências à essência: aparência enquanto parte do real.

Moral, ética e suas diferenças

O ser humano é um ser social e para tal fim estabelece valores e princípios como regras e normas de convivência para sobreviver.

Desde os primórdios tempos, o homem possui em sua essência a necessidade de interação com os outros seres da mesma espécie, que também pode ser denominada como convivência em grupos.

Pensar em ética, moral e em como as mesmas se relacionam, nos remete à compreensão de que ambas, dentro das suas particularidades, são construídas historicamente. As religiões, por exemplo, se encarregam da construção e implantação de valores morais nas sociedades. A ética, por sua vez, deve primar pelo posicionamento ontologicamente estabelecido. Trazer esses conceitos ao estudo permite que os diferenciemos e possamos entender suas conexões.

Ética é um conjunto de conhecimentos extraídos da investigação do comportamento humano ao tentar explicar as regras morais de forma racional, fundamentada, científica e teórica. É uma reflexão sobre a moral.

Moral é o conjunto de regras aplicadas no cotidiano e usadas continuamente por cada cidadão. Essas regras orientam cada indivíduo, norteando as suas ações e os seus julgamentos sobre o que é moral ou imoral, certo ou errado, bem ou mal.

No sentido prático, a finalidade da ética e da moral é muito semelhante. São ambas responsáveis pela construção das bases que vão guiar a conduta do homem, determinando o seu caráter, altruísmo e virtudes, e por ensinar a melhor forma de agir e de se comportar em sociedade.

A ética é produto da história. É o aprimoramento e complexidade do ser social e do questionamento de seus costumes enquanto válidos para o ser humano. Ética pressupõe que somente um ser social age eticamente, pois está imbuído de valores morais que norteiam suas ações.

Saiba mais

Distinção entre ética e moral
Ética é conjunto de valores que determinam as ações da vida social. Moral é prática, a conduta, o costume. A ética pode ser diferenciada por alguns pensadores: para Platão, ética é essência; para Aristóteles, potência; no pensamento de Maquiavel, a ética é a do possível e para Kant é senso de dever.

Link

Conheça os pensadores Platão, Aristóteles e Kant e seus posicionamentos sobre ética e moral nos links a seguir.
   Platão e Maquiavel - Beethoven Simplício (2010).

https://goo.gl/5BTQ3U

A ética de Aristóteles e a ética de Kant - Maurílio Santiago (2014).

https://goo.gl/Q4C7zD

Ética e responsabilidade moral

Responsabilidade quer dizer que uma pessoa deve ser capaz de prestar contas por suas ações e pelas consequências que delas decorrem. Sendo assim, só pode responder por suas ações o indivíduo capaz de possuir a liberdade de escolha. Para que se possa falar em responsabilidade moral é necessário que se entenda o livre arbítrio.

Quando falamos de ética e responsabilidade moral estamos relacionando os dois conceitos. Os dois conceitos também relacionam as ações e suas consequências nas relações sociais. Referem-se ao dano causado ao indivíduo, a um grupo ou a uma sociedade inteira devido às ações ou à ausência delas de outro indivíduo ou do grupo.

A responsabilidade é o que nos faz sujeitos e objetos da ética, do direito ou das ideologias. Como parte integrante da ética, a responsabilidade moral tem como objeto as ações que possam, a qualquer modo, causar danos ou ofensas a outros.

Em síntese, a responsabilidade moral é um segmento das obrigações éticas, circunscrito pela interseção das esferas que o separam, em um plano o direito e em outro plano a responsabilidade privada. Ser moralmente responsável é cuidar para que as relações não sejam negativas. Isso compreende cada ser humano e a humanidade como um todo.

A responsabilidade moral esgota-se na prevenção dos males que possam causar e na reparação daqueles que vieram a causar, sem ter a intenção de fazê-lo. Tem se observado que um dos índices que manifesta o progresso moral das relações sociais é a elevação da responsabilidade dos indivíduos desses grupos no seu comportamento moral.

A moral é uma ação que não se manifesta pela eloquência de um único ser. É necessário que todo o grupo se manifeste em um comportamento que possa ser associado com disciplina, seriedade, hierarquia e eficiência para sua efetivação. De fato, a moral é o que pode atribuir ao indivíduo uma responsabilidade, não só pelo que prática, mas também pelas consequências da sua ação. Isso vincula a responsabilidade moral com a questão da liberdade humana.

É preciso verificar as condições concretas nas quais a responsabilidade moral seja determinante. Logo, se existe a possibilidade de opção e de decisão necessárias para transferir a responsabilidade moral, os indivíduos serão responsáveis pelas suas ações na sua concretude.

Link

"Se vivemos situações de angústia e de aflição, ou sabemos de pessoas que também sofrem desse mal, como, por exemplo, a questão do desemprego ou das irregularidades no ambiente de trabalho. Situações que enfrentamos que nos fazem manifestar nosso senso moral. [...]"

Aprofunde seu conhecimento sobre esse conteúdo acessando o link ou o código a seguir (BORGES, 2018).

https://goo.gl/xwwh2f

Exemplo

Na trajetória da humanidade, o que se chamada popularmente de "consciência" sempre foi norteadora para as ações dos seres humanos. Quando fazemos algo errado, nossa consciência nos acusa, ora antes, para os mais sensíveis, ora depois para os mais teimosos.

Atos ilegais representam à sociedade o que é contra os seus princípios, logo é repudiado e responde-se por tal erro. Isso é exemplo de uma ação imoral, aquela que vai contra os princípios éticos de determinada sociedade. As sociedades se determinam em organizações sociopolíticas e não possuem em todas as suas conjunturas os mesmos fundamentos éticos e morais.

Quer um exemplo? Na sociedade islâmica, quando uma mulher é repudiada, ou seja, é abandonada pelo marido por qualquer que seja o motivo, isso é considerado uma desgraça para toda a família, não podendo esta mulher mais casar e deverá criar sozinha os filhos que possam ter nascido durante o período do matrimônio.

No Brasil, uma mulher divorciada de seu marido ganha o direito de casar de novo e tentar ser feliz em um novo casamento. Portanto, não se deve generalizar os atos imorais, a não ser o furto, o homicídio, o tráfico, a exploração sexual e trabalhista e outros não menos importantes.

Agora, os atos morais são facílimos de explicar. Tratam-se daqueles atos que estão de acordo com as regras éticas da sociedade onde estamos inseridos, seja esta sociedade de base familiar, escolar, profissional, política ou religiosa.

Cabe a reflexão sobre ser moralmente responsável pelos seus atos.

Referências

BORGES, M. Ética: senso moral e consciência moral. μαντεῖο (Oráculo), Curitiba, 2018. Disponível em: <https://borgesmar.wordpress.com/2018/02/18/etica-senso-moral-e-consciencia-moral-resumo-da-semana/>. Acesso em: 05 mar. 2018.

BARROCO, M. L. Ética: fundamentos sócio-históricos. 3. ed. São Paulo: Cortez, 2010.

SANTIAGO, M. A ética de Aristóteles e a ética de Kant: a propósito de um breve cotejo. *Revista Eletrônica de Direito*, Belo Horizonte, n. 22, 2014. Disponível em: <http://npa.newtonpaiva.br/direito/?p=1772>. Acesso em: 05 mar. 2018.

SIMPLÍCIO, B. Platão e Maquiavel. *Sociologia Betov*, Crato, 2010. Disponível em: <http://sociologiabetov.blogspot.com.br/2010/05/platao-e-maquiavel.html>. Acesso em: 05 mar. 2018.

Leituras recomendadas

BARROCO, M. L. *Ética e Serviço Social:* fundamentos ontológicos. São Paulo: Cortez, 2001.

BARROCO, M. L. Fundamentos éticos do serviço social. In: CONSELHO FEDERAL DE SERVIÇO SOCIAL. *Serviço Social:* direitos sociais e competências profissionais. Brasília, DF: CFESS/ABEPSS, 2009. Disponível em: <http://www.abepss.org.br/arquivos/anexos/teixeira-joaquina-barata_-braz-marcelo-201608060407431902860.pdf>. Acesso em: 05 mar. 2018.

BARROCO, M. L.; TERRA, S. H. *Código de ética do/a assistente social comentado*. São Paulo: Cortez, 2012.

BOBBIO, N. *A era dos direitos:* nova edição. Rio de Janeiro: Campus, 2004.

CONSELHO FEDERAL DE SERVIÇO SOCIAL. *Código de ética profissional do/a assistente social:* Lei nº 8.662/93 de regulamentação da profissão. 10. ed. Brasília, DF: CFESS, 2012. Disponível em: <http://www.cfess.org.br/arquivos/CEP_CFESS-SITE.pdf>. Acesso em: 05 fev. 2018.

FISCHBORN, M. O que é responsabilidade moral? *Filosofia: estudo e ensino,* Santa Maria, 2016. Disponível em: <https://fischborn.wordpress.com/2016/07/22/o-que--e-responsabilidade-moral/>. Acesso em: 05 mar. 2018.

LUZ, M. L. G. S. Fundamentos da Ética. *Profª Maria Laura Gomes Silva da Luz*, Pelotas, 2012. Disponível em: <https://wp.ufpel.edu.br/mlaura/2012/09/14/fundamentos-da-etica/>. Acesso em: 05 mar. 2018.

SINGER, P. *Ética Prática*. São Paulo: Martins Fontes, 1998.

VAZQUES, A. S. *Ética*. 36. ed. Rio de Janeiro: Civilização Brasileira, 2000.

ZIMMERMAN, M. J. Varieties of moral responsibility. In: CLARKE, R.; MCKENNA, M.; SMITH, A. M. *The nature of moral responsibility*. Oxford: Oxford University Press, 2015. p. 45-46.

Ética e sexualidade

Objetivos de aprendizagem

Ao final deste texto, você deve apresentar os seguintes aprendizados:

- Construir um conceito acerca da relação ética dentro do tema sexualidade.
- Relacionar os termos ética e sexualidade.
- Identificar os problemas que a ausência da ética pode trazer nessa temática.

Introdução

A sexualidade constitui um dos principais dispositivos de controle e produção de subjetividade na sociedade ocidental e contemporânea. Desse modo, faz-se necessário problematizar alguns conceitos-base que organizam a forma como compreendemos a constituição dos sujeitos, que é fortemente pautada por uma lógica heteronormativa de gênero e sexualidade.

Neste capítulo, você vai estudar sobre a relação ética dentro do tema sexualidade; relacionar os termos ética e sexualidade e identificar alguns problemas que a ausência da ética pode trazer para as questões da sexualidade.

Alguns aspectos que envolvem a sexualidade

É fundamental que se entenda todos os aspectos referentes à sexualidade, antes de construir um conceito acerca da ética e da sexualidade. Para iniciar, vamos discutir sobre identidade, gênero e sexualidade. No entendimento de Stuart Hall (2011), identidade significa:

> [...] o ponto de encontro, o ponto de sutura, entre, por um lado, os discursos e práticas que tentam nos "interpelar", nos falar ou nos convocar para que assumamos nossos lugares como os sujeitos sociais de discursos particulares e, por outro lado, os processos que produzem subjetividades, que constroem como sujeitos aos quais se pode "falar".

Essa definição nos permite o entendimento de que as identidades não são fixas e estáveis e que são socialmente definidas através de um processo de significação. Para entendermos essas questões precisamos esclarecer esses conceitos acerca da identidade trazidos por Hall e, ainda, ter uma compreensão dos processos que estão envolvidos na construção da mesma. Esses processos dizem respeito ao social e ao simbólico, como podemos ver em Kathryn Woodward (2000, p. 14):

> [...] o social e o simbólico referem-se a dois processos diferentes, mas cada um deles é necessário para a construção e a manutenção das identidades. A marcação simbólica é o meio pelo qual damos sentido a práticas e a relações sociais, definindo, por exemplo, quem é excluído e quem é incluído. É por meio da diferenciação social que essas classificações da diferença são 'vividas' nas relações sociais.

Levando-se em conta tal entendimento, que "[...] a identidade é uma construção social e cultural, e, portanto, mutável e que sua construção se dá por meio da diferença e não fora dela, ou seja, toda identidade tem necessidade daquilo que lhe *falta*" (HALL, 2011, p. 110). Nesse sentido, as afirmativas sobre diferença só podem ser entendidas em uma relação com as afirmações sobre a identidade. Identidade e diferença são, pois, inseparáveis (SILVA, 2000).

Portanto, a identidade e a diferença não podem ser entendidas apartadas dos sistemas de significações, pois é nele que adquirem sentido. Isso não significa que elas são marcadas pelos sistemas discursivos e simbólicos que lhe emprestam significação.

> A identidade e a diferença se traduzem, assim, em declarações sobre quem pertence e sobre quem não pertence, sobre quem está incluído e quem está excluído. Afirmar a identidade significa demarcar fronteiras, significa fazer distinções entre o que fica dentro e o que fica fora. A identidade está sempre ligada a uma forte separação entre "nós" e "eles" (SILVA, 2000, p. 82).

Essa divisão social do mundo é considerada como classificatória e esse processo torna-se central na vida dos sujeitos, pois a partir dela a sociedade é ordenada em grupos ou classes; é através dela que se produz e se utiliza de classificações que são sempre construídas através do ponto de vista da identidade. Desse modo, uma das formas de classificação que é considerada mais importante, gira em torno de oposições binárias, como: heterossexual/homossexual, branco/negro, masculino/feminino. Para Silva (2000, p. 83):

> [...] fixar uma determinada identidade como a norma é uma das formas privilegiadas de hierarquização das identidades e das diferenças. A normalização é um dos processos mais sutis pelos quais o poder se manifesta no campo da identidade e da diferença.

Em outras palavras, fixar norma a uma identidade é eleger ela como parâmetro em relação aos quais as outras identidades são avaliadas; significa atribuir valores positivos a essa identidade em relação às quais as demais identidades são entendidas de forma negativa.

Muito se poderia pensar e falar a respeito das identidades e diferenças, mas cabe aqui buscar esse entendimento em um domínio biológico, mais diretamente falando, ao domínio sexual. Para Judith Butler (2000, p. 111):

> [...] a diferença sexual, entretanto, não é, nunca, simplesmente, uma função de diferenças materiais que não sejam, de alguma forma, simultaneamente marcadas e formadas por práticas discursivas. Além disso, afirmar que as diferenças sexuais são indissociáveis de uma demarcação discursiva não é a mesma coisa que afirmar que o discurso causa a diferença sexual.

Ainda que o termo diferença possa adquirir novos significados em variados contextos sociais, políticos ou culturais, é para a distinção entre os gêneros que chamo a atenção e volto o olhar. Essas diferenças se dão, principalmente, no âmbito biológico e servem para justificar as mais variadas diferenças entre mulheres e homens. Nesse sentido, Guacira Lopes Louro (2014, p. 45) desenvolve o argumento de que:

> [...] a princípio, as distinções biológicas, a diferença entre os gêneros serviram para explicar e justificar as mais variadas distinções entre mulheres e homens. Teorias foram construídas e utilizadas para "provar" distinções físicas, psíquicas, comportamentais; para indicar diferentes habilidades sociais, talentos ou aptidões; para justificar os lugares sociais, as possibilidades e os destinos "próprios" de cada gênero.

O que está posto é que todas essas discussões em relação as diferenças estão implicadas nas relações de poder que se constroem e que pretendem se fixar em torno do sexo e do gênero. "Desse modo, a categoria do sexo é, desde o início, normativa: ela é aquilo que Foucault chamou de 'ideal regulatório'" (BUTLER, 2000).

Butler (2000, p. 111) ainda nos diz que:

> [...] nesse sentido, pois, o sexo não apenas funciona como uma norma, mas é parte de uma prática regulatória que produz os corpos que governa, isto é, toda força regulatória manifesta-se com uma espécie de poder produtivo, o poder de produzir — demarcar, circular, diferenciar — os corpos que ela controla.

Para Hall (2011), essa materialização é a consequência do efeito do poder. O autor explica que essa materialização do sujeito ao mesmo tempo em que é produzido baseia-se na teoria performativa da linguagem. No entanto, esse caráter performativo destitui-se de associações diante da violação, da escolha e da intencionalidade.

Nesse caso, a performatividade deve ser compreendida como uma prática reiterativa pela qual o discurso produz os efeitos que nomeia, ou seja, as normas regulatórias do sexo operam de forma performativa para construir essa materialidade dos corpos e ainda, para materializar o sexo do corpo, e a diferença sexual a serviço do imperativo heterossexual. Essa materialidade é representada como um efeito do poder e o que está em xeque nessa reformulação da materialidade dos corpos (BUTLER, 2000).

Em vez de partir da premissa de que o sujeito é um ser preexistente, Butler (2000) descreve-o como um sujeito-em-processo que é construído no discurso pelos atos que executa. A mudança do ponto de vista do argumento aqui desenvolvido é a ligação que Butler faz do ato de "assumir" um sexo com a questão da identificação e com os meios discursivos pelos quais o imperativo heterossexual possibilita certas identificações sexuadas e impede ou nega outras identificações (HALL, 2011).

Para Louro (2014), é importante enfocar que ao utilizar gênero como uma categoria de análise o faço revendo as teorias construídas pelas/os estudiosas/os feministas que apresentam um pensamento plural, que busca analisar as representações sociais e que fuja dos argumentos culturais e biológicos da desigualdade, os quais sempre tomaram o masculino como referência. Para essa autora:

> [...] o conceito de gênero que pretendo enfatizar está ligado diretamente à história do movimento feminista contemporâneo constituinte desse movimento, ele está implicado linguística e politicamente em suas lutas e, para melhor compreender o momento e o significado de sua incorporação, é preciso que se recupere um pouco de todo o processo (LOURO, 2014).

É interessante fazer um breve resgate histórico do movimento feminista para entendermos de que forma o gênero é compreendido. Embora esses movimentos de mulheres tenham construído trajetórias que muitas vezes são contadas de diferentes formas, as/os historiadoras/es feministas, registram sua história mais recente, referindo-se à primeira e segunda ondas do movimento feminista. Como podemos verificar em Dagmar Estermann Meyer (2013, p. 13):

> [...] a primeira onda aglutina-se, fundamentalmente, em torno do movimento sufragista, com o qual se buscou estender o direito de votar às mulheres e este, no Brasil, começou, praticamente, com a Proclamação da República, em 1890, e acabou quando o direito ao voto foi estendido às mulheres brasileiras, na constituição de 1934, mais de quarenta anos depois.

Podemos perceber que a luta pelo direito ao voto agregou muitas outras conquistas, como, por exemplo, direito à educação, a condições dignas de trabalho, o exercício da docência entre outros direitos. Entende-se que a história em geral, segundo Meyer (2013), "[...] se refere a um movimento feminista no singular, mas que já é possível visualizar, desde ali, uma multiplicidade de vertentes políticas que fazem do feminismo um movimento heterogêneo e plural".

A segunda onda inicia nas décadas de 1960 e 1970 nos países do ocidente e chega ao Brasil mais tarde, como podemos observar:

> A segunda onda do movimento feminista, nos países ocidentais, inscreve-se nos anos 60 e 70 do século XX, no contexto de intensos debates e questionamentos desencadeados pelos movimentos de contestação europeus que culminaram, na França, com as manifestações de maio de 1968. No Brasil, ela se associa, também, à eclosão de movimentos de oposição aos governos da ditadura militar e, depois, aos movimentos de redemocratização da sociedade brasileira, no início dos anos 80 (MEYER, 2013, p. 11).

Nesse sentido, a segunda onda nos mostra que foi necessário um investimento mais sólido em produção do conhecimento,

> [...] com um desenvolvimento sistêmico de pesquisas e estudos que tivessem como objetivo, não só denunciar, mas, entender a subordinação social e a invisibilidade política a que as mulheres tinham sido historicamente submetidas (MEYER, 2013, p.14).

Essa insubordinação e invisibilidade vinham sendo discutidas havia mais de cem anos, por mulheres que eram camponesas e de classe trabalhadora que, motivadas pela necessidade de assegurar sua subsistência, acabavam desempenhando atividades fora do lar, como, por exemplo, na lavoura, nas oficinas de manufatura e, depois, nas primeiras fábricas foram criadas com o processo de industrialização.

Em meados do século XIX, as mulheres que eram consideradas de classes burguesas europeias e americanas começaram a ocupar espaços como escolas e hospitais, e suas atividades eram sempre dirigidas e controladas por homens e quase sempre vistas como secundárias ou de apoio, ligadas, desse modo, à assistência social, ao cuidado de outros ou ainda à educação. Essas ocupações, a maneira como foram se organizando enquanto "trabalho de mulher", em diferentes sociedades e países foi formulando alguns objetivos de investigação dos primeiros estudos de campo: o de colocar as mulheres, seus interesses, necessidades e dificuldades em discussão.

> Tais estudos levantaram informações antes inexistentes, produziram estatísticas específicas sobre as condições de vida de diferentes grupos de mulheres, apontaram falhas ou silêncios nos registros oficiais, denunciaram o sexismo e a opressão vigentes nas relações de trabalho e nas práticas educativas, estudaram como esse sexismo se reproduzia nos materiais e nos livros didáticos e, ainda, levaram para a academia temas então concebidos como temas menores, quais sejam, o cotidiano, a família, a sexualidade, o trabalho doméstico etc. (MEYER, 2013, p. 13).

"Fizeram tudo isso, geralmente, com paixão, e esse foi mais um importante argumento para que tais estudos fossem vistos com reservas. Eles, decididamente, não eram neutros" (LOURO, 2014). Desprezar a importância desses estudos seria um engano, pois transformaram as esparsas referências às mulheres, as quais eram apresentadas como a exceção, o desvio da regra masculina em tema central. "Coloca-se aqui, no meu entender, uma das mais significativas marcas dos Estudos Feministas: seu caráter político" (LOURO, 2014, p. 19). Objetividade e neutralidade, distanciamento e isenção, que haviam se constituído, convencionalmente, em condições indispensáveis para o fazer acadêmico, eram problematizados, subvertidos, transgredidos.

> [...] assumia-se, com ousadia, que as questões eram interessadas, que elas tinham origem numa trajetória específica que construiu o lugar social das mulheres e que o estudo de tais questões tinha (e tem) pretensões de mudança (LOURO, 2014, p. 19).

Segundo Louro (2014), para alguns/mas as teorizações marxistas representam uma referência importante, para outras/os as perspectivas construídas através da psicanálise poderão parecer mais produtivas. Existem aquelas/es que afirmarão a impossibilidade de ancorar tais análises em quadros teóricos que buscam produzir explicações e teorias propriamente feministas, originando assim, o "feminismo radical". Nessas filiações teóricas se reconhece uma causa central para a opressão feminina e, em decorrência disso, se constrói uma argumentação que supõe a destruição da causa central como o caminho lógico para a emancipação das mulheres.

Essas diferentes interpretações analíticas, mesmo sendo tema de debates e polêmica, não impedem que se percebam interesses comuns entre as/os estudiosas/os. "Numa outra posição estarão aqueles que justificam as desigualdades sociais entre homens e mulheres, remetendo-as, geralmente, às características biológicas" (LOURO, 2014).

> Essa trajetória rica e multifacetada do feminismo também foi, e é, permeada por confrontos e resistências tanto com aqueles e aquelas que continuavam utilizando e reforçando justificativas biológicas ou teológicas para as diferenças e desigualdades entre mulheres e homens quanto com aqueles que, desde perspectivas marxistas, defendiam a centralidade da categoria de classe social para a compreensão das diferenças e desigualdades sociais (MEYER, 2013, p. 13).

Seja no campo do senso comum ou validada pela linguagem científica ou por diferentes matrizes religiosas, nos contextos mais conservadores a biologia, fundamentalmente, o sexo anatômico foi (e ainda é) constantemente acionado para explicar e justificar essas posições (MEYER, 2013). É nesse momento histórico que as feministas se viram frente ao desafio de mostrar que "[...] não são as características anatômicas e fisiológicas, ou ainda desvantagens socioeconômicas tomadas de forma isolada, que definem as diferenças apresentadas como justificativa para desigualdades de gênero" (MEYER, 2013, p. 13).

> Numa outra posição estarão aquelas/es que justificam as desigualdades sociais entre homens e mulheres, remetendo-as, geralmente, às características biológicas. O argumento de que homens e mulheres são biologicamente distintos e que é a relação entre ambos decorre dessa distinção, que é complementar e na qual cada um deve desempenhar um papel determinado secularmente, acaba por ter caráter de argumento final, irrecorrível. Seja no âmbito do senso comum, seja revestido por uma linguagem "científica", a distinção biológica, ou melhor, a distinção sexual, serve para compreender – e justificar – a desigualdade social (LOURO, 2014, p. 20).

A argumentação defendida pelas feministas, a termo, que características de gênero masculinas e femininas são representadas e as formas pelas quais se reconhece e distingue o feminino e o masculino, ou seja, aquilo que é possível pensar sobre homens e mulheres vai constituir aquilo que é vivido como masculinidades e feminilidades. Nesse sentido, Louro (2014) argumenta que:

> É necessário demonstrar que não são propriamente as características sexuais, mas é a forma como essas características são representadas ou valorizadas, aquilo que se diz ou pensa sobre elas que vai construir, efetivamente, o que é feminino ou masculino em uma dada sociedade e em um dado momento histórico. Para que se compreenda o lugar e as relações de homens e mulheres numa sociedade importa observar não exatamente seus sexos, mas sim, tudo o que socialmente se construiu sobre os sexos. O debate vai se constituir, então, por meio de uma nova linguagem, na qual gênero será um conceito fundamental.

No início da década de 1970, um grupo de feministas anglo-saxãs começam a usar o termo *gender* como distinto de *sex*; que foi traduzido para o português como gênero. Nesse sentido, o termo serve como uma ferramenta analítica e ao mesmo tempo uma ferramenta política. Para Louro (2014), *gender* visa "rejeitar um determinismo biológico implícito no uso de termos como sexo ou diferença sexual", elas desejam acentuar, por meio da linguagem, "[...] o caráter fundamentalmente social das distinções baseadas no sexo" (LOURO, 2014). Ao analisarmos o caráter fundamentalmente social dos gêneros, não existe a pretensão de negar que o gênero se constitui com ou sobre corpos sexuados, ou seja, não é negada a biologia, mas enfatizada, deliberadamente, a construção social e histórica produzida sobre as características biológicas. Nesse sentido o conceito busca compreender o modo como as características sexuais são compreendidas e representadas ou, então, como são "trazidas para a prática social e tornadas parte do processo histórico" (LOURO, 2014).

As justificativas para as desigualdades não devem ser buscadas apenas nas diferenças biológicas, mas, sobretudo, nos arranjos sociais, na história, nas condições de acesso aos recursos da sociedade e nas formas de representação, já que é no âmbito das relações sociais que se constrói o gênero. "Na medida em que o conceito afirma o caráter social do feminino e do masculino, obriga aquelas/es que o empregam a levar em consideração as distintas sociedades e os distintos momentos históricos de que estão tratando". (LOURO, 2014).

Nesse sentido, é necessário pensar o gênero de modo plural, levando-se em conta que as representações de homem e mulher são diversas. É fundamental levar em conta que as concepções de gênero diferem não apenas entre as sociedades e momentos históricos, mas no interior de uma dada sociedade, ao consideramos os diversos grupos – étnicos, religiosos, raciais, de classe – que a constituem. A pretensão é, então, entender o gênero como constituinte da identidade dos sujeitos (LOURO, 2014).

> Numa aproximação às formulações mais críticas dos Estudos Feministas e dos Estudos Culturais, compreendemos os sujeitos como tendo identidades plurais, múltiplas; identidades que se transformam, que não são fixas ou permanentes, que podem, até mesmo, ser contraditórias. Assim, o sentido de pertencimento a diferentes grupos – étnicos, sexuais, de classes, de gênero, etc. – constitui o sujeito e pode levá-lo a se perceber como se fosse *empurrado em diferentes direções* (LOURO, 2014, p. 24, grifo nosso).

Assim sendo, nota-se que as diferentes instituições e práticas sociais são ao mesmo tempo constituídas pelos gêneros e também constituintes dos gêneros (LOURO, 2014).

O entendimento de que existe uma separação entre sexo e gênero tem norteado a ideia de que o sexo é natural, ou seja, biológico e o gênero é socialmente construído. Discutir essa dualidade é o ponto de partida para entendermos a crítica que Butler faz ao binarismo:

> O par sexo/gênero foi um dos pontos de partida fundamentais (talvez fosse melhor dizer fundacionais) da política feminista. O desmonte da concepção de gênero seria o desmonte de uma equação na qual o gênero seria concebido como o sentido, a essência, a substância, categorias que só funcionariam dentro da metafísica que Butler também questionou (RODRIGUES, 2005, p. 179).

A dualidade sexo/gênero foi desmontada por Butler, que fez uma crítica ao feminismo como categoria que só funcionaria dentro do humanismo. Para entendermos os resultados dessa desconstrução é fundamental entendermos desconstrução não como desmonte ou destruição. Nesse sentido, a autora criticou o modelo binário e essa crítica foi fundamental nas discussões que ela apontou a respeito da distinção sexo/gênero.

Judith Butler recusa a distinção sexo/gênero, na qual supostamente sexo é natural e gênero é construído. Seus estudos defenderam perspectivas "desnaturalizadoras" acerca das concepções de construção social dos sexos tal como se dava no senso comum e que implicavam, por exemplo, na associação do feminino com fragilidade ou submissão. Nesse sentido, a autora afirma que, "[...] nesse caso, não a biologia, mas a cultura se torna o destino" (BUTLER, 2003, p. 26 *apud* RODRIGUES, 2005, p. 179).

> Butler quis retirar da noção de gênero a ideia de que ele decorreria do sexo e discutir em que medida essa distinção sexo/gênero é arbitrária. Butler chamou a atenção para o fato de a teoria feminista não problematizar outro vínculo considerado natural: gênero e desejo (RODRIGUES, 2005, p. 179).

Percebemos que ela defende a performatividade do gênero e não a determinação biológica, supostamente dada pelo sexo. "Aceitar o sexo como um dado natural e o gênero como um dado construído, determinado culturalmente, seria aceitar também que o gênero expressaria uma essência do sujeito" (RODRIGUES, 2005, p. 180). No debate com Beauvoir, Butler indica os limites dessas análises de gênero que, segundo ela, pressupõem e definem por antecipação as possibilidades das configurações imagináveis e realizáveis de gênero na cultura. Partindo da emblemática afirmação "A gente não nasce mulher, torna-se mulher", ela aponta o fato de que não há nada em sua explicação [de Beauvoir] que garanta que o ser que se torna mulher seja necessariamente fêmea (BUTLER, 2003, p. 27 *apud* RODRIGUES, 2005, p. 180).

O gênero seria um fenômeno inconstante que não marcaria um sujeito substancial, mas traria à tona um ponto relativo de convergência entre conjuntos muito específicos de relações, cultural e historicamente convergentes. Foi através das críticas às dicotomias que a divisão sexo/gênero produz, que Butler chegou a crítica do sujeito e contribuiu para o desmonte da ideia de um sujeito uno. Ela não recusou completamente a noção de sujeito, mas propôs a ideia de um gênero como efeito no lugar de um sujeito centrado. Assim, nos apresenta essa possibilidade: "Aceitar esse caráter de efeito seria aceitar que a identidade ou a essência são expressões, e não um sentido em si do sujeito" (RODRIGUES, 2005, p. 180).

A relação entre ética e sexualidade

À primeira vista, relacionar os termos ética e sexualidade parece ser difícil, mas quando estamos envoltos nos assuntos ligados a esse tema, temos a obrigação moral de fazer uma análise crítica referente a tudo o que vem acontecendo no Brasil, no mundo, em relação às questões que envolvem o campo da sexualidade. Nesse sentido, precisamos estar atentos, sair do campo da observação e nos inserirmos nas pautas das discussões, não com achismos, mas com conhecimento, com estudo, para não cairmos na armadilha de se deixar guiar por grupos extremos e que não apresentam ética em seus argumentos e posturas.

Assim sendo, vamos conhecer um pouco mais sobre as questões que envolvem a regulamentação do sexo, pelos Estados, sociedades, religiões. Enfim, entender como o sexo e a sexualidade eram tratados e como o aprendemos e percebemos nos dias de hoje.

"O discurso sobre a regulamentação do sexo sempre foi um assunto do Estado, das elites dominantes e da religião" (FOUCAULT, 1994 *apud* SANTOS; CECCARELLI, 2010, p. 23). Apesar de permitida, a atividade sexual, que é extremamente variável em sua forma, sempre foi atrelada a regras que variam de acordo com cada sociedade.

A questão da moral e da ética sexual é um fato cultural. Todas as sociedades mantêm regras a respeito da libido. Existe um controle em relação aos "prazeres da carne", com intensidades diferentes e em momentos sócio-históricos variados, um elemento constitutivo do ser humano (SANTOS; CECCARELLI, 2010). Na Antiguidade, a capacidade de comandar o corpo e os prazeres era muito valorizada:

> [...] dentre alguns dos expedientes utilizados para este fim, não podemos deixar de reconhecer posições próximas daquilo que a psicanálise chama de sublimação: a sexualidade pode ser controlada e a economia da descarga sexual que daí resulta pode ser utilizada para aquisições culturais (SANTOS; CECCARELLI, 2010, p. 23).

Parrinder (1986) diz que em níveis diferentes, todas s religiões propõem um regime sexual.

> Em algumas sociedades onde prevalece o domínio religioso, cabe aos sacerdotes, inspirados pela vontade dos deuses, ditar a moral sexual. Já nas chamadas sociedades científicas e tecnocratas são os sábios (médicos, psicanalistas, psicólogos, pedagogos, etc.) que se ocupam da regulação da sexualidade (GAGNON, 1990 *apud* SANTOS; CECCARELLI, 2010, p. 23).

O que se percebe de tudo isto, é que o discurso sobre a sexualidade é um artefato que foi criado para lidar com o mistério sexual, que não tem como ser observado e controlado. Sendo o inconsciente sexual, suas produções são muitas vezes sentidas, tanto pelo sujeito quanto pela cultura, como algo da ordem do estranho. (SANTOS; CECCARELLI, 2010).

Freud (1905 *apud* SANTOS; CECCARELLI, 2010, p. 23) em *Três ensaios sobre a teoria da sexualidade*, nos apresenta suas posições a respeito da sexualidade humana, sobretudo ao supor que ela age a serviço próprio, não possui objeto fixo, e que seu objetivo é o prazer e não a procriação. Nesse sentido, os destinos da sexualidade não são dados *a priori* pela biologia: trata--se de uma construção mítica – o mito individual do neurótico – que permite ao sujeito (re)significar a sua história.

As questões introduzidas pelo Cristianismo, no que diz respeito à participação da sexualidade nas formações das referências ético-morais e dos ideais sociais da cultura ocidental, foram e têm sido objeto de vários estudos, dentre os quais os três volumes de *História da sexualidade,* escrito por Michel Foucault. A leitura desses três livros, evidencia o quanto as religiões amparadas em uma tradição judaico-cristã sempre subjugaram e restringiram as práticas sexuais.

A Lei Mosaica, no Livro de Levítico (Lv 18, 26-30), constrói um estatuto referente às práticas sexuais, determinando as proibidas, as abomináveis e as impuras. O Direito Canônico, no século XVIII, considerava como impuro e criminoso o ato sexual em si mesmo e, a princípio, sujeito à sanção penal e à perda dos direitos civis e patrimoniais à virgem, ou à "mulher honesta", que, espontaneamente, se unisse, carnalmente, a um homem. Proibia-se até mesmo o desejo e o próprio pensamento (SANTOS, 2007).

Santos e Ceccarelli (2010) trazem a questão do Concílio Vaticano I (1869-1870), que resultou na publicação da Constituição Dogmática Pastor Aeternus sobre o primado e infalibilidade do Papa quando se pronuncia em assuntos de fé e de moral, a Igreja pregou o castigo eterno a quem ousasse desrespeitar suas restrições divinas. Se a castidade, por determinação do Concílio, já não constituía a condição escatológica para a salvação, ela ainda representava um ideal da vida cristã diante do qual o sexo, mesmo provido da desculpa sacramental do casamento, era apenas um estado inferior:

> A única justificativa para a sexualidade era a reprodução da espécie, e, somada ao sacramento do matrimônio, ela apagava o pecado do prazer; mas o prazer em si era tido apenas como uma falha, da qual ao menos a esposa podia ser salva pela graça da frigidez; e a união só era lícita quando contribuía para a procriação, única coisa a desculpar a bestialidade desses atos. Na falta da perfeição e já que o povo do Senhor tinha de se propagar, podia-se tolerar

algum prazer, sob a condição de que ele fosse bastante reduzido e de modo algum se transformasse num fim em si (LANTERI-LAURA, 1994, p. 21 apud SANTOS; CECCARELLI, 2010, p. 24).

Se tomarmos como referência *A genealogia da moral*, de Nietzsche (1887), veremos que a moral racionalista transformou tudo o que é natural e espontâneo nos seres humanos em vício, falta, culpa, impondo a eles tudo o que oprime a natureza humana. Paixões, desejos e vontades não se referem ao bem e ao mal, pois estes seriam invenções da moral racionalista (SANTOS; CECCARELLI, 2010).

As questões sexuais parecem constranger e amedrontar a Igreja por ocultar implicações que extrapolam o campo da sexualidade. Representações de Deus, da salvação e do pecado, como tentativas de barrar o retorno do recalcado, podem de fato estar em jogo em torno dessa problemática. Além de uma questão moral, a Igreja se vê imobilizada diante de um emaranhado de questões dogmáticas. Por isso mudanças na moral sexual encontram resistências e impossibilidades (SANTOS; CECCARELLI, 2010) (Figura 1).

Figura 1. Sexo e moral.
Fonte: Goltzius (2018, documento on-line).

Os problemas da ausência de ética na temática da sexualidade

Como podemos perceber, os problemas relacionados a sexualidade, sempre existiram, seja em torno das instituições religiosas, de saúde, da família, Estado entre outras instâncias. Discutir essas questões se torna fundamental, para que todos possam compreender a complexidade da temática e, a partir disso, mudar seus modos de pensar, agir, sentir. Conhecer todas as questões que envolvem a sexualidade nos faz seres mais completos, mais saudáveis, mais felizes e diante disso, com um número menor de casos de falta de ética nas questões que envolvem a sexualidade, seja aonde for.

Poderia aqui, citar inúmeros problemas relacionados à falta de ética nas relações sexuais e até mesmo, em relação às pessoas que estudam sobre essa temática, como, por exemplo, o ocorrido com a autora e estudiosa Judith Butler, quando veio ao Brasil participar de um seminário intitulado *Os fins da democracia,* no Sesc Pompéia em São Paulo, em novembro de 2017. Butler é pesquisadora e uma de suas principais temáticas se refere às questões sobre a sexualidade. A maneira como ela foi tratada em terras brasileiras pode ser considerada como falta de ética daqueles que expressam uma opinião diferente da autora.

Não muito distante desse acontecimento, também ocorreu, no mesmo ano, o cancelamento do *Queermuseu* em Porto Alegre, que estava em exposição Santander Cultural. Outro momento, que nos faz pensar, até que ponto pode chegar o entendimento de parte da população sobre as questões que envolvem a sexualidade. Outra questão que chamo à atenção diz respeito à atitude por parte da justiça de Jundiaí, ao solicitar o cancelamento da peça de teatro que traria Jesus como uma mulher transgênero. Esses episódios, como percebemos, mexeram com os sentimentos de parte da população brasileira, que considerou falta de ética de quem os estavam propondo; considerando uma afronta à moral e aos bons costumes. Temos, ainda, as questões que envolvem a ética e a violência sexual. De acordo com Barbosa et al. (2010, p. 299), os crimes de abuso sexual:

> [...] têm aumentado, especialmente entre as mulheres e adolescentes. As suas consequências envolvem aspectos físicos, psicológicos e sociais, os quais devem ser adequadamente abordados pelas políticas de saúde pública e no contexto da bioética.

Nesse sentido, a violência sexual resulta em quase todos os casos em uma gravidez indesejada, e nesse aspecto, implica pensar na necessidade de discutir eticamente acerca dos aspectos do aborto legal e de uma assistência multidisciplinar às vítimas.

Villela e Lago (2007 *apud* BARBOSA et al., 2010, p. 300) destacam que:

> [...] muito embora exista certa garantia de atendimento às mulheres vítimas de violência sexual, um atendimento integral e de qualidade ainda representa um desafio no setor de saúde, pois se trata de um tema articulado com significações morais, éticas e religiosas.

Não esgotando essa importante questão em torno da violência sexual, é importante direcionar o olhar para um viés ético e social. Ético por reconhecer a importância singular da subjetividade desses sujeitos e pelo respeito à vida e, social, por compreendermos este como um bojo onde todos os aspectos antropológicos, culturais, morais e religiosos estão incluídos (BARBOSA et al., 2010).

> A palavra ética advém do grego *ethos*, que significa morada (Boff, 1997). Outros termos gregos também são evocados a partir de *ethos*, a saber: *polis* – cidade, política; *cosmos* – universo, cosmologia, ordem, harmonia, beleza, cosmético; *bios* – vida, vivo; *métron* – medida; *homeostase* – homeostase e *oikos* – eco, casa de eco-logia, eco-nomia (Silva, 2006), abarcando em sua pluralidade etimológica diferentes discursos e campos de aplicação (BARBOSA et al., 2010, p. 301).

O campo da ética é vasto e propício para se discutir várias questões ditas contemporâneas, mas trago aqui como intenção problematizar os aspectos éticos relacionados ao campo da sexualidade, entre eles: violência contra a mulher, violência contra a população LGBT+, ética nas relações de sexualidade no trabalho, as questões referentes à sexualidade da família, às religiões, as questões relacionadas à sexualidade nas escolas, nos grupos de jovens. Enfim, precisamos entender que a ética está inclusa em todas essas questões e que devemos nos pautar e primar por ela em todas as relações a quais estamos inseridos.

Se voltarmos nosso olhar para os sujeitos transexuais, por exemplo, podemos perceber a gama de questões éticas que pautam a transgenitalização (cirurgia de readequação de gênero). A cirurgia de mudança de sexo no transexual envolve uma dupla questão: uma quanto à permissividade (campo penal e da ética médica) e outra quanto à obrigatoriedade do Estado em prestar o atendimento cirúrgico. Por óbvio, a segunda questão está eminentemente ligada à permissividade da conduta. O art. 129, parágrafo 1º, III que pune com reclusão de dois a oito anos a ofensa à integridade corporal de outrem se resulta debilidade permanente de membro, sentido ou função, não inclui a conduta da mudança de sexo.

Quanto à questão de identidade civil, o TJ/RS, a partir de 1989, foi firmando posicionamentos no sentido de conceder alteração do registro (nome e sexo) em sendo o pedido precedido de cirurgia de conversão; a competência é da Vara dos Registros Públicos e a tramitação do processo dá-se em segredo de justiça. Porém, o Supremo Tribunal Federal (STF), por unanimidade, em 28/04/81, sob o argumento de impossibilidade jurídica do pedido e inocorrência de ofensa ao princípio constitucional da legalidade, decidiu desfavoravelmente à alteração. Mais recentemente, em 1997, o STF decidiu, em sede de agravo de instrumento, relativamente ao pedido feito por Roberta Close, confirmando a decisão do TJ/RJ, para o qual "[...] sexo não é opção, mas determinismo biológico, estabelecido na fase de gestação", e há "[...] prevalência do sexo natural sobre o psicológico" (SANTOS; COSTA, 2007, documento on-line).

Fortes (1988), ao definir a ética, a relaciona como um dos mecanismos que regulam as relações sociais do homem com o objetivo de garantir a coesão social e harmonizar interesses individuais e coletivos.

> Caminhando nessa corrente de pensamento, Dallari (1998) afirma que qualquer ação humana que possa refletir sobre pessoas e seu ambiente deve, necessariamente, implicar no reconhecimento de valores e em uma avaliação de como estes poderão afetar os indivíduos e a sociedade como um todo. Da mais complexa à mais rudimentar sociedade, a percepção de que a vida é em si mesma inerente à condição humana, torna-a um valor ético e, entre as diversas peculiaridades dessa condição, encontra-se a possibilidade de desenvolvimento interior, de transformação da natureza e do estabelecimento de novas formas de convivência (BARBOSA et al., 2010, p. 301).

A origem sobre o conceito de cuidado de si remete à civilização grega antiga onde o cuidar de si mesmo era não só um privilégio, mas também um poder ou direito estatutário por assim dizer. O termo grego equivalente para cuidado de si, *epimeleia heautou,* é um termo rico que comporta a ideia de cuidar de si mesmo, ocupar-se consigo mesmo, preocupar-se consigo mesmo dentre outros. Contudo, tal termo não designa apenas a preocupação consigo mesmo, mas uma série de ocupações; e certo labor na relação do indivíduo consigo (CARVALHO, 2017).

A prática do cuidado de si envolve desde cuidar do corpo, regimes de saúde, satisfação das necessidades, meditações, leituras, conversas com amigos.

Percebemos, dessa forma, que através do cuidado de si, existem atividades de si sobre si e uma comunicação com o outro. Sendo assim, o cuidado de si não é uma prática solitária, mais social.

O cuidado de si para consigo mesmo, permite ao indivíduo operar sozinho ou com o auxílio do outro, permite uma série de exercícios sobre seu corpo, sua forma de pensar, de agir eticamente, seu modo de ser, o que permite a transformação do próprio indivíduo em um ser mais ético, justo e detentor de conhecimento sobre seu corpo e sua sexualidade.

Saiba mais

Acesse o link ou código a seguir e leia o artigo *A ética do cuidado de si na construção da identidade de gênero*.

https://goo.gl/16xBfy

Referências

BARBOSA, L. N. F. et al. Sobre ética e violência sexual: recortes de um caso atendido fora dos serviços especializados. *Revista SBPH*, v.13, n. 2, jul./dez. 2010. Disponível em: http://pepsic.bvsalud.org/pdf/rsbph/v13n2/v13n2a11.pdf>. Acesso em: 02 jun. 2018.

BUTLER, J. Corpos que pensam: sobre os limites discursivos do "sexo". In: LOURO, G. L. (Org.). *O corpo educado*: pedagogias da sexualidade. Belo Horizonte: Autêntica, 2000.

CARVALHO, A. S. *A ética do cuidado de si na construção da identidade de gênero*. 2017. 69 f. Dissertação (Mestrado em Filosofia) - Universidade de Caxias do Sul, Caxias do Sul, 2017. Disponível em: <https://repositorio.ucs.br/xmlui/bitstream/handle/11338/2817/Dissertacao%20Alan%20Silva%20Carvalho.pdf?sequence=1&isAllowed=y>. Acesso em: 02 jun. 2018.

FORTES, P. A. C. *Ética e saúde:* questões éticas, deontológicas e legais, autonomia e direitos do paciente. Estudo de casos. São Paulo: EPU, 1988.

GOLTZIUS, H. *Adam and Eve:* the fall of man. 2018. Disponível em: <https://l7.alamy.com/zooms/abfb438d97f24a679695897ee274ad8e/adam-and-eve-the-fall-of-man-by-hendrik-goltzius-1558-1617-oil-on-hpp21k.jpg>. Acesso em: 02 jun. 2018.

HALL, S. Quem precisa da identidade? In: SILVA, T. T. (Org.). *Identidade e diferença*: a perspectiva dos estudos culturais. Petrópolis: Vozes, 2011. p. 103-133.

LOURO, G. L. *Gênero, sexualidade e educação:* uma perspectiva pós-estruturalista. 16. ed. Petrópolis: Vozes, 2014.

MEYER, D. E. Gênero e educação: teoria e política. In: LOURO, G. L.; NECKEL, J. F.; GOELLNER, S. V. (Org.). *Corpo, Gênero e Sexualidade*: um debate contemporâneo na educação. Petrópolis: Vozes, 2013. p. 11-29.

PARRINDER, G. *Le sexe dans les religions du monde*. Paris: Centurion, 1986.

REIS, J. F. S. *A importância das discussões de gênero e sexualidade no ambiente escolar.* 28 abr. 2016. Disponível em: <https://petpedufba.wordpress.com/2016/04/28/a-importancia-das-discussoes-de-genero-e-sexualidade-no-ambiente-escolar/>. Acesso em: 02 jun. 2018.

RODRIGUES, C. Butler e a desconstrução do gênero. *Revista Estudos Feministas*, v. 13, n. 1, p. 179-183, 2005. Disponível em: <http://www.scielo.br/scielo.php?script=sci_arttext&pid=S0104-026X2005000100012#nt01>. Acesso em: 02 jun. 2018.

SANTOS, A. B. R. *A perversão sexual:* por uma disposição ética para a clínica psicanalítica. Trabalho de conclusão de curso (Graduação em Psicologia) - Pontifícia Universidade Católica de Minas Gerais, Belo Horizonte, 2007.SANTOS, A. B. R.; CECCARELLI, P. R. Psicanálise e moral sexual. *Reverso*, v. 32, n. 59, p. 23-30, 2010. Disponível em: <http://www.ceccarelli.psc.br/texts/psicanalise-moral-sexual.pdf>. Acesso em: 02 jun. 2018.

SANTOS, C. B.; COSTA, A. B. *Ética e Sexualidade*. 2007. Disponível em: <http://www.ufrgs.br/e-psico/etica/temas_atuais/etica-e-sexualidade-texto.html>. Acesso em: 02 jun. 2018.

SILVA, T. T. A produção social da identidade e da diferença. In: SILVA, T. T. (Org.). *Identidade e diferença:* a perspectiva dos estudos culturais. Petrópolis: Vozes, 2000. p. 73-102.

WOODWARD, K. Identidade e diferença. In: SILVA, T. T. (Org.). *Identidade e diferença*: a perspectiva dos estudos culturais. Petrópolis: Vozes, 2000. p. 7-72.

Leituras recomendadas

BOFF, L. Identidade e Complexidade. In: CASTRO, G.; CARVALHO, E. A.; ALMEIDA, M. C. (Org.). *Ensaios de Complexidade*. Porto Alegre: Sulina, 1997. p. 55-60.

BUTLER, J. *Problemas de gênero:* feminismo e subversão da identidade. Rio de Janeiro: Civilização Brasileira, 2003.

DALLARI, S.G. Bioética e Direitos Humanos. In: COSTA, S.I.F.; OSELKA, G.; GARRAFA, V. (Org.). *Iniciação à Bioética*. Brasília, DF: Conselho Federal de Medicina, 1998. p. 231-241.

FOUCAULT, M. *A história da Sexualidade I:* a vontade de saber. Rio de Janeiro: Graal, 1988.

FOUCAULT, M. *A história da Sexualidade II:* o uso dos prazeres. Rio de Janeiro: Graal, 1984.

FOUCAULT, M. *A história da Sexualidade III*: o cuidado de si. Rio de Janeiro: Graal,1985.

FREUD, S. *Trois essais sur la théorie de la sexualité.* Paris: Gallimard, 1987[1905].

GAGNON, S. *Plaisir d'amour et erainte de Dieu:* sexualité et confession au Bas. Leval: Presses Université, 1990.

LANTERI-LAURA, G. *Leitura das perversões.* Rio de Janeiro: Jorge Zahar, 1994.

NIETZSCHE, F. *A Genealogia da moral.* 4. ed. Petrópolis: Vozes, 2013.

PRADO FILHO, K. Ontologia e ética no pensamento de Michel Foucault. In: ZANELLA, A. V. et al. (Org). *Psicologia e práticas sociais.* Rio de Janeiro: Centro Edelstein de Pesquisas Sociais, 2008. Disponível em: <http://books.scielo.org/id/886qz>. Acesso em: 02 jun. 2018.

SILVA, J. J. *Ética no contexto atual.* Recife: Ed. Universitária UFPE, 2006.

VILLELA, W. V.; LAGO, T. Conquistas e desafios no atendimento das mulheres que sofreram violência sexual. *Cadernos de Saúde Pública,* v. 23, n. 2, p. 471-475, 2007. Disponível em: <http://www.scielo.br/scielo.php?script=sci_arttext&pid=S0102-311X2007000200025>. Acesso em: 02 jun. 2018.

Ética e questões étnicas

Objetivos de aprendizagem

Ao final deste texto, você deve apresentar os seguintes aprendizados:

- Discutir questões éticas que enredam as etnias.
- Conceituar a pluralidade ética.
- Construir um raciocínio acerca do contexto atual da ética no que tange às questões étnicas.

Introdução

A ética dedica-se ao estudo da moral, ou seja, os fenômenos morais, os fatos sociais que são regulados pelas normas morais de uma sociedade, ou seja, todas as regras de comportamento de uma sociedade são submetidas a avaliações morais. A ética é uma construção social e nesse sentido estão vinculadas as questões étnicas, ou seja, com os costumes e normas morais de cada grupo de indivíduos, como, por exemplo: indígenas, negros, europeus e asiáticos.

Neste capítulo, iremos abordar a questão étnica, sob uma perspectiva ética. Discutiremos as relações entre diferentes etnias, as discriminações e a questão da pluralidade étnica.

As questões éticas e as etnias

A discriminação em relação aos grupos étnicos ocorre muitas vezes de forma velada e é tida como preconceito racial, que tem suas bases no comportamento fundamentado no juízo de valores, que é socialmente construído por cada grupo étnico. Tal discriminação ocorre de fato, quando grupos humanos são considerados como raças ou ainda por traços raciais, como, por exemplo, cor da pele, e que são tratados de forma diferente dos outros, do ponto de vista social, cultural político e econômico.

Essas desigualdades ficam mais evidentes quando conseguimos perceber que grupos que são considerados superiores, conseguem alguns privilégios, se comparados a outros grupos considerados inferiores. O racismo no Brasil, enquanto construção social e histórica é repleto de discriminação e preconceito, o que vem acarretando prejuízo a uma significativa parcela da população de diferentes etnias, independente da camada social que ocupam.

No entendimento das ciências humanas e da política brasileira, por exemplo, o conceito de raça traz consigo alguns problemas que precisam ser levados em consideração. Tal conceito não está fundamentado nas questões biológicas, mas traz consigo um sentido sociológico, que está relacionado a uma determinada identidade cultural, que vem marcado por questões físicas e que está fortemente associado a valores morais, culturais e intelectuais (CUNHA; SANTOS, 2014).

Como percebemos, é na esfera social que as questões relacionadas à raça ganham destaque, que nem sempre é positivo, como, por exemplo, na forma que essa população tem acesso à riqueza que é socialmente produzida, no acesso e permanência ao mercado de trabalho, nas relações afetivas, na invisibilidade escolar; enfim, é na vida cotidiana desses sujeitos que a diversidade racial ganha os contornos de desigualdade social.

Já o conceito de etnia relaciona-se aos indivíduos que compartilham uma herança social e cultural, que é transmitida de uma geração para a outra. Nesse sentido, etnia se refere aos aspectos culturais e carrega um sentido político de afirmação da diferença cultural enquanto valorização humana. Sujeitos que podem ser relacionados a grupos raciais distintos, podem ser alocados num mesmo grupo étnico, pois, além das características físicas, existe um resgate do pertencimento e de um passado comum (SANTOS et al., 2010).

Diante disso, percebemos que os conceitos de raça e etnia não são os mesmos, mas se complementam, razão pela qual em diversas produções encontramos a associação raça/etnia. Nesse sentido, compreendemos que o termo raça continua atual e que os aspectos culturais relacionados à etnia são causadores de discriminação, principalmente quando associado à raça.

Desde 1988, com a publicação da Constituição Brasileira, a sociedade passou a aprofundar, debater e encaminhar propostas para a promoção dos direitos que são garantidos pela Constituição e pela superação das desigualdades e discriminações, incluindo aqui aquelas oriundas das classificações étnicas. O racismo que se faz presente nas relações étnico-raciais (compreender as formas como negros e brancos se relacionam em nosso país, refere-se ao conceito de etnia), principalmente no Brasil, é um fator importante na construção de desigualdades sociais e que vem causando humilhação e sofrimento para essa camada social, que é a mais atingida (SANTOS; MARQUES, 2012).

Diante de tal panorama, devemos nos perguntar, quando construiremos uma sociedade que respeite as diferenças e peculiaridades dos diversos grupos étnicos. Estamos vivendo uma situação social complexa, onde percebemos a falta de muitas coisas, como, por exemplo, a ética que está ausente das pautas políticas, a compra de votos; culturais, o jeitinho brasileiro para resolver as situações, e sociais. Estamos vivendo um período de vazio ético.

Fique atento

Segundo o IBGE – Instituto Brasileiro de Geografia e Estatística, há pelo menos 900 mil índios espalhados pelo território nacional, que estão divididos em 305 etnias e falam aproximadamente 274 línguas. Esses dados fazem do Brasil um dos países com maior diversidade sociocultural do mundo. O IBGE fez um mapeamento sobre a localização desses povos e sua movimentação durante as duas últimas décadas. Entre os anos de 2000 e 2010, o percentual de indígenas que vivem nas regiões Sul e Sudeste caiu, enquanto cresceu em outras regiões do país. Nesse período, a região Norte abrigou a maior parcela de indígenas (37,4%), acompanhada pelo Nordeste (25,5%), Centro-Oeste (16%), Sudeste (12%) e Sul (9,2%).

Ainda que a população indígena do Sudeste esteja em declínio, São Paulo ocupa o quarto lugar na lista de municípios brasileiros com mais índios, chegando ao número de 13 mil. Parte desse grupo vive em aldeias Guarani Mbya, nos arredores da cidade, em territórios que ainda estão em processo de demarcação.

Fonte: Fellet (2016, documento on-line).

Pluralidade étnica

Os estudos sobre as relações étnico-raciais aumentaram com o final na Segunda Guerra Mundial e com o final do Holocausto, pois a busca pela compreensão dos fenômenos de intolerância racial e genocídio se intensificaram. Nesse sentido, após o ano de 1940 houve um esforço por parte dos cientistas, psicólogos e demais áreas das ciências humanas e sociais para a extinção da ideia de raça, desautorizando seu uso como categoria científica. A partir daí, buscou-se explicar as diferentes características físicas, intelectuais e psicológicas das populações por meio de fatores ambientais, como, por exemplo, a condição social e econômica, e não pelo pertencimento a diferentes grupos raciais.

Mesmo assim, a raça continua sendo uma construção sociológica, que é efeito de um estudo que só faz sentido se analisado em um determinado contexto histórico, ou seja, se trata de uma construção social que remete à origem de um grupo com base na transmissão de traços fisionômicos, que são transpostos para qualidades morais e intelectuais. Passa a ser também, um discurso sobre o lugar de onde se veio que nesse caso, nos remete ao conceito de etnia. (BRASIL, 1997)

O Brasil, como sabemos, é um país que apresenta uma grande diversidade étnica. De forma geral, podemos dizer que a composição étnica do Brasil é basicamente formada por três grupos étnicos principais:

- indígenas: já habitam o território brasileiro antes mesmo do descobrimento;
- europeus: basicamente formado de portugueses, além de franceses, holandeses, italianos, espanhóis, entre outros;
- africanos: os negros africanos foram trazidos para o Brasil e aqui escravizados.

A partir da mistura desses três grupos principais, deu-se a miscigenação do povo Brasileiro, que se define pela mistura das diversas etnias, que deu origem a novas populações que trazem consigo traços físicos e culturais, de suas matrizes. A miscigenação entre brancos e negros deu origem aos povos que são chamados de mulatos. A mistura entre índios e brancos formou os mamelucos. A miscigenação entre negros e índios deu origem aos cafuzos (RIBEIRO, 1995).

De acordo com o IBGE, a classificação da população brasileira é feita com base em cinco tipos diferentes de raças: os brancos, os negros, os pardos, os amarelos e os indígenas. A Figura 1, a seguir, mostra alguns dados da composição da população brasileira no ano de 2010.

Sexo e grupos de idade	População residente						
	Total	Cor ou raça					
		Branca	Preta	Amarela	Parda	Indígena	Sem declaração
Total	**190 755 799**	**91 051 646**	**14 517 961**	**2 084 288**	**82 277 333**	**817 963**	**6 608**
0 a 4 anos	13 796 158	6 701 186	655 958	119 956	6 217 638	101 195	225
5 a 9 anos	14 969 375	6 562 558	887 209	139 543	7 279 983	99 841	241
10 a 14 anos	17 166 761	7 196 738	1 155 472	161 453	8 557 952	94 826	320
15 a 19 anos	16 990 872	7 311 734	1 264 183	177 008	8 155 126	82 500	321
15 a 17 anos	10 357 874	4 390 760	764 245	105 554	5 045 778	51 367	170
18 ou 19 anos	6 632 998	2 920 974	499 938	71 454	3 109 348	31 133	151
20 a 24 anos	17 245 192	7 774 488	1 381 677	200 060	7 814 487	73 387	1 093
25 a 29 anos	17 104 414	7 936 115	1 443 820	202 733	7 455 402	65 104	1 240
30 a 34 anos	15 744 512	7 344 600	1 360 298	182 150	6 800 175	56 326	963
35 a 39 anos	13 888 579	6 596 137	1 175 333	152 546	5 915 773	48 167	623
40 a 44 anos	13 009 364	6 365 363	1 095 301	139 230	5 368 059	40 950	461
45 a 49 anos	11 833 352	6 052 769	972 738	124 664	4 647 205	35 645	331
50 a 54 anos	10 140 402	5 286 559	848 098	106 539	3 869 792	29 156	258
55 a 59 anos	8 276 221	4 404 057	675 404	95 149	3 076 630	24 800	181
60 a 69 anos	11 349 930	6 158 001	906 487	152 099	4 097 068	36 062	213
70 anos ou mais	9 240 667	5 361 341	695 983	131 158	3 022 043	30 004	138

Figura 1. Tabela de população residente, por cor ou raça, segundo o sexo e os grupos de idade no Brasil.
Fonte: IBGE (2010, documento on-line).

As etnias do mundo

Quando falamos em etnia, devemos lembrar também de quais grupos étnicos é formada a população mundial e não somente a população de um país ou região do globo terrestre. As principais etnias, de acordo com Nogueira (2015), presentes no mundo são:

- branca ou caucasiana: compreende metade da população mundial e é composta por europeus, os semítico-camíticos (semitas) e os indo-irânicos (Oriente Médio);
- amarela: compreende dois quintos da população mundial e é composta em sua maioria por asiáticos;
- negros: compreende um décimo da população mundial. Geralmente são oriundos do Continente Africano.

Saiba mais

Conquistas importantes na luta do negro no Brasil
Hoje em dia existem algumas leis que protegem os negros da discriminação racial. A Lei nº 9.459/97, por exemplo, complementa a Lei nº 7.716/89, que define o racismo como crime.

Outra conquista importante, no âmbito da educação e da preservação da cultura dos negros, foi a Lei nº 10.639/03, que alterou a Lei nº 9.394/96 das Diretrizes e Bases da Educação (LDB), incluindo no currículo oficial da rede de ensino a obrigatoriedade da temática de História e Cultura Afro-Brasileira.

Outra lei importante é a de cotas (Lei nº 12.711/2012) para negros nas universidades, que assegura 20% das vagas em universidades para negros, pardos e indígenas.

Contexto atual da ética e as questões étnicas

A ética é um ramo da filosofia que estuda o que é bom ou mal, certo ou errado. Na base etimológica, as palavras ética e moral possuem o mesmo significado. A palavra grega *ethos* e a palavra latina moral, significam hábitos ou costumes.

Sendo assim, a ética como expressão do pensamento filosófico nos conduz a ideia da universalidade moral, ou seja, uma forma universal do comportamento humano, que é expressa em princípios válidos para todo o pensamento moral e sadio (CHAUÍ, 2000).

Como podemos perceber, o termo ética assume diferentes significados, dependendo do contexto em que estamos envolvidos. No caso do estudo das etnias, a ética pode ser entendida como o respeito aos costumes e hábitos de um dado grupo étnico, ou seja, o respeito às diferenças étnicas existentes não só no Brasil, mas em todo o globo terrestre.

Exemplo

Tomemos o Holocausto como exemplo: ao analisar as barbáries que os alemães realizaram na Segunda Guerra Mundial contra o povo judeu, é possível perceber que não houve ética ou respeito a uma cultura, hábitos e crenças diferentes. Outra situação que podemos observar é o fato de os alemães acreditarem na superioridade de uma raça em detrimento de outras.

O Holocausto foi a perseguição e o extermínio, durante o governo nazista, de aproximadamente seis milhões de judeus durante a Segunda Guerra Mundial. Relembramos que os nazistas chegaram ao poder na Alemanha acreditando que os alemães eram uma raça superior; e que os judeus eram uma raça inferior. Dos aproximadamente dez milhões de judeus que viviam na Europa antes do Holocausto, cerca de dois terços foram dizimados; mais de um milhão de crianças, dois milhões de mulheres e três milhões de homens judeus morreram nesse período. O genocídio foi realizado em etapas e eram utilizados os métodos mais bárbaros que resultavam nas mortes. Os que ali estavam concentrados (por isso o uso do termo campos de concentração) além de trabalhos forçados, eram submetidos a experiências que quase sempre eram processos extremamente dolorosos, que possuíam principalmente o intuito de desenvolver novas técnicas médicas e testar os limites de resistência do ser humano em atividades de guerra. A fome e as condições insalubres colaboraram para o extermínio além das câmaras de gás. Lembrando que durante o período da Segunda Guerra Mundial, o termo utilizado era raça e não etnia.

Link

Leia, na reportagem a seguir, uma descrição do Museu do da Imigração Judaica e do Holocausto, em São Paulo. Acesse o link ou o código.

https://goo.gl/FQ5MUb

Referências

BRASIL. *Parâmetros curriculares nacionais*: pluralidade cultural. Brasília, DF: MEC, 1997. Disponível em: <http://portal.mec.gov.br/seb/arquivos/pdf/pluralidade.pdf>. Acesso em: 09 abr. 2018.

CHAUÍ, M. *Convite à filosofia*. São Paulo: Ática, 2000.

CUNHA, R. R. T.; SANTOS, A. O. Aniela Meyer Ginsberg e os estudos de raça/etnia e intercultura no Brasil. *Psicologia USP*, v. 25, n. 3, p. 317-329, 2014. Disponível em: <http://www.scielo.br/scielo.php?pid=S0103-65642014000300317&script=sci_abstract&tlng=pt>. Acesso em: 09 abr. 2018.

IBGE. *População residente, por cor ou raça, segundo o sexo e os grupos de idade* – Brasil – 2010. 2010. Disponível em: <https://ww2.ibge.gov.br/english/estatistica/populacao/censo2010/caracteristicas_da_populacao/tabelas_pdf/tab3.pdf>. Acesso em: 09 abr. 2018.

NOGUEIRA, G. D. *Olhares sobre raça, etnia e desigualdades*. 2015. Disponível em: <https://wp.ufpel.edu.br/legadolaclau/files/2015/07/guilherme-nogueira.pdf>. Acesso em: 09 abr. 2018.

RIBEIRO, D. *O povo brasileiro*. São Paulo: Companhia das Letras, 1995.

SANTOS, D. J. S. et al. Raça versus etnia: diferenciar para melhor aplicar. *Dental Press Journal of Orthodontics*, v. 15, n. 3, p. 121-124, maio/jun. 2010. Disponível em: <http://www.scielo.br/pdf/dpjo/v15n3/15.pdf>. Acesso em: 09 abr. 2018.

SANTOS, R. F.; MARQUES, A. J. Diversidade étnico-racial: conceitos e reflexões na escola. In: *ENCONTRO REGIONAL DE HISTÓRIA DA ANPUH-RJ*. 15., São Gonçalo, jul. 2012. Anais... Rio de Janeiro: ANPUH-RJ, 2012. Disponível em: <http://www.encontro2012.rj.anpuh.org/resources/anais/15/1337560631_ARQUIVO_TEXTOANPUH-2012.pdf>. Acesso em: 09 abr. 2018.

Leituras recomendadas

BRASIL. *Lei nº 7.716, de 5 de janeiro de 1989.* Define os crimes resultantes de preconceito de raça ou de cor. Braspilia, DF, 1989. Disponível em: <http://www.planalto.gov.br/ccivil_03/leis/l7716.htm>. Acesso em: 09 abr. 2018.

BRASIL. *Lei nº 10.639, de 9 de janeiro de 2003.* Altera a Lei no 9.394, de 20 de dezembro de 1996, que estabelece as diretrizes e bases da educação nacional, para incluir no currículo oficial da Rede de Ensino a obrigatoriedade da temática "História e Cultura Afro-Brasileira", e dá outras providências. Brasília, DF, 2003. Disponível em: <http://www.planalto.gov.br/ccivil_03/leis/2003/l10.639.htm>. Acesso em: 09 abr. 2018.

BRASIL. *Lei nº 12.711, de 29 de agosto de 2012.* Dispõe sobre o ingresso nas universidades federais e nas instituições federais de ensino técnico de nível médio e dá outras providências. Brasília, DF, 2012. Disponível em: <http://www.planalto.gov.br/ccivil_03/_ato2011-2014/2012/lei/l12711.htm>. Acesso em: 09 abr. 2018.

EURICO, M. C. A percepção do assistente social acerca do racismo institucional. *Serviço Social e Sociedade*, São Paulo, n. 114, p. 290-310 abr./jun. 2013. Disponível em: <http://www.scielo.br/pdf/sssoc/n114/n114a05.pdf>. Acesso em: 09 abr. 2018.

FELLET, J. *305 etnias e 274 línguas*: estudo revela riqueza cultural entre índios no Brasil. BBC Brasil, 03 jul. 2016. Disponível em: <http://www.bbc.com/portuguese/brasil-36682290>. Acesso em: 09 abr. 2018.

FUNDAÇÃO DE APOIO À FACULDADE DE EDUCAÇÃO (Org.). *Programa Ética e Cidadania construindo valores na escola e na sociedade*: relações étnico-raciais e de gênero. Brasília, DF: MEC, 2007. Disponível em: <http://portal.mec.gov.br/seb/arquivos/pdf/Etica/1_rel_etica.pdf>. Acesso em: 06 abr. 2018.

JACQUES, M. G. C. et al. (Org.). *Relações sociais e ética*. Rio de Janeiro: Centro Edelstein de Pesquisas Sociais, 2008.

MARTINS, E.; SANTOS, A. O.; COLOSSO, M. *Relações étnico-raciais e psicologia*: publicações em periódicos da SciELO e Lilacs. Revista Psicologia: Teoria e Prática, v. 15, n. 3, p. 118-133, set./dez. 2013. Disponível em: <http://editorarevistas.mackenzie.br/index.php/ptp/article/view/4919>. Acesso em: 09 abr. 2018.

PAIM, A. *Tratado de Ética*. Londrina: Humanidades, 2003.

Bioética

Objetivos de aprendizagem

Ao final deste texto, você deve apresentar os seguintes aprendizados:

- Construir um conceito de ética na dimensão biotecnológica.
- Reconhecer os problemas que essa evolução pode trazer.
- Identificar as possibilidades para esses problemas.

Introdução

O surgimento da bioética se deu em meados do século XX, com a ideia de integrar o ser humano e a natureza. Nesse período, as intervenções científicas eram crescentes, sobretudo na área da saúde, o que veio a provocar uma reflexão sobre essas questões. Antes disso, a bioética era apenas uma resposta a problemas e, a partir daí, passou a ampliar sua compreensão ao refletir ativamente sobre novas situações, utilizando-se para isso um vasto referencial teórico para sustentar suas discussões.

Neste texto, você verá que os conhecimentos gerados pela bioética contribuíram para ampliar a noção de responsabilidade, não só por questões relacionadas aos seres humanos, mas também à ecologia.

A ética na dimensão biotecnológica

Na contemporaneidade, a ética passou a fazer parte dos discursos da população, dos meios de comunicação e de profissionais das mais diversas áreas do conhecimento, muitas vezes não sendo conhecedores do seu significado. De forma geral, a palavra ética é utilizada como um adjetivo, ou seja, com a intenção de qualificar uma instituição ou pessoa como sendo adequada, boa ou correta. Esse uso popular provavelmente foi influenciado pela definição que George Edward Moore propôs para ética, ou seja, que ela é investigação geral sobre aquilo que é bom.

É importante que se utilize a palavra ética sempre na forma adverbial, ou seja, ela própria sendo qualificada, eticamente inadequado ou eticamente adequado, nunca pressupondo que a ética se associe ao bom, ao correto ou ao adequado. Para este estudo, se faz importante entender a ética na concepção de três autores que podem auxiliar na compreensão adequada da questão. São eles: Adolfo Sanches Vasques, que caracterizou a ética como a busca de justificativas para verificar a adequação ou não das ações do homem; Joaquim Clotet (2003), que afirmou que "[...] a ética tem como objetivo facilitar a realização das pessoas"; Robert Veatch, que nos apresenta uma definição operacional da ética, propondo que ela é a realização de uma reflexão disciplinada das instituições morais e das escolhas morais que o ser humano faz.

Já a palavra bioética apareceu pela primeira vez por volta do ano de 1927, em um artigo que foi publicado no alemão *Kosmos*. Quem a utilizou pela primeira vez foi Fritz Jahr, como *bio + ethik*. A palavra foi caracterizada por esse autor como sendo o reconhecimento de obrigações éticas, ou seja, não apenas com relação ao ser humano, mas levando em consideração todos os seres vivos. No ano de 1973, André Hellegers utilizou o termo bioética para denominar os novos estudos que estavam sendo propostos na área da reprodução humana.

Por volta de 1980, Van Rensselaer Potter destacou a característica interdisciplinar e mais abrangente da bioética, quando passou a denominá-la de global. Seu objetivo com esse destaque era o de restabelecer o sentido original da bioética, mas não restringindo as discussões e reflexões nas questões pertinentes à medicina e à saúde, ampliando essas aos desafios ambientais que estavam surgindo. É importante destacar que Potter teve como embasamento a obra de Aldo Leopold, que na década de 1930 criou a ética da terra (*land ethics*). Leopold tinha como proposta ampliar a discussão feita por Jahr (1927), ao incluir, além das plantas e animais, o solo e todos os outros recursos naturais como objeto de reflexão ética.

Nesse sentido, a bioética passou a incluir os animais, as plantas, o solo e demais recursos naturais na reflexão ética, que já era realizada pelos seres humanos. Essa visão integradora do ser humano com a natureza, em uma abordagem ecológica, foi a perspectiva mais recente. Sendo assim, a bioética passou a ser abordada de forma simplificada ou restrita. Potter (1970) nos trouxe outra importante contribuição, percebendo que o avanço das biociências, que já havia naquela época, poderia levar a inovações que pudesse prejudicar a sobrevivência humana, mesmo assim, as perspectivas eram grandes em relação a sua contribuição para a qualidade de vida do homem, mesmo com o risco de consequências desastrosas para os indivíduos e para o ecossistema. Seguindo o pensamento de Potter (1971), no início a bioética foi considerada como a ciência da sobrevivência, com um sentido ecológico, que passaria a disciplinar a relação do homem com a natureza, passando o homem a interagir de forma harmoniosa, buscando uma melhoria das condições de vida, por meio das ciências biológicas, que garantiria a sobrevivência do planeta de modo equilibrado, preservando, desse modo, o ecossistema.

Olhando mais a fundo, na *Encyclopedia of bioethics*, Reich, em 1978, conceituou bioética como "o estudo sistemático das dimensões morais das ciências da vida e do cuidado da saúde, utilizando uma variedade de metodologias éticas num contexto multidisciplinar". A diversidade dos temas abordados pela bioética, estabelecidos por uma sociedade complexa, associada ao seu objetivo de solucionar os problemas da humanidade, fez com que surgisse a necessidade de agrupar diversas disciplinas, como ética, filosofia, sociologia, medicina, direito, biologia, antropologia entre outras, para que seu fim fosse alcançado.

Hoje em dia, o termo bioética refere-se à ética que deve existir nas relações médicas, na biotecnologia, nas ciências da vida, na engenharia genética, embriologia, ecologia e nas tecnociências. A bioética é responsável por determinar controles éticos em temas considerados polêmicos, como, por exemplo: aborto, clonagem, eutanásia, reprodução assistida, técnicas de biologia molecular com utilização de DNA, a eugenia, entre outros.

Os princípios da bioética são:

- não maleficência;
- beneficência;
- autonomia;
- justiça.

Link

A ética pertence a um campo do conhecimento humano que apresenta as dimensões espacial e territorial e se modifica de acordo com a sociedade, que é seu objeto de análise. A bioética é uma ciência inter e multidisciplinar, que aplica os fundamentos éticos às biociências.

Para entender melhor a bioética, acesse o link ou código a seguir.

https://goo.gl/YqoGYE

Os problemas da bioética

A Organização das Nações Unidas para a Educação, a Ciência e a Cultura (UNESCO), percebendo a necessidade de elaborar um documento que normatizasse as condutas sobre bioética e sobre os direitos humanos em âmbito universal, apresentou no ano de 2001 à Mesa Redonda de Ministros da Ciência sobre Bioética um documento normatizador. A partir daí, medidas foram tomadas para a elaboração de tal normatização e em 2003, o IBC (*International Bioethics Committee*) apresentou o relatório final a partir de um estudo realizado, concluindo que seria viável a elaboração do documento universal sobre bioética.

O IBC elaborou um texto prévio, que foi estruturado em três partes: consulta ampla sobre os objetivos e a estrutura da normativa aos principais atores (estados, comitês nacionais de bioética, organismos intergovernamentais, organizações não governamentais e especialistas nacionais); elaboração de um documento preliminar, baseado nas consultas e elaboração do texto definitivo, com o auxílio de peritos governamentais.

Foram organizadas pela UNESCO conferências com especialistas de diversos países como Argentina, Coréia do Sul, Portugal, Rússia, Indonésia, Turquia, entre outros. Com o término dessas conferências e consultas, a elaboração do documento prévio da normativa foi elaborado. A Declaração é um documento cujo princípio lógico estabelece linhas mestras dentro das quais será licito aos países definir normas que tratem sobre as questões bioéticas.

A Declaração Universal sobre Bioética e Direitos Humanos (ORGANIZAÇÃO..., 2006) é composta por 15 princípios que versam sobre: dignidade humana e direitos humanos; benefícios e danos; autonomia e responsabilidade individual; consentimento; pessoas incapazes de consentir; respeito pela vulnerabilidade humana e sua integridade pessoal; vida privada e confidencialidade; igualdade, justiça e equidade; não discriminação e não estigmatização; respeito pela diversidade cultural e pelo pluralismo; solidariedade e cooperação; responsabilidade social e saúde; compartilhamento dos benefícios; proteção das gerações futuras; proteção do meio ambiente, da biosfera e da biodiversidade.

No ano de 2012, no Brasil, o Conselho Nacional de Saúde (CNS) aprovou a Resolução nº 466/2012, que trata sobre pesquisas e testes em seres vivos. Essa resolução substituiu a Resolução nº 196/1996, a primeira a tratar sobre o tema, no Brasil. A Declaração busca assegurar que os benefícios diretos e indiretos sejam respeitados, contudo, não basta a existência desses benefícios, é fundamental a minimização de qualquer dano possível, principalmente quando esse advém da aplicação do conhecimento científico, ou ainda, de práticas médico-hospitalares, ou de tecnologias associadas.

Como podemos perceber, o indivíduo é o principal agente nas relações bioéticas e jurídicas e, motivados por essa razão, a Declaração Universal sobre Bioéticas e Direitos Humanos impõe que a autonomia do sujeito deve ser respeitada. Nesse sentido, o sujeito será livre para decidir toda vez que sua responsabilidade individual puder ser considerada e a sua conduta individual respeitar a autonomia dos demais envolvidos. Aqueles indivíduos que não forem capazes de exercer sua autonomia devem receber proteção, através de medidas especiais, para garantir seus direitos e interesses.

Saiba mais

A bioética é muito importante na luta pela valorização da vida humana, pela busca da dignidade, da liberdade, impedindo, desse modo, a eugenização e a coisificação do ser humano. O estudo bioético é desenvolvido para tutelar a vida e o modo de viver, sendo assim, é de suma importância identificar o objeto da análise bioética. Nesse sentido, a qualidade de vida deve ser defendida e preservada, pois esta é uma determinação prevista na constituição, expressa no princípio da dignidade humana, razão pela qual o constante progresso alcançado pelas ciências biológicas está sob vigilância. É importante lembrarmos que as preocupações não são restritas ao modo de viver e que os estudos biológicos influenciam também no modo e na qualidade da morte (MABTUM; MARCHETTO, 2015).

Identificando possibilidades

Os problemas atuais, relacionados à bioética, giram em torno da área da saúde, principalmente os mais polêmicos, como o aborto, a utilização de células-tronco, transplantes, eutanásia, engenharia genética, bebê de proveta, saúde pública, engenharia genética, entre tantos outros. Pensando nessas questões, um dos princípios previstos na Declaração Universal sobre Bioética e Direitos Humanos trata sobre os direitos da personalidade (ORGANIZAÇÃO..., 2006).

Tais direitos não podem ser retirados do sujeito exclusivamente por atos de vontade, mas podem ser relativizados. Por exemplo, o direito à integridade física é garantia de proteção à vida humana, nesse sentido, o Código Civil Brasileiro tutela sobre a integridade física, o direito do paciente, que é visto como um dos direitos da personalidade, quando estabelece que ninguém deve ser constrangido a se submeter, com rico de vida, a procedimento médico-hospitalar.

Entendemos que a bioética tem uma relação estreita com os direitos dos pacientes e dos sujeitos envolvidos em pesquisas, os quais, durante muito tempo, eram expostos a práticas lesivas, prejudiciais e degradantes, sem que houvesse qualquer tipo de preocupação com a sua proteção ou com a garantia de receberem informações a respeito das práticas biomédicas a que estavam sendo submetidos.

Entra aí o princípio da beneficência que culmina no preceito de fazer o bem e evitar o mal, isto é, potencializar os benefícios e minimizar os riscos que possam surgir. A profissão do médico, teoricamente, seria a própria vivência desse princípio que tem por objetivo aliviar a dor e curar o doente, independente de identidades e situação social. Um exemplo clássico acha-se na parábola do bom samaritano e na noção de **próximo** que ela sustenta. Podemos considerar como bons, em sentido geral, os fins que contribuem para o crescimento de um ser humano, ajudando-o a conseguir sua totalidade ou sua perda menor.

Entretanto, é preciso reconhecer que no ambiente hospitalar, e com o desenvolvimento histórico da própria instituição, gerou-se três paradigmas: o técnico-científico, o comercial-empresarial e o ético-humanitário. A organização tecnicista do espaço hospitalar, a estrutura cartesiana e positivista da assistência, o fragmento técnico-operacional e os modos de produção originaram a chamada **medicina de órgãos**, em que se pratica certo **esquartejamento científico** e **epistemológico** do paciente, enquanto objeto, em prejuízo de uma abordagem holística. Ao tentar reduzir o mundo a equações e algoritmos, a ciência se distanciou da vida, gerando uma medicina tecnicista e informatizada, que enxerga coisas em vez de semblantes. Recentemente, da parte da enfermagem, surgiu o critério da dor como 5º sinal vital, aliado aos de respiração, temperatura, pulso e pressão arterial, cujo registro no prontuário torna a dor mais visível e, em decorrência, mais exposta ao tratamento (DRUMMOND, 2011).

Outra questão volta-se para a bioética e a Estratégia Saúde da Família (ESF), que são domínios teórico-práticos capazes de unir a clínica e a saúde pública, sendo considerados, por analogia, como genuínas pontes. A bioética alude aos problemas morais que emergem da intervenção humana em diferentes campos, com destaque para aqueles inerentes às relações estabelecidas em todos os níveis da atenção à saúde. Enveredar-se nessa temática requer o auxílio de conceitos fundantes da ética, uma vez que os aspectos éticos da atenção à saúde nem sempre são visíveis aos gestores, usuários e trabalhadores da área e, ao final, interferem direta e indiretamente na consolidação do Sistema Único de Saúde (SUS) (Vida, 2014).

A bioética, na vida cotidiana, vem ocupando-se de questões fundamentais da humanidade e que acabam modificando nossa sociedade e o seu futuro, o que influencia no comportamento do indivíduo. Por exemplo, como lidar eticamente com as novas definições de início e de fim da vida humana, ou ainda da qualidade de vida humana, o que pode ser realizado do ponto de vista ético em experimentos científicos, como lidar eticamente com o meio ambiente.

A psicanálise, por sua vez, também lida com questões fundamentais da humanidade a partir do vértice do indivíduo, o que seguramente modificou a sociedade. Por exemplo, a definição de inconsciente, do conceito de pulsões, diferenciando-o dos instintos ou do conceito de pulsão de morte. Considero, no entanto, que a psicanálise dedicou pouca atenção a questões sociais (COHEN; GOBBETTI, 2004).

Tanto a bioética quanto a psicanálise vêm revolucionando a humanidade: a primeira partindo de uma percepção externa do ser humano e a outra de sua percepção interna. O que tentamos elaborar neste artigo foi uma integração da bioética com a psicanálise, pois seguramente ambas têm em comum a preocupação ética das relações humanas e são valorizadas a partir do vértice subjetivo (COHEN; GOBBETTI, 2004).

Neste esforço, poderá se pensar o indivíduo e a sociedade de uma forma única, desde seu componente externo ou moral e de seu componente interno ou ético.

Referências

BRASIL. *Resolução nº 466/2012, de 12 de dezembro de 2012*. Brasília, DF, 2012. Disponível em: <http://bvsms.saude.gov.br/bvs/saudelegis/cns/2013/res0466_12_12_2012.html>. Acesso em: 21 maio 2018.

CLOTET, J. *Bioética*: uma aproximação. Porto alegre: EDIPUCRS, 2003.

COHEN; C.; GOBBETTI, G. Bioética da vida cotidiana. *Ciência e Cultura*, v. 56, n. 4, out./dez. 2004. Disponível em: <http://cienciaecultura.bvs.br/scielo.php?script=sci_arttext&pid=S0009-67252004000400020>. Acesso em: 21 maio 2018.

DRUMMOND, J. P. Bioética, dor e sofrimento. *Ciência e Cultura*, v. 63, n. 2, abr. 2011. Disponível em: <http://cienciaecultura.bvs.br/scielo.php?script=sci_arttext&pid=S0009-67252011000200011>. Acesso em: 21 maio 2018.

ORGANIZAÇÃO DAS NAÇÕES UNIDAS PARA A EDUCAÇÃO, CIÊNCIA E CULTURA. *Declaração Universal sobre Bioética e Direitos Humanos*. Lisboa: UNESCO, 2006. Disponível em: <http://unesdoc.unesco.org/images/0014/001461/146180por.pdf>. Acesso em: 21 maio 2018.

POTTER, V. R. *Bioethics*: bridge to the future. Englewood Cliffs: Prentice Hall, 1971.

POTTER, V. R. Bioethics: the science of survival. *Perspectives in Biology and Medicine*, v. 14, n. 1, p. 127-153, Jan. 1970.

Leitura recomendada

DOMINGUES, I. Ética, ciência e tecnologia. *Kriterion – Revista de Filosofia*, Belo Horizonte, n. 109, p. 159-174, jun. 2004. Disponível em: <http://www.scielo.br/pdf/kr/v45n109/v45n109a07.pdf>. Acesso em: 21 maio 2018.

FERRARI, C. et al. *Modelos Explicativos em Bioética*. 05 maio 2016. Disponível em: <https://ethosufmg.wordpress.com/2016/05/05/modelos-explicativos-em-bioetica/>. Acesso em: 21 maio 2018.

GOLDIM, J. R. Bioética: origens e complexidade. *Revista HCPA*, v. 26, n. 2, p. 86-92, 2006. Disponível em: <https://www.ufrgs.br/bioetica/complex.pdf>. Acesso em: 21 maio 2018.

GOLDIM, J. R. *Definição de Bioética:* Fritz Jahr 1927. 2005. Disponível em: <https://www.ufrgs.br/bioetica/bioet27.htm>. Acesso em: 21 maio 2018.

JAHR, F. Bio-Ethik Eine Umschau über die ethichen Beziehung des Menschen zu Tier und Pflanze. *Kosmos*, v. 24, n. 2, p. 21-32, 1927.

MABTUM, M. M.; MARCHETTO, P. B. *O debate bioético e jurídico sobre as diretivas antecipadas de vontade.* São Paulo: Ed. UNESP/Cultura Acadêmica, 2015. Disponível em: http://books.scielo.org/id/qdy26/pdf/mabtum-9788579836602.pdf>. Acesso em: 21 maio 2018.

VIDAL, S. V. et al. Problemas bioéticos na Estratégia Saúde da Família: reflexões necessárias. *Revista Bioética*, v. 22, n. 2, p. 347-357, 2014. Disponível em: <http://www.scielo.br/scielo.php?pid=S1983-80422014000200017&script=sci_abstract&tlng=pt>. Acesso em: 21 maio 2018.

ZANATTA, J. M.; BOEMER, M. R. Bioética: um ensaio sobre sua inserção nos cursos de graduação em enfermagem. *Revista Eletrônica de Enfermagem*, v. 07, n. 03, p. 351-354, 2005. Disponível em: <https://www.fen.ufg.br/fen_revista/revista7_3/revisao_01.htm>. Acesso em: 21 maio 2018.

Ética e o meio ambiente

Objetivos de aprendizagem

Ao final deste texto, você deve apresentar os seguintes aprendizados:

- Construir um conhecimento acerca das mudanças climáticas.
- Reconhecer alterações de comportamento causadas pelas mudanças climáticas.
- Explicar como as alterações de comportamento podem mudar a vida do ser humano.

Introdução

As discussões acerca das mudanças climáticas têm colocado em pauta o tema ambiental, em um período de instabilidade ambiental em que está em risco o futuro da vida na Terra. O aquecimento global vem sendo o grande responsável pelas discussões, porém seus enunciados passam a ser questionados e contrariados pelas mais diversas percepções e teorias que analisam as questões climáticas. As duas principais correntes que estudam as alterações climáticas são a naturalista e a antropogênica, que se contradizem em seus estudos quanto às causas do aquecimento global e principalmente sobre a veracidade ou não desse fenômeno.

Neste capítulo, você vai conhecer as mudanças climáticas; distinguir as alterações de comportamento causadas por essas mudanças e compreender como a alteração de comportamento pode mudar a vida do ser humano.

As mudanças climáticas

Nos últimos anos, poucos temas vêm dominando o debate público e político como as mudanças climáticas e o aquecimento global. Em países emergentes como o Brasil, o tema espantosamente ganhou notoriedade na mídia, ao mesmo tempo em que vem crescendo o número de eventos que procuram debater as mudanças climáticas e o que elas podem ocasionar no planeta.

As mudanças climáticas passaram a ser um tema que suscita grandes debates também entre os cientistas e pesquisadores de todo o mundo. Nos estudos científicos sobre o clima, observam-se algumas contradições, entre elas a que chama a atenção é sobre o aquecimento global (SANTOS; SANTOS; SANTANA, 2016).

O aquecimento global é entendido como o aumento da temperatura média do globo terrestre e como o resultado de ações antrópicas (isto é, a tudo aquilo que resulta da ação do homem sobre o ambiente) ou, ainda, causas naturais, e que estaria ameaçando diversos ecossistemas terrestres, incluindo o ser humano (SANTOS; SANTOS, SANTANA, 2016).

Como podemos observar por meio da mídia, muitos cientistas com grande reconhecimento em suas áreas de estudo discorrem sobre esse caráter antrópico do aquecimento global, responsabilizando o ser humano e suas atividades no planeta como sendo o principal responsável pelo aquecimento que vem ocorrendo na Terra. Em 1961, Yuri Gagarin, primeiro homem a viajar pelo espaço, declarou: "A Terra é azul". Sua afirmação, no entanto, contrastou com a imagem da NASA (Agência Espacial Americana) de dezembro de 2009, em que se vê o planeta Terra envolto em por uma nuvem de partículas negras, ou seja, partículas de carbono, um dos efeitos das mudanças climáticas.

Figura 1. Mudanças climáticas: a imagem foi feita pelo satélite GOES-16, enviado em novembro de 2016 para monitorar o clima do planeta.
Fonte: NASA (2016, documento on-line).

Discurso antrópico e naturalista sobre as mudanças climáticas

O discurso antrópico sobre as mudanças climáticas busca afirmar que o homem é o responsável por alterar o clima do planeta, provocando o aquecimento global através da emissão de gases de efeito estufa gerados em grande parte por queima de combustível fóssil, desmatamento, agropecuária, entre outros fatores. O principal gás produzido pelas ações do homem, ou seja, pelas atividades antrópicas, é conhecido por dióxido de carbono (CO_2), considerado o potencializador do efeito estufa.

Para Santos, Santos e Santana (2016), a partir da Revolução Industrial (1760) o homem alterou o ciclo que é considerado normal de emissão de gases, por meio da intensificação da sua produção, o que ocasionou aumento de temperatura na Terra.

Já o discurso naturalista se baseia em estudos paleoclimáticos, quando se pode observar a ocorrência de mudanças climáticas mais intensas que a atual, como, por exemplo, em momentos em que a atividade humana emitia quantidades insignificantes de CO_2.

Os defensores da corrente naturalista, como Ayoade (1994) e Casagrande, Silva Júnior e Mendonça (2011), acreditam que a neutralidade científica não está sendo considerada pelos cientistas da corrente antrópica, uma vez que as pesquisas apontam os fatores antrópicos como responsáveis pelo aquecimento global são influenciadas por mecanismos não confiáveis de cientificidade.

Cada uma dessas teorias está em parte correta em suas afirmações, uma vez que cada uma observa a realidade de acordo com pontos de vista diferentes.

Saiba mais

Paleoclima é o clima num determinado período da pré-história, cujas suas principais características podem ser estudadas e reconstituídas. Já a paleoclimatologia é a ciência que estudas as variações dos paleoclimas de épocas diferentes, fazendo comparativos, análises e buscando entender a relação entre elas, além de outros fatores importantes para o seu entendimento e com contribuições para a climatologia atual.

Fonte: Gestão Ambiental (2010, documento on-line).

Alterações de comportamento causadas pelas mudanças climáticas

As consequências causadas pelas mudanças climáticas já estão sendo observadas em diferentes partes do Planeta Terra. Já foi observado pelos cientistas que o aumento da temperatura média do planeta tem elevado o nível do mar, ocasionado pelo derretimento das calotas polares, podendo promover o desaparecimento de ilhas e de algumas cidades litorâneas que são densamente povoadas. Os estudos realizados pelo IPCC, *Intergovernmental Panel on Climate Change* (2018), mostram que existe também a previsão de uma frequência ainda maior de eventos climáticos extremos, como, por exemplo: tempestades tropicais, inundações, ondas de calor, nevascas, secas, furacões, tornados e assim por diante, o que traz graves consequências para a humanidade e para os ecossistemas naturais, podendo até ocasionar a extinção de espécies de animais e plantas.

Se a nossa opção for continuar queimando combustível fóssil, até que os estoques se esgotem, simplesmente iremos aumentar a quantidade de gases estufa na atmosfera e passar a experimentar um aquecimento global sem precedentes. O PBMC, Painel Brasileiro de Mudanças Climáticas (2014), prevê que o aumento de 2° C na temperatura traria mudanças na maneira como as plantas crescem, na migração dos animais e na funcionalidade dos ecossistemas. Com um aumento de 3° na temperatura, ocorreria um aumento das inundações, tempestades e as secas impactariam negativamente na maneira como vivemos.

Outro fenômeno que pode ser observado é o derretimento das geleiras causando a elevação do nível do mar, o que acaba por causar inundações por causa do degelo. Se atingirmos 4° de aumento na temperatura será possível a destruição da estrutura das nossas sociedades como conhecemos hoje, algumas das áreas hoje habitadas ficariam impossibilidades de prover seus moradores.

Com o advento da vida moderna as sociedades passaram a se organizar em torno de suprimentos que aparentemente eram considerados ilimitados, como o carvão, petróleo, gás, fontes de energia. O entendimento que se tinha há alguns anos atrás era de que nosso ambiente natural seria capaz de fornecer suprimentos infinitos de combustíveis. O que vem acontecendo, de fato, é que a queima de combustível fóssil impulsiona a economia, mas gera emissão de gases, com consequências por vezes graves, como é o caso do aquecimento global.

Ética e o meio ambiente | 195

Saiba mais

O livro *A adaptação de edificações e cidades às mudanças climáticas*, de Roaf, Crichton e Nicol (2009), mostra que as alterações climáticas podem influenciar nas edificações e como essas podem estar modificando o clima nas regiões. Uma leitura importante para quem quer se aprofundar no assunto.

Como podemos perceber, existe a necessidade de se continuar realizando pesquisas, principalmente para estudar os fatores que causam as mudanças climáticas e quais as suas consequências, tanto para as populações quanto para os ecossistemas existentes.

Como as mudanças climáticas podem mudar a vida do ser humano

Os problemas relacionados à saúde humana que são associados às mudanças climáticas, nem sempre têm sua origem nas alterações climáticas, mas sim nas alterações que a Terra pode sofrer a partir dessas mudanças. De acordo com os estudos realizados pela Organização Pan-Americana da Saúde Mudança Climática e Saúde (2009, p. 7):

> [...] citam-se como exemplos as variações nos regimes de chuvas, tanto em quantidade quanto em intensidade, provocando diversos desastres naturais como enchentes e secas, mudanças no ambiente como a alteração dos ecossistemas e de ciclos biológicos, geográficos, químicos, que podem aumentar a incidência de doenças infecciosas, mas também doenças não-transmissíveis, que incluem a desnutrição e enfermidades mentais.

As mudanças climáticas também impactam sobre as populações mais pobres. O governo brasileiro vem reconhecendo que a atuação antrópica interfere de maneira singular nesse processo. Diante disso, e por meio do Decreto nº 6.263, de 21 de novembro de 2007, instituiu um Grupo Interministerial para elaborar a Política e Plano Nacionais de Mudança do Clima. Nesse sentido, o Ministério da Saúde, por meio da Portaria nº GM/MS765/2008, criou o Grupo Técnico de Clima e Saúde para subsidiar o Grupo Interministerial e desenvolver o Plano Nacional de Mudança no âmbito do Sistema Único de saúde – SUS (ORGANIZAÇÃO..., 2009).

O 4º Relatório de Avaliação do IPCC nos apresenta, em suas principais conclusões, os aspectos referentes aos impactos das mudanças climáticas na saúde humana, que foram baseados em conhecimentos científicos analisados e na construção de cenários futuros. Dentre as conclusões que foram apresentadas, destacam-se: o surgimento de doenças e mortes prematuras; países pobres e populações de baixa renda mais atingidos; alterações nas temperaturas que causarão impactos diferenciados de acordo com as características regionais; mudança no comportamento de vetores de doenças transmissíveis, populações vulneráveis que sofrerão maiores dificuldades de adaptação que são: idosos, crianças, portadores de doenças crônicas, portadores de doenças respiratórias, entre outros. (ORGANIZAÇÃO..., 2009).

As avaliações dos efeitos sobre a saúde que estão relacionadas com o impacto das mudanças climáticas, são complexas e requerem uma avaliação integrada e uma abordagem interdisciplinar por parte dos profissionais de saúde, climatologistas, cientistas sociais, físicos, biólogos, químicos, epidemiologistas, para que se possa analisar as relações entre os sistemas sociais, econômicos, biológicos, físicos, ecológicos, e suas relações com as alterações climáticas que vem acontecendo.

De acordo com a Organização Pan-Americana da Saúde Mudança Climática e Saúde (2009, p. 17):

> [...] alguns estudos demonstram que micro-organismos podem se expandir muito além de suas fronteiras geográficas naturais com a elevação das temperaturas o que representa um risco maior para a saúde das pessoas mais vulneráveis, principalmente os idosos, as crianças e portadores de doenças crônicas. Poderá ser afetada também, a distribuição de alguns vetores de doenças infecciosas e endêmicas, como por exemplo: a malária, a dengue, a febre amarela, e doenças que não são transmissíveis, além de algumas possíveis alterações na produção agrícola que acaba prejudicando o abastecimento e segurança dos alimentos.

Dentre os impactos referentes às mudanças climáticas que podem acabar trazendo efeitos para a saúde, pode-se citar a alteração da disponibilidade de alimentos, que pode acabar ocasionando subnutrição, com implicações no crescimento e desenvolvimento infantil, e intoxicações por uso de agrotóxicos decorrentes dos impactos negativos na produção de alimentos; alterações na quantidade e qualidade da água potencializando a ocorrência de doenças diarreicas e outras doenças de veiculação hídrica, como as hepatites A e E.

Link

No Brasil, as principais doenças que afetam a população e que apresentam relação com as alterações climáticas estão resumidas no documento do Ministério da Saúde, disponível no link a seguir.

https://goo.gl/CbMQXc

> O setor saúde se encontra frente a um grande desafio. As mudanças do clima ameaçam as conquistas e os esforços de redução das doenças transmissíveis e não-transmissíveis. Assim, ações para construir um ambiente mais saudável deve se tornar cada vez mais efetivas pois elas poderiam reduzir um quarto da carga global de doenças, e evitar 13 milhões de mortes prematuras (PRUSS-USTUN; CORVALAN, 2006, documento on-line, tradução do autor).

Segundo a OMS, 50% das doenças respiratórias crônicas e 60% das doenças respiratórias agudas estão associadas à exposição a poluentes atmosféricos. A maioria dos estudos relacionando os níveis de poluição do ar com efeitos à saúde foi desenvolvida em áreas metropolitanas, influindo as grandes capitais da região Sudeste do Brasil, e mostram associação da carga de morbimortalidade por doenças respiratórias, com incremento de poluentes atmosféricos, especialmente de material particulado (SALDIVA et al., 1994; GOUVEIA et al., 2006).

A dengue é considerada a principal doença reemergente nos países tropicais e subtropicais, atingindo no Brasil principalmente as regiões Sudeste e Nordeste. A malária continua sendo um dos maiores problemas de saúde pública na África, ao sul do deserto do Saara, no sudeste asiático e nos países amazônicos da América do Sul, sendo que no Brasil 99% dos casos desta doença ficam restritos à Amazônia. No Brasil, as leishmanioses tegumentares (LTA) e visceral (LV), têm ampliado sua distribuição geográfica, porém a LTA está reduzindo a incidência nos últimos anos e LV tem mantido a incidência com aproximadamente 2 casos/100.000 habitantes (ORGANIZAÇÃO..., 2009).

Referências

AYOADE, J. O. *Introdução à climatologia para os trópicos*. Rio de Janeiro: Bertrand Brasil, 1994.

CASAGRANDE, A.; SILVA JUNIOR, P.; MENDONÇA, F. *Mudanças climáticas e aquecimento global: controvérsias, incertezas e a divulgação científica*. Revista Brasileira de Climatologia, v. 8, 2011. Disponível em: <https://revistas.ufpr.br/revistaabclima/article/view/25793>. Acesso em: 02 jun. 2018.

GOUVEIA, N. et al. *Hospitalizações por causas respiratórias e cardiovasculares associadas à contaminação atmosférica no Município de São Paulo, Brasil*. Cadernos de Saúde Pública, v. 22, n. 12, p. 2669-2677, 2006. Disponível em: <http://www.scielo.br/scielo.php?script=sci_arttext&pid=S0102-311X2006001200016>. Acesso em: 02 jun. 2018.

INTERGOVERNMENTAL PANEL ON CLIMATE CHANGE. 2018. Disponível em: <http://www.ipcc.ch/>. Acesso em: 02 jun. 2018.

NASA. *Imagem da Terra em alta resolução*. 2016. Disponível em: <https://abrilveja.files.wordpress.com/2017/01/abi_full_disk_low_res_jan_15_2017.jpg?quality=70&strip=info&w=650>. Acesso em: 02 jun. 2018.

ORGANIZAÇÃO PAN-AMERICANA DA SAÚDE. *Mudança Climática e Saúde*: um perfil do Brasil. Brasília, DF: Ministério da Saúde, 2009. (Série Saúde Ambiental, v. 3). Disponível em: <http://bvsms.saude.gov.br/bvs/publicacoes/mudanca_climatica_saude.pdf>. Acesso em: 02 jun. 2018.

PAINEL BRASILEIRO DE MUDANÇAS CLIMÁTICAS. *Impactos, vulnerabilidades e adaptação*: primeiro relatório de avaliação nacional. Rio de Janeiro: UFRJ, 2014. v. 2. Disponível em: <http://www.pbmc.coppe.ufrj.br/pt/publicacoes/relatorios-pbmc/item/impactos-vulnerabilidades-e-adaptacao-volume-2-completo>. Acesso em: 02 jun. 2018.

PRÜSS-ÜSTÜN, A.; CORVALÁN, C. *Preventing disease through healthy environments*: towards an estimate of the environmental burden of disease. Geneva: WHO, 2006.

SALDIVA, P.H. et al. *Association between air pollution and mortality due to respiratory diseases in children in Sao Paulo, Brazil*: a preliminary report. Environmental Research, v. 65, n. 2, p. 218-225, 1994.

SANTOS, A. B.; SANTOS, L. A. P.; SANTANA, K. F. A ideologia dos discursos acerca das mudanças climáticas: o aquecimento global em foco. In: ENCONTRO NACIONAL DE GEÓGRAFOS. 18, São Luís, 2016. *Artigos*.... São Paulo: AGB, 2016. Disponível em: <http://www.eng2016.agb.org.br/resources/anais/7/1468239933_ARQUIVO_ENG_ADRIANO_LUCAS_KETCIA.pdf>. Acesso em: 02 jun. 2018.

Leituras recomendadas

BRASIL. *Decreto nº 6.263, de 21 de novembro de 2007.* Institui o Comitê Interministerial sobre Mudança do Clima - CIM, orienta a elaboração do Plano Nacional sobre Mudança do Clima, e dá outras providências. Brasília, DF, 2007. Disponível em: <http://www.planalto.gov.br/ccivil_03/_ato2007-2010/2007/decreto/d6263.htm>. Acesso em: 02 jun. 2018.

BRASIL. Ministério da Saúde. *Mudanças climáticas.* 2018. Disponível em: <http://portalms.saude.gov.br/vigilancia-em-saude/vigilancia-ambiental/vigidesastres/mudancas-climaticas>. Acesso em: 02 jun. 2018.

CORTEZ, A.T.C.; ORTIGOZA, S.A.G. (Org.). *Da produção ao consumo*: impactos socioambientais no espaço urbano. São Paulo: Cultura Acadêmica, 2009. Disponível em: <http://bibliotecadigital.puc-campinas.edu.br/services/e-books/Da_producao_ao_consumo-NOVA%20P4.pdf>. Acesso em: 02 jun. 2018.

ECHEGARAY, F.; AFONSO, M. H. F. Respostas às mudanças climáticas: inovação tecnológica ou mudança de comportamento individual? *Estudos Avançados*, v. 28, n. 82, 2014. Disponível em: <http://www.scielo.br/pdf/ea/v28n82/10.pdf>. Acesso em: 02 jun. 2018.

GESTÃO AMBIENTAL. *Paleoclimatologia.* 2010. Disponível em: <http://meioambiente.culturamix.com/gestao-ambiental/paleoclimatologia>. Acesso em: 02 jun. 2018.

LANCET COUNTDOWN. *Tracking the connections between public health and climate change.* 2018. Disponível em: <http://www.lancetcountdown.org/>. Acesso em: 02 jun. 2018.

MARENGO, J. A. *Mudanças climáticas globais e seus efeitos sobre a biodiversidade:* caracterização do clima atual e definição das alterações climáticas para o território brasileiro ao longo do século XXI. Brasília, DF: Ministério do Meio Ambiente, 2006. Disponível em: <http://www.mma.gov.br/estruturas/imprensa/_arquivos/livro%20completo.pdf>. Acesso em: 02 jun. 2018.

ROAF, S.; CRICHTON, D.; NICOL, F. *A adaptação de edificações e cidades às mudanças climáticas*: um guia de sobrevivência para o século XXI. Porto Alegre: Bookman, 2009.

SILVA, R. W. C.; PAULA, B. L. Causa do aquecimento global: antropogênica versus natural. *Terræ Didatica*, v. 5, n. 1, p. 42-49, 2009. Disponível em: <https://www.ige.unicamp.br/terraedidatica/v5/pdf-v5/TD_V-a4.pdf>. Acesso em: 02 jun. 2018.

TILIO NETO, P. *Ecopolítica das mudanças climáticas*: o IPCC e o ecologismo dos pobres. Rio de Janeiro: Centro Edelstein de Pesquisas Sociais, 2010. Disponível em: <http://books.scielo.org/id/x9z8z/pdf/tilio-9788579820496.pdf>. Acesso em: 02 jun. 2018.

VAZ, D. S. Alterações climáticas, riscos ambientais e problemas de saúde: breves considerações. In: SEMINÁRIO LATINO AMERICANO DE GEOGRAFIA FÍSICA. 6., Coimbra, 2010. *Artigos...* Coimbra: UC, 2010. Disponível em: <http://www.uc.pt/fluc/cegot/VISLAGF/actas/tema4/dirley>. Acesso em: 02 jun. 2018.

WWF. *As mudanças climáticas.* 2018. Disponível em: <https://www.wwf.org.br/natureza_brasileira/reducao_de_impactos2/clima/mudancas_climaticas2/>. Acesso em: 02 jun. 2018.

A ética da alteridade

Objetivos de aprendizagem

Ao final deste texto, você deve apresentar os seguintes aprendizados:

- Identificar um novo pensamento sobre o ser humano.
- Construir um raciocínio distinto sobre a ética.
- Relacionar esse pensamento com outras correntes do pensamento ético.

Introdução

A ética vem se mostrando uma questão de grande importância quando se propõe a pensar sobre as práticas dos seres humanos.

Neste capítulo, você irá identificar um novo pensamento sobre o ser humano; construir um raciocínio distinto sobre ética e relacionar esse pensamento com outras correntes que tratam sobre o pensamento ético.

Um novo pensamento sobre o ser humano

Busca-se fazer uma aproximação a respeito da ética da alteridade, que é proposta por Levinas, com base em um dos seus livros, intitulado *Totalidade e infinito*. O propósito é buscar nessa obra os fundamentos ou referenciais filosóficos que pudessem dar um norte a nossa compreensão acerca da alteridade. De antemão, Levinas não deixa claro um conceito sobre alteridade, porém a reflexão construída em seu livro apresenta um duplo movimento da existência humana: o primeiro movimento é chamado de **essencial** ou **totalizante**, em que o *eu* está centrado nele mesmo; e o movimento que ele faz para além de si, de compromisso e responsabilidade para com o *outro*, resultado de um desejo, denominado pelo autor de desejo do infinito.

Para entendermos o pensamento de Levinas (Figura 1) é preciso conhecer a sua crítica à ontologia na filosofia ocidental que se alicerça na concepção de sistemas de totalização, que implicam em filosofias neutras que tendem à compreensão e captação do outro e, como consequência, a negação de sua alteridade. A solução encontrada por Emannuel Levinas para romper com essa filosofia, que no seu entendimento é violenta e opressora, foi buscar uma nova forma de pensar, ou seja, que não siga essa matriz ontológica grega – que concebe a ética como filosofia primeira.

Figura 1. Emannuel Levinas.
Fonte: Devoir-de-Philosophie (2010, documento on-line).

Levinas começa a questionar uma série de categorias filosóficas; dentre elas a noção de Eu e de Totalidade. Precisamos levar em consideração que apesar da herança grega na qual a filosofia estava centrada, em uma concepção platônica do ser e da influência que seus mestres Husserl e Heidegger exerciam, Levinas mesmo assim buscou romper com tudo isso e ir em busca de um novo pensamento.

Para desenvolver o novo método de pensar que objetivava, precisaria cometer o que Derrida chamou de "parricídio", ou seja, matar o "pai" grego, desconstruindo assim o modelo de filosofia totalizante por meio de uma nova linguagem, um "outro" pensamento, que foi chamado de **escatologia**, que refere-se a algo para além da totalidade.

A linguagem que melhor expressou esse enigma criado por Levinas ou o Infinito nesse movimento de ir além da Totalidade, passou a ser o rosto de outrem. O outro passa a ser, portanto, algo que eu não domino, porque traz em si uma expressão que o excede e excede o meu pensamento. A resposta do *eu* ao outro, não poderá ser outra do que a **acolhida** e a **responsabilidade**. É no dizer que acontece a relação com o outro, o que se coloca como prioridade não é a apreensão das ideias individuais de cada um, mas a dinâmica do discurso que se dá por meio do encontro transcendente entre os homens.

A proposta apresentada por Levinas é a de desconstruir esse pensamento totalitário que é herança dos gregos, apresentando na construção de sua filosofia a tradição que podemos perceber nos textos talmúdicos judaicos (o Tamulde é uma coletânea de livros sagrados dos judeus, um registro das discussões rabínicas que pertencem à lei, ética, costumes e história do judaísmo). Em sua concepção, a tradição grega, acaba por negar a alteridade do outro e trata-o de maneira impessoal, ou seja, como se fosse um ser neutro, sem rosto, enquanto a tradição talmúdica busca a aproximação do homem com uma verdade viva, ou seja, com a relação ética entre o *eu* e o *outro*.

Esse outro é alguém que clama por uma resposta do eu, essa resposta pode ser tanto negativa como positiva. Se for positiva, se configura uma relação de responsabilidade ética. O rosto do outro é expressão do Infinito e diz além do que se mostra. Levinas (2008) diz "[...] que o ser é vulnerabilidade, é passivo, não escolhe ser responsável, ele apenas é, pelo fato de existir".

A responsabilidade que o *eu* tem para com o outro é insubstituível; é esta responsabilidade que nos torna reféns do outro, mas não nos torna alienados por ele. Percebemos então, que a responsabilidade ética constitui um duplo movimento: entre o ser consigo mesmo, sendo este um movimento em que o *eu* não optou por exercer; e o ser com o outro, movimento que depende diretamente do primeiro, visto que a responsabilidade por si mesmo é fundamental para a continuidade da vida, para a existência do ser e, neste caso, o *eu* responde, acolhendo ou não, o apelo do outro.

Um raciocínio distinto sobre a ética

Foi concebido por Levinas duas atitudes filosóficas: a primeira diz respeito a busca da verdade em que se procurava integrar na Totalidade tudo o que se apresentava; a segunda é aquela que conserva a relação com o outro, o qual ele chama de Infinito.

Essa manifestação do infinito no outro se torna emblemática na noção de rosto. Para Levinas (2008, p. 38), "[...] o modo como o outro se apresenta, ultrapassando a ideia do outro em mim, chama-lo, de fato, rosto".

Como podemos perceber, a alteridade indica a presença de um outrem que não é anulado na relação. Independente da verdade ou da mentira que esse outrem possa dizer, o seu rosto já é expressão. Dessa maneira e apoiado em Levinas, compreendemos que a alteridade, enquanto relação ética, é anterior a qualquer afirmação, seja verdadeira ou falsa. A relação de alteridade não significa defender uma relação de cumplicidade ou intimista, ou seja, fechada na relação *eu-tu*. Sendo assim, não devemos considerar a linguagem como simples relação intersubjetiva, que é compreendida como relação entre sujeitos.

A relação de alteridade que é apresentada por Levinas instaura no tempo a possibilidade de uma relação para além da essência, portanto, uma relação metafísica, sem eliminar o caráter material da existência. O autor procura desconstruir a ontologia enquanto discurso e evento fundamental, não com a intenção de negar a sua importância ou validade, mas para colocá-la em seu lugar, ou seja, como fundamento do Mesmo ou da Totalidade, mas jamais como fundamento do que está para além. Para entendermos melhor, o "para além" é próprio da metafísica, pois esta é apropriada para tratar do outro e do Infinito. Portanto, uma filosofia que esteja disposta a tratar "do outro modo de ser" terá que ser ética e não ontologia.

Para entendermos um pouco melhor o que estudamos até aqui, é importante compreender que Levinas é reconhecido por sua trajetória intelectual que inclui a questão da alteridade, em um período em que a argumentação filosófica foi marcada por uma forte negação epistemológica do transcendente e pela afirmação do indivíduo e da objetividade como critérios na produção intelectual, trazendo consequências para as relações humanas em seus mais diversos níveis. Podemos encontrar em suas obras uma convocação para a redescoberta de uma filosofia onde o ponto de partida é centrado na ética e não na ontologia, valorizando, dessa maneira, a verdade que emerge da relação do homem com o outro (Figura 2).

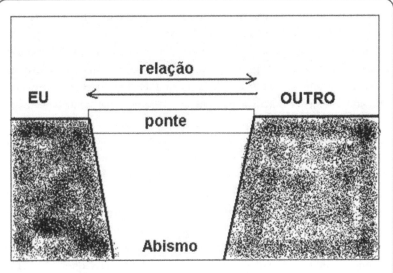

Figura 2. Relação do *outro* com o *eu*.
Fonte: Donarte (2005, documento on-line).

 Fique atento

No artigo *A concepção de alteridade em Levinas: caminhos para uma formação mais humana no mundo contemporâneo*, você vai analisar a alteridade e suas implicações para a formação humana a partir da obra *Humanismo do outro homem*, de Emmanuel Levinas. A filosofia levinasiana é marcada por duas fases: na primeira sua preocupação é com a tradução e observação da fenomenologia; logo após amadurece seus conceitos trazendo para tradição filosófica uma nova forma de pensar a filosofia a partir da ética da alteridade.
Fonte: Costa e Caetano (2014).

Entendendo o pensamento de Emannuel Levinas

Se pararmos para analisar, iremos perceber que a forma de pensar grega e judaica é diferente, pois seus pontos de partida são distintos. A filosofia grega nasceu da necessidade de compreensão da natureza, buscando explicá-la pela sua origem fundamental. Na busca por uma explicação tentava-se encontrar um ponto comum, ou seja, uma origem de onde pudesse ter surgido toda a diversidade que pudesse explicar a realidade.

Se analisarmos Sócrates, Platão e Aristóteles, iremos perceber que existe uma inversão de objeto de pensamento, ou seja, a natureza que havia despertado a busca pela unidade da diversidade passa a dar lugar para a antropologia, tornando o homem o objeto do pensamento. O homem que o pensamento grego buscava não era o individual, mas o cidadão, o homem da polis.

Tais filósofos procuravam aquilo que tornava os homens iguais e não suas diferenças. Buscavam o que era universal e válido para todos os homens, que era a essência. Essa busca visava à organização da polis, pois só assim a vida seria possível. Para eles, as diferenças deveriam ser condenadas se não fosse possível abstraí-la e uniformizá-la. Nesse sentido, apenas a dimensão da igualdade foi pensada, ou seja, a dimensão do cidadão.

O pensamento judaico é diferente, pois nasceu de uma experiência. Na origem do judaísmo está a experiência da intersubjetividade com ênfase na alteridade e não na subjetividade. A originalidade dessa experiência está no chamado feito por um outro que escapa do alcance da percepção e da compreensão do chamado. Essa é uma experiência de transcendência a qual não se pode escapar e que não se pode objetivar. Nesse sentido, é uma experiência que supõe a diferença absoluta e radical, própria da experiência da transcendência, ou seja, a relação de alteridade própria da convivência entre humanos.

Essa reflexão é construída em torno da questão que interroga as influências do judaísmo sobre o pensamento de Emannuel Levinas e os estudos que dela decorrem. Esse diálogo entre judaísmo e filosofia nos remete à escuta de uma antiga sabedoria. A alteridade passou a ser colocada como questão fundamental, possibilitando desse modo que o pensamento de Levinas fosse desenvolvido numa linha filosófico-fenomenológica, e de outro lado, numa perspectiva hermenêutico-talmúdica.

Levinas é um pensador de origem franco-lituana, que a partir da experiência vivenciada durante o Holocausto, na Segunda Guerra Mundial, compôs um pensamento crítico à filosofia ocidental. Como judeu, sofre a perda de boa parte da família durante a guerra, sua esposa e filhos sobreviveram porque se esconderam em casa de amigos. Levinas só sobreviveu porque atuou como interprete e tradutor nos campos de concentração, pois era considerado como alguém que poderia ser aproveitado.

A relação com outras correntes do pensamento ético

Entre o fim do século XIX e início do século XX, a psicologia surgiu como sendo uma prática de cuidado e controle sobre os indivíduos. O início da modernidade constituiu uma demanda de controle cada vez mais íntimo das pessoas, também foi responsável pela criação do sujeito que chamamos de psicológico e com isso, consequentemente, a criação da própria psicologia (ARAÚJO; FREIRE, 2017).

Esse sujeito psicológico foi concebido na falha do projeto epistemológico da modernidade, quando o ser humano não era capaz de autoconhecer-se suficientemente, para então, ser capaz de conhecer o mundo. A partir desse momento, a ciência da psicologia se tornou responsável pelo cuidado da dimensão subjetiva da humanidade, que foi considerada como um expurgo pela ciência moderna. Como consequência disso, o trabalho psicológico passou a tratar e ajustar os comportamentos que eram até então desviantes destes padrões ditos normais.

Contrapondo as práticas de ajustamento que eram centradas nos problemas, as psicologias humanistas e fenomenológicas, existências e experienciais, surgiu a terceira força da psicologia, dando destaque àquilo que é propriamente humano, ou seja, a sua capacidade de significar e ressignificar o mundo da vida na qual está inserido, sendo capaz, desse modo, de superar qualquer determinismo. Essas psicologias buscam trabalhar com sensações e sentidos vividos e que são atribuídos pelo humano, ou seja, aceitando que o sujeito é linguagem, um ser que é capaz de dar sentido às experiências que vivência na relação com o mundo e as pessoas.

Freire (2002 apud ARAÚJO; FREIRE, 2017), ao discutir sobre a ética impregnada nas psicologias, postula que estas ainda estão vinculadas a um modelo de controle e de poder, pois se configuram como uma forma de apoderamento do lugar do outro, daquilo que pode haver de estranho e indomável na vida humana. No que se refere à Abordagem Centrada na Pessoa (ACP), que foi proposta por Carl Rogers (2009[1961]), forjada no início da psicologia estadunidense, que era caracterizada pelo tecnicismo e racionalismo, recoloca--se no indivíduo o centro avaliativo do processo psicoterápico, sugerindo a sua liberdade e autonomia.

A proposta ética da Abordagem Centrada na Pessoa foi criticada e considerada por Freire (1989 apud ARAÚJO; FREIRE, 2017) a partir de um viés que é materialista, dialético e histórico. Essa abordagem afirmou que o homem rogeriano não é um ser moral por estar separado da consciência histórica da necessidade de transformação da realidade. Em 2002, Freire (apud ARAÚJO;

FREIRE, 2017) critica novamente a ética da alteridade radical de Emannuel Levinas. Ele sugeriu não haver lugar para a alteridade radical levinasiana na ACP, assim como, em outras três perspectivas psicológicas, que são: *Daseinsanalyse, Psicogenética* e *Análise Experimental do Comportamento*, pelo motivo de que nela existe a predominância do eu (*self*), do mesmo e do idêntico em detrimento do *Outramente-que-ser*, do estranho e da diferença.

Mesmo que Rogers (2009[1961]) se refira ao outro, ele está a serviço e ao alcance do *eu*, para ser compreendido, totalizado e equiparado, ou seja, é um *alter ego*, um "segundo" eu. Outra crítica à ética da alteridade vem de Vieira e Freire (2006), que apontaram possíveis aberturas da ACP à alteridade radical trazida por Levinas. Como podemos perceber, a ética da alteridade de Emannuel Levinas, vem sofrendo importantes críticas de alguns estudiosos, tanto da área da filosófica como da psicologia.

Link

Conheça mais sobre o pensamento de Emannuel Levinas no link ou código a seguir.

https://goo.gl/1rqHvi

Referências

ARAÚJO, I. C.; FREIRE, J. C. Peter Schmid e a alteridade radical: retomando o diálogo entre Rogers e Lévinas. *Phenomenological Studies* - Revista da Abordagem Gestáltica, v. 23, n. 2, p. 221-230, maio/ago. 2017. Disponível em: <http://pepsic.bvsalud.org/pdf/rag/v23n2/v23n2a10.pdf>. Acesso em: 09 abr. 2018.

DEVOIR-DE-PHILOSOPHIE. *Emmanuel Levinas*: totalite et infini (Résumé & Analyse). 2010. Disponível em: <http://www.devoir-de-philosophie.com/dissertation-emmanuel--levinas-totalite-infini-resume-analyse-28993.html>. Acesso em: 09 abr. 2018.

DONARTE. *A Ética em Levinas*. 16 set. 2005. Disponível em: <http://donarte.blogspot.com.br/2005/09/tica-em-levinas.html>. Acesso em: 09 abr. 2018.

LÉVINAS, E. *Totalidade e infinito*. Lisboa: Edições 70, 2008. (Biblioteca de Filosofia Contemporânea, 5).

ROGERS, C. *Tornar-se Pessoa*. São Paulo: Martins Fontes, 2009[1961].

VIEIRA, E. M.; FREIRE, J. C. Alteridade e Psicologia Humanista: uma leitura ética da centrada na pessoa. *Estudos de Psicologia,* Campinas, v. 23, n. 4, p. 425-432, 2006. Disponível em: <http://www.scielo.br/pdf/estpsi/v23n4/v23n4a10.pdf>. Acesso em: 09 abr. 2018.

Leituras recomendadas

BERNARDES, C. T. T. A ética da alteridade em Emmanuel Levinas: uma contribuição atual ao discurso da moral cristã. *Revista de Cultura Teológica,* v. 20, n. 78, abr./jun. 2012. Disponível em: <https://revistas.pucsp.br/index.php/culturateo/article/view/14447/10541>. Acesso em: 09 abr. 2018.

COSTA, J. X.; CAETANO, R. F. A concepção de alteridade em Lévinas: caminhos para uma formação mais humana no mundo contemporâneo. *Revista Eletrônica Igarapé,* n. 03, maio 2014. Disponível em: <http://www.periodicos.unir.br/index.php/igarape/article/viewFile/861/865>. Acesso em: 09 abr. 2018.

COSTA, M. L.; COSTA JÚNIOR, W. R. Antecedentes Judaicos da Ética da Alteridade em Emmanuel Lèvinas. *Revista Psicologia e Saúde,* v. 7, n. 2, p. 115-124, jul./dez. 2015. Disponível em: <http://pepsic.bvsalud.org/pdf/rpsaude/v7n2/v7n2a05.pdf>.Acesso em: 09 abr. 2018.

GUARESCHI, N. M. F. Ética e paradigmas na psicologia social: identidade, subjetividade, alteridade e ética. In: PLONER, K. S. et al. (Org.). *Ética e paradigmas na psicologia social.* Rio de Janeiro: Centro Edelstein de Pesquisas Sociais, 2008. p. 59-71. Disponível em: <http://books.scielo.org/id/qfx4x/pdf/ploner-9788599662854-06.pdf>. Acesso em: 09 abr. 2018.

SEGATO, R. L. Antropologia e direitos humanos: alteridade e ética no movimento de expansão dos direitos universais. *MANA,* v. 12, n. 1, p. 207-236, 2006. Disponível em: <http://www.scielo.br/pdf/mana/v12n1/a08v12n1.pdf>. Acesso em: 09 abr. 2018.

Ética nas relações internacionais

Objetivos de aprendizagem

Ao final deste texto, você deve apresentar os seguintes aprendizados:

- Discutir questões importantes sobre a relação com o estrangeiro.
- Construir um conceito de estrangeiro e de hospitalidade.
- Distinguir boas reflexões sobre problemas atuais referentes à hospitalidade.

Introdução

O homem, por natureza, possui o desejo de viver em sociedade, mas não uma sociedade qualquer, e sim uma sociedade ordenada e pacífica. Portanto, por meio do exercício da racionalidade, o homem construiu um direito internacional que visa promover a sociabilidade entre os Estados, nações, países, o que permitiu que houvesse uma convivência saudável, amigável, mesmo que não seja possível alcançar a paz.

Neste capítulo, vamos discutir questões importantes acerca da relação com o estrangeiro; construir um conceito de estrangeiro e de hospitalidade e ainda analisar boas reflexões sobre problemas atuais referentes à hospitalidade.

A relação com o estrangeiro

A ética e a moralidade desempenham papel importante nas relações internacionais, como podemos perceber em Morgenthau (2003), que afirma que a política externa é uma atividade profundamente marcada pelo significado da moral. Aron (1985) afirma que, apesar de existir uma "ilusão idealista" em termos do verdadeiro papel da moralidade nas relações internacionais, é preciso que as ações sejam dotadas de uma virtude moral, a prudência, e que sejam marcadas pela sabedoria, através da análise da conjuntura, dos princípios, da oportunidade da ação, da vontade dos povos e das relações de força no cenário internacional. Wight (2002) afirma que a moral resulta da segurança das nações na política do poder, podendo se expressar num interesse internacional comum, além de observar que um ethos mundial poderia ser uma importante fonte de modificação na política do poder, já Wendzel (1985) inclui a ética entre os fatores que influenciam a formulação de políticas.

Diante do entendimento dos autores citados, podemos compreender que a ética, na perspectiva política e filosófica, continua sendo um grande desafio na contemporaneidade, principalmente quando o assunto se relaciona às discussões acerca do estrangeiro, do imigrante e da hospitalidade que deveria ocorrer na chegada e permanência desses indivíduos em um novo local.

Sendo assim, podemos observar que todos os teóricos citados identificaram o poder como um elemento central do relacionamento que ocorre entre as nações, mas também nutrem alguns cuidados em relação à capacidade de estabelecer um padrão para este relacionamento. Para Bonete et al. (2017) "[...] no campo da filosofia, a ética tende a ser conceituada como algo que auxilia a humanidade na busca de uma convivência mais satisfatória". Aron (1985) nos mostra que o dever principal dos estadistas é o de garantir a sobrevivência de sua nação, o que exige que ele seja prudente e aja de acordo com a situação e não por conta de um princípio imutável; um juízo ético a respeito das ações dos Estados deve ser histórico, ou seja, levando em conta os objetivos assim como suas consequências.

Podemos ver em Wendzel (1985 apud ZAPELINI, 2004, p. 07)

> [...] que a ética influencia a política internacional nos seguintes aspectos: a) formulação de objetivos ao longo prazo, bem como a seleção das políticas para alcançá-los; b) imagem que os formuladores de políticas têm de si próprios; c) catalisador para a ação ou aumento da militância em termos de ação; d) freio para as ações.

Wendzel (1985) afirma que a ética muitas vezes é manipulada e interpretada de forma flexível, para justificar as ações empreendidas, podendo levar ao moralismo.

Se analisarmos a forma como esses autores tratam o assunto, suas afirmações se enquadram na formulação de ética e relações internacionais, anunciada por Pierre Hassner (2004 apud ZAPELINI, 2004, p. 7-8). Para ele,

> [...] uma ética das relações internacionais seria uma ética singular, como a ética profissional, ao passo que o tratamento dado pela fórmula ética e relações internacionais conduz diretamente às oposições entre consciência (seja individual ou universal) e razão de estado, idealismo e realismo, ética da convicção e ética da responsabilidade, política em Kant e em Maquiavel.

Como podemos perceber, a ética refere-se a um conjunto de conhecimentos e teorias, expressos em princípios e normas pelos quais os seres humanos balizam suas ações (BONETE et al., 2017). O conceito de ética está intimamente ligado ao conceito de moral. Etimologicamente falando, as duas palavras possuem origens diferentes, porém, o mesmo significado. A moral veio do latim *mores* e significa conduta, modo de agir, costume. Ética possui origem grega, *ethos,* e significa costume e modo de agir. Para alguns filósofos, "[...] a moral é vista como uma forma de conduta e refere-se às situações particulares do cotidiano. Já a ética pode ser considerada como a examinadora da moral, isto é, aquela que estabelece reflexões e análises teóricas sobre as normatizações de condutas humanas" (BONETE et al., 2017). Para Passos (2004), a ética é ciência que estuda o comportamento moral dos seres humanos na sociedade e fornece suportes à moral.

Se analisarmos a ética no contexto das relações internacionais, termos algumas lacunas a serem preenchidas, como, por exemplo, o que Hassner (2004 apud ZAPELINI, 2004, p. 8) nos apresenta: "[...] a quem caberia a responsabilidade moral das ações nas relações internacionais, ao Estado ou ao indivíduo?". Wendzel (1985) nos deixa claro que a responsabilidade pertence ao formulador de política, o que traz à mente o problema do consenso moral, que foi levantado por Morgenthau (2003). Um ponto que precisa ser levantado é o que diz respeito às dimensões da reflexão acerca da ética nas relações internacionais, são elas (HASSNER, 2004):

- sujeitos coletivos, ou seja, a própria ideia de relações internacionais;
- fins pretendidos;
- meios utilizados para o atingimento desses fins;
- estrutura dos meios, a partir das relações entre indivíduos, coletividades particulares (Estados) e humanidade.

Como podemos perceber, a primeira dimensão deixa claro que os Estados são os principais atores envolvidos nas relações internacionais, pois através de seus formuladores de política e agentes não governamentais são colocados em segundo plano em uma perspectiva realista. Por fim, devemos analisar onde é que se encaixa a ética na classificação das teorias das relações internacionais.

Os fins pretendidos, também não deixam dúvidas, pois existe uma concordância em torno da ideia de que os Estados desejam conquistar ou manter poder em termos internacionais. Esses meios não são discutidos suficientemente, mas são tratados por todos os envolvidos no processo.

Nos cabe avaliar onde é que se encaixa a análise ética das relações internacionais na classificação das teorias da relação ética e moral, trabalhada aqui neste texto. Podemos perceber que os autores que aqui estudamos, consideram que a ética, nas relações internacionais, assume um papel instrumental na teoria da ética. Aron (1985) e Morgenthau (2003) são os mais claros em seus argumentos. Os argumentos de Hassner (2004) deixam espaços para os meios a serem utilizados para o atingir as finalidades da política internacional, mas deixam claro também que os meios estão trabalhando em função dos fins.

Link

As relações internacionais passaram a refletir, em ritmo crescente, a partir dos anos 1990, a exigência de moralização do espaço público. O tema da ética, já presente na agenda política interna, é incorporado no programa de ação dos organismos multilaterais e cobrado cada vez mais intensamente dos agentes políticos. No campo interno como no externo a agenda ética contemporânea articula-se sobretudo em torno dos direitos humanos, como pauta de valores comportamentais válida de igual forma para indivíduos e coletividades, inclusive as politicamente institucionalizadas. Veja mais no link ou código a seguir.

https://goo.gl/1CVwjd

Conceito de estrangeiro e de hospitalidade

Começamos com uma reflexão extraída do livro *Identidade*, de Bauman (2005, p. 33), que diz: "Seu Cristo é judeu. Seu carro é japonês. Sua pizza é italiana. Sua democracia, grega. Seu café, brasileiro. Seu feriado, turco. Seus algarismos, arábicos. Suas letras, latinas. Só o seu vizinho é estrangeiro". Afinal, quem é o estrangeiro? O que é ser estrangeiro? O estrangeiro é uma categoria considerada genérica, pois frequentemente é recebida com reticências por quem é assim classificado, pois ignoram-se as multiplicidades, diversidades e singularidades de cada um. Não temos como dizer que existe um estrangeiro absoluto, pois a própria palavra, em sua etimologia, tem várias acepções como:

refugiados, exilados, turistas, professores, profissionais, estudantes, nômades modernos, imigrantes voluntários, cônjuges portadores de culturas diferentes (FREITAS; DANTAS, 2011).

A pessoa pode se sentir um estrangeiro de si mesmo, dependendo de como aceita e encara sua condição, vive suas experiências e articula com o mundo objetivo e subjetivo de sua própria história, de sua biografia. Deve ser analisada também a experiência de ser estrangeiro, que varia não apenas de pessoa para pessoa, mas também em função das condições e das razões que motivaram sua inserção em um território considerado "estranho".

"A descoberta do outro leva a uma relativização não apenas das verdades, mas também dos valores de filiação, pois é uma exposição aos riscos do outro, aos seus modos, à sua língua e ao seu espelho" (FREITAS; DANTAS, 2011, p. 602). Nesse sentido, um estrangeiro passa a se reconhecer através daquilo que ele não é; mas aos poucos sente a necessidade de se apresentar, de falar de onde veio e o que faz ali, naquele território desconhecido. Se faz importante conhecer o que significam também três figuras: o exilado, o imigrante e o expatriado, que estão tão presentes na sociedade atual, para entendermos melhor o significado de estrangeiro.

O exilado é aquela pessoa que foi obrigada a deixar seu país de origem para salvar a própria vida, de sua família, ou ainda fugir da prisão e, nesse caso, sem possibilidade de retornar. A imposição para que se mude de lugar é uma condição formal, onde não existe negociação. Em Conte (2015), podemos verificar que o exílio é uma forma de aniquilação psíquica que é ligada ao desaparecimento de todos os laços de filiação social, nacional e cultural que sustentam a identidade da pessoa.

Cabe lembrar, que processos políticos como ditaduras, guerras, descolonizações, lutas territoriais e reconhecimento de independência de países foram os responsáveis pela concessão de asilos políticos ao longo do século XX e início do século XXI. Unem-se a essas razões já citadas, as perseguições religiosas, as ameaças de genocídio, censuras à opinião políticas e mecanismos culturais de aniquilamento físico e psíquico daquelas populações que são consideradas minorias (BELFORT, 2007).

O imigrante é aquela pessoa que escolheu viver fora de seu país natal, sem nenhum tipo de impedimento para o seu retorno. As razões para tal escolha podem ser inúmeras, como, por exemplo, o desejo de aventura, a busca de uma vida financeira mais estável, aprender uma nova língua e até mesmo a vontade de construir uma vida melhor. A migração é diferente dos intercâmbios econômicos e aparece cada vez mais como um fator desagregador e problemático nas sociedades ditas modernas, pois traz à tona contradições do capitalismo globalizado.

Para Simmel (1994), o estrangeiro é visto como uma forma específica de interação social, que reúne o sair/afastar e o ficar/permanecer. Muitos países estão definindo regras para a aceitação e permanência de imigrantes, visto que a imigração é tida como um ponto-chave para muito países, pois a seletividade considera os legítimos interesses do país-receptor em relação aos conhecimentos e especializações que lhes faltam no mercado e, por outro lado, a fuga de cérebros dos países de origem desses migrantes coloca novos desafios ao desenvolvimento futuro desses locais, uma vez que a ciência e a tecnologia são pedras fundamentais no processo de crescimento que estamos vivenciando.

O expatriado é o estrangeiro que chega ao local que será seu destino com um contrato de trabalho em mãos, para trabalhar na unidade da empresa à qual está ligado. O fato de o expatriado ter uma data limite para cumprir fora do seu país, minimiza reações negativas, pois geralmente os profissionais de grandes empresas sabem que existem muitas razões pelas quais as organizações optam por uma expatriação, sendo as mais comuns a complementaridade de conhecimentos na equipe para a execução de projetos importantes, para a gestão da inovação e o controle e reforço da cultura organizacional. O expatriado é o tipo de estrangeiro que transita com maior facilidade do que outros, pois usa presença não é tida como uma invasão e sim como uma parceria necessária. Nesse sentido, o expatriado torna-se cada vez mais conhecido como um cidadão do mundo.

Reflexões sobre problemas atuais referentes à hospitalidade

"A hospitalidade é sinal de civilização e de humanidade. É uma maneira de viver em conjunto, por meio de regras, ritos e leis". (MONTANDON, 2004). A ética da hospitalidade é um tema relevante nos dias atuais, visto que há uma demanda iminente por soluções que são relacionadas a mobilidade global, que vem se intensificando devido aos movimentos migratórios não organizados, que são consequentes de conflitos étnicos, religiosos, econômicos, dentre outros.

Para Hass (2016), a hospitalidade é a saída possível e necessária para a problemática da situação dos refugiados, pois além de situá-lo no âmbito dos direitos fundamentais para quem se vê obrigado a deixar sua terra para sobreviver, ela está inserida na identidade cristã como valor inquestionável. Por esse motivo, procura-se mostrar que a hospitalidade está fundamentada tanto por um dever humanitário quanto por um dever religioso.

Bueno (2016, p. 5) nos diz que a "[...] múltipla forma de acolhimento, de alianças, da formação de vínculos faz parte de mecanismos associativos rotulados de hospitalidade e está do lado oposto da rivalidade, da competição". Nesse sentido, é importante, por meio de reflexões e pesquisas, detectar os elementos, os espaços e os movimentos que permitem alianças, acordos, vínculos e também os que provocam a exclusão, a rivalidade e a competição.

A hospitalidade seria de certa forma a mediadora — que propõe a paz em lugar do atrito —, que propõe a paz em lugar de guerra e acena com o acolhimento em lugar de exclusão (BUENO, 2016). Quando falamos em hospitalidade, estamos falando em fronteiras, pois hospitalidade é basicamente receber, acolher o "outro" em seu espaço. Godbout e Caillè (1999) definem hospitalidade como "a dádiva do espaço".

Esse deslocamento de fronteiras, ou seja, o outro no meu espaço e eu no território do outro, implica em um fenômeno complexo de tradução das diferenças, de conciliação, de adaptação dessas diferenças e é a hospitalidade, o acolhimento que assegura a ligação entre esses dois mundos (BUENO, 2016).

Retomando Bueno (2016, p. 5), "[...] a hospitalidade é plural, mas o objetivo é singular: é seiva do sentido do pertencimento, a seiva vital da sociabilidade". É um espaço que cria, que favorece e que estimula as relações sociais.

Alguns autores desenvolvem suas reflexões acerca da hospitalidade como uma dimensão da Teria da Dádiva (GODBOUT; CAILLÈ, 1999), que postula a circularidade do dar, receber e retribuir como ponto central, o ponto criador da sociabilidade, ou seja, é o transpor da individualidade para a sociabilidade. É uma expectativa de reciprocidade, de confiança implícita na continuidade de uma relação (MAUSS, 2003).

Link

O traço cultural de "cordialidade" do homem brasileiro, na acepção de Sérgio Buarque de Holanda, é uma das principais motivações para os turistas estrangeiros viajarem ao Brasil. A partir de uma visão panorâmica do mercado turístico mundial e da constatação da incipiente participação do país no mesmo, esse ensaio busca uma explicação desse fator motivador através da teoria do "homem cordial", também sinalizada nas obras de Gilberto Freyre, José Carlos Reis e em tantos outros intérpretes do Brasil. Confira mais no link ou código a seguir.

https://goo.gl/GVs2Fr

Por meio dos estudos realizados até aqui, passaremos a analisar a situação dos refugiados em solo brasileiro. Estamos vivendo a época de maior deslocamento populacional involuntário dos últimos tempos. De acordo com o "Alto Comissariado das Nações Unidas para Refugiados, 65,3 milhões de pessoas em todo o mundo deixaram suas casas no ano de 2015. Entre estas estão quase 21 milhões de refugiados e 10 milhões de expatriados." (ACNUR, 2015 apud OLIVEIRA; BRITO JUNIOR; RIBEIRO, 2017, p. 03).

> Mudanças no cotidiano das cidades da fronteira entre Brasil e Venezuela refletem o agravamento da crise, como o aumento do fluxo de venezuelanos adentrando o país, seja para fazer compras, receber atendimento médico ou para tentar uma vida nova no Brasil. Esta situação traz desafios econômico-sociais sem precedentes ao estado de Roraima e regiões próximas (CANINEU, 2017 apud OLIVEIRA; BRITO JUNIOR; RIBEIRO, 2017, p. 03).

Existe uma denominação utilizada pelas Nações Unidas para a classificação de pessoas que não se encaixam como refugiados e nem como imigrantes; essas pessoas são denominadas de *Other Groups/Persons of Concern* (OLIVEIRA; BRITO JUNIOR; RIBEIRO, 2017). Essa denominação abrange ex-refugiados, as pessoas que tiveram o pedido de asilo rejeitado ou que aguardam por respostas e até mesmo populações dos países hospedeiros. O perfil atual dos venezuelanos no Brasil se enquadra nessa denominação, pois o governo venezuelano não reconhece a existência de uma crise humanitária e isto impede que sua população se enquadre no perfil de refugiados, adotado internacionalmente (OLIVEIRA; BRITO JUNIOR; RIBEIRO, 2017).

Moreira (2012) investiga as decisões políticas do Estado em relação aos refugiados, destacando que, apesar de o Brasil se relacionar com refugiados desde 1947, suas decisões políticas tiveram enfoque em uma regulação imigratória restritiva e voltada para a segurança nacional, não dando a devida atenção à condição de vida que os refugiados teriam. Oliveira, Brito Junior e Ribeiro (2017) concordam com esta afirmação, mostrando que o Estatuto Brasileiro dos Estrangeiros vai contra as diretrizes da doutrina dos direitos humanos do Estatuto dos Refugiados, causando ambiguidade e agravando o consenso entre os atores políticos que lidam com as migrações. Oliveira, Brito Junior e Ribeiro (2017) afirmam também que o aumento da demanda de solicitações de refúgio está muito além da capacidade atual no Brasil em termos de recursos humanos, estruturais e de serviços públicos, agravados ainda mais pelo estranhamento cultural e a falta de inserção dos imigrantes no mercado de trabalho.

O acesso da Venezuela para o Brasil é feito pela fronteira entre Pacaraima e Santa Elena de Uairén. Segundo a Polícia Federal, mais de 100.000 venezuelanos ingressaram pela fronteira de Roraima em 2016, mas muitos outros podem ter entrado no território brasileiro ilegalmente devido à vasta extensão da fronteira que possui 2.200 quilômetros (FOLHA WEB, 2017). De acordo com Costa e Brandão (2016), nos últimos anos houve um aumento de 7.000% no número de pedidos de entrada por parte dos venezuelanos em todo o Brasil, sendo que 37% destes pedidos foram feitos em Roraima. Os imigrantes que desejam permanecer no Brasil devem fazer o pedido de refúgio junto ao Conselho Nacional de Refugiados, que recebeu 2.630 solicitações entre os anos de 2015 e 2016 (COMITÊ..., 2016), dentre esses, apenas seis foram deferidas (OLIVEIRA; BRITO JUNIOR; RIBEIRO, 2017). Por outro lado, os imigrantes que optam por não solicitar o documento correm o risco de deportação. Em 2016, 76 venezuelanos foram deportados de Roraima (COSTA; BRANDÃO, 2016). Ademais, o auxílio a estrangeiros também pode ser visto com maus olhos pela população local, uma vez que esta já enfrentava adversidades antes mesmo da chegada de refugiados.

Nesse sentido, podemos perceber que o *Brasil* está recebendo um grande número de refugiados através das fronteiras de Roraima, assim como através de outras regiões fronteiriças. Os locais onde esses refugiados estão se instalando, geralmente não tem estrutura para recebê-los, pois não existem políticas públicas nem para os moradores locais, tão pouco para os refugiados. Diante disso, convido para uma reflexão sobre esse fenômeno social que vem ocorrendo em todo o globo terrestre.

Referências

ARON, R. *Estudos políticos*. 2.ed. Brasília, DF: Unb, 1985.

BAUMAN, Z. *Identidade*. Rio de Janeiro: Zahar, 2005.

BELFORT, C. Estudo da natureza do homem em Kant a partir do caso do estrangeiro e o conceito de hospitalidade. *Kanti e-Prints*, v. 2, n. 2, p.127-142, 2007. Disponível em: <https://www.cle.unicamp.br/eprints/index.php/kant-e-prints/article/download/348/251/>. Acesso em: 27 maio 2018.

BONETE, W. J. et al. *Ética e cidadania*. Porto Alegre: SAGAH, 2017.

BUENO, M. S. O desafio da hospitalidade. *Revista Hospitalidade*, São Paulo, v. 13, p. 04-07, ago. 2016. Disponível em: <https://www.revhosp.org/hospitalidade/article/view/671/684>. Acesso em: 27 maio 2018.

COMITÊ NACIONAL PARA OS REFUGIADOS. *Sistema de refúgio brasileiro*: desafios e perspectivas. Brasília, DF: ACNUR, 2016. Disponível em: <http://www.acnur.org/fileadmin/scripts/doc.php?file=fileadmin/Documentos/portugues/Estatisticas/Sistema_de_Refugio_brasileiro_-_Refugio_em_numeros_-_05_05_2016>. Acesso em: 27 maio 2018.COSTA, E.; BRANDÃO, I. *Venezuelanos no Brasil*. 2016. Disponível em: <http://especiais.g1.globo.com/rr/roraima/2016/venezuelanos-no-brasil/>. Acesso em: 27 maio 2018.

FOLHA WEB. *Governo não tem recursos para dar assistência a venezuelanos, diz Quartiero*. 21 abr. 2017. Disponível em: <http://folhabv.com.br/noticia/Governo-nao-tem--recursos-para-dar-assistencia-a-venezuelanos--diz-Quartiero/27646>. Acesso em: 27 maio 2018.

FREITAS, M. E.; DANTAS, M. O estrangeiro e o novo grupo. *RAE*, São Paulo, v. 51, n. 6, p. 601-608, nov./dez. 2011. Disponível em: <http://www.scielo.br/pdf/rae/v51n6/08.pdf>. Acesso em: 27 maio 2018.

GODBOUT, J. T.; CAILLÊ, A. *O espírito da dádiva*. Rio de Janeiro: Fundação Getúlio Vargas, 1999.HASS, E. L. A comunidade humana e a acolhida aos estrangeiros: um desafio atual. In: SEMINÁRIO INTERACIONAL DE TEOLOGIA DE ANTROPOLOGIA TEOLÓGICA. 1., Porto Alegre, 2016. *Anais...* Porto Alegre: PUCRS, 2016. Disponível em: <http://ebooks.pucrs.br/edipucrs/anais/seminario-internacional-de-antropologia-teologica/assets/2016/16.pdf>. Acesso em: 27 maio 2018.

HASSNER. P. Relações internacionais: a normalidade do extremo. In: CANTO-SPERBER, M. (Org.). *Dicionário de ética e filosofia moral*. São Leopoldo: UNISINOS, 2004. v. 2. p. 479-485.

MAUSS, M. Ensaio sobre a dádiva: forma e razão da troca nas sociedades arcaicas. In: MAUSS, M. *Sociologia e Antropologia*. São Paulo: Cosac Naify, 2003. p. 183-314.

MOREIRA, J. B. *Política em relação aos refugiados no Brasil (1947-2010)*. 2012. 377 f. Tese (Doutorado em Ciência Política) – Universidade Estadual de Campinas, Campinas, 2012. Disponível em: <http://repositorio.unicamp.br/handle/REPOSIP/280962>. Acesso em: 27 maio 2018,

MONTANDON, A. *O livro da hospitalidade*: acolhida do estrangeiro na história e nas culturas. São Paulo: SENAC, 2004. MORGENTHAU, H. J. *A política entre as nações:* a luta pelo poder e pela paz. Brasília, DF: Unb; São Paulo: Imprensa Oficial do Estado de São Paulo, 2003. (Clássicos IPRI).

OLIVEIRA, M. I.; BRITO JUNIOR, I.; RIBEIRO, F. E. M. Analisando os impactos logísticos da entrada de venezuelanos em Roraima. In: ENCONTRO NACIONAL DE ENGENHARIA DE PRODUÇÃO. 37., Joinville, 2017. *Artigos...* Rio de Janeiro: ABEPRO, 2017. Disponível em: <http://www.abepro.org.br/biblioteca/TN_STO_238_376_34845.pdf>. Acesso em: 27 maio 2018.PASSOS, E. *Ética nas organizações*. São Paulo: Atlas, 2004.

SIMMEL, G. L'Etranger dans le group (1908). *Revue Tumultes*, n. 5, p. 199-205, 1994.

WENDZEL, R. L. *Relações internacionais*. Brasília, DF: Unb, 1985.

WIGHT, M. *A política do poder*. Brasília, DF: Unb; São Paulo: Imprensa Oficial do Estado de São Paulo, 2002. (Clássicos IPRI).

ZAPELINI, M. B. A moral nas relações internacionais: uma perspectiva realista. *Cadernos de Pesquisa Interdisciplinar em Ciências Humanas*, n. 65, dez. 2004. Disponível em: <https://periodicos.ufsc.br/index.php/cadernosdepesquisa/article/viewFile/1262/4447>. Acesso em: 27 maio 2018.

Leituras recomendadas

ALTO COMISSARIADO DAS NAÇÕES UNIDAS PARA REFUGIADOS. *Direitos e deveres dos solicitantes de refúgio e refugiados no Brasil*. Brasília, DF: ACNUR, 2012. Disponível em: <http://www.acnur.org/fileadmin/scripts/doc.php?file=fileadmin/Documentos/portugues/Publicacoes/2012/Direitos_e_Deveres_dos_Solicitantes_de_Refugio_e_Refugiados_no_Brasil_-_2012>. Acesso em: 27 maio 2018.

ANDRADE, G. B. A guerra civil Síria e a condição dos refugiados: um antigo problema, "reinventado" pela crueldade de um conflito marcado pela inação da comunidade internacional. *Revista de Estudos Internacionais*, v. 2, n. 2, 2011. Disponível em: <http://www.revistadeestudosinternacionais.com/uepb/index.php/rei/article/viewFile/69/pdf>. Acesso em: 27 maio 2018.

COMANDULLI, S. P. E. Resenha O livro da hospitalidade: acolhida do estrangeiro na história e nas culturas. *Conjectura*, Caxias do Sul, v. 20, n. 1, p. 183-190, jan./abr. 2015. Disponível em: <http://www.ucs.br/etc/revistas/index.php/conjectura/article/viewFile/3082/pdf_357>. Acesso em: 27 maio 2018.

HUMAN RIGHTS WATCH. *Venezuela*: crise humanitária alastra-se para o Brasil. 18 abr. 2017. Disponível em: <https://www.hrw.org/pt/news/2017/04/18/302397>. Acesso em: 27 maio 2018.

INDURSKY, A. C.; CONTE, B. S. Trabalho psíquico do exílio: o corpo à prova da transição. *Ágora,* Rio de Janeiro, v. 18, n. 2, p. 273-288, jul./dez. 2015. Disponível em: <http://www.scielo.br/pdf/agora/v18n2/1516-1498-agora-18-02-00273.pdf>. Acesso em: 27 maio 2018.

LACERDA, J. M. A. F.; SILVA, A. A. S.; NUNES, R. V. G. O caso dos refugiados Sírios no Brasil e a política internacional contemporânea. *Revista de Estudos Internacionais*, v. 6, n. 2, 2015. Disponível em: <http://www.revistadeestudosinternacionais.com/uepb/index.php/rei/article/viewFile/209/pdf>. Acesso em: 27 maio 2018.

MARTINS, E. R. Ética e relações internacionais: elementos de uma agenda político--cultural. *Revista Brasileira de Política Internacional*, v. 44, n. 2, p. 5-25, 2001. Disponível em: <http://www.scielo.br/pdf/rbpi/v44n2/a01v44n2.pdf>. Acesso em: 27 maio 2018.

SALA, J. B. (Org.). *Relações internacionais e direitos humanos*. Marília: Oficina Universitária, 2011. Disponível em: <https://www.marilia.unesp.br/Home/Publicacoes/e-book_relacoes%20internacionais.pdf>. Acesso em: 27 maio 2018.

SILVA, D. F. O fenômeno dos refugiados no mundo e o atual cenário complexo das migrações forçadas. *Revista brasileira de Estudos de População*, Belo Horizonte, v.34, n.1, p.163-170, jan./abr. 2017. Disponível em: <http://www.scielo.br/pdf/rbepop/v34n1/0102-3098-rbepop-3098a0001.pdf>. Acesso em: 27 maio 2018.

SILVA, J. C. C.; BÓGUS, L. M. M.; SILVA, S. A. G. J. Os fluxos migratórios mistos e os entraves à proteção aos refugiados. *Revista brasileira de Estudos de População*, Belo Horizonte, v.34, n.1, p.15-30, jan./abr. 2017. Disponível em: http://www.scielo.br/pdf/rbepop/v34n1/0102-3098-rbepop-3098a0003.pdf>. Acesso em: 27 maio 2018

UNIVERSIDADE DE CAXIAS DO SUL. Roda: conversações sobre hospitalidade. In: SEMINÁRIO DE PESQUISA EM TURISMO DO MERCOSUL. 8., Caxias do Sul, 2015. *Anais...* Caxias do Sul: UCS, 2015. Disponível em: <https://www.ucs.br/site/midia/arquivos/roda_hospitalidade.pdf>. Acesso em: 27 maio 2018.